数据资产增值运营

从数据治理到数据资产入表和运营

叶秋萍◎著

電子工業出版社
Publishing House of Electronics Industry
北京·BEIJING

内容简介

本书提供了完整的数据资产“对内运营”与“对外运营”的实施路径，从数据治理、数据资产入表到数据资产场景化应用，再到完整的数据资产运营，每个环节都有明确的实施路径及重点、难点。通过系统化的讲解，确保读者在理解每个概念的同时，能够掌握如何落地实施，避免出现知识断层的情况。

数据资产入表、管理和运营的核心是数据资产本身，法律、财务、评估等工作都围绕其展开，本书旨在从理论到实践、从案例到方法，全面梳理数据治理、数据资产入表、数据资产场景化及成体系运营的实施路径，将数据从业人员、律师、会计师、资产评估师等跨专业的工作完整地进行整合，帮助读者构建系统性的对内、对外的数据资产运营框架。

本书的读者定位是对数据资产感兴趣的所有人士。无论你来自哪个专业领域、从事什么工作，是否具备数据或数据资产的基础知识，本书都能给你带来不一样的收获。

图书在版编目（CIP）数据

数据资产增值运营 ： 从数据治理到数据资产入表和运营 / 叶秋萍著. -- 北京 ： 电子工业出版社， 2025. 10. -- ISBN 978-7-121-51269-8

Ⅰ. TP274

中国国家版本馆 CIP 数据核字第 2025QG1269 号

责任编辑：张慧敏
印　　刷：三河市君旺印务有限公司
装　　订：三河市君旺印务有限公司
出版发行：电子工业出版社
　　　　　北京市海淀区万寿路 173 信箱　　邮编：100036
开　　本：720×1000　1/16　印张：17.25　字数：331.2 千字
版　　次：2025 年 10 月第 1 版
印　　次：2025 年 10 月第 1 次印刷
定　　价：89.00 元

凡所购买电子工业出版社图书有缺损问题，请向购买书店调换。若书店售缺，请与本社发行部联系，联系及邮购电话：（010）88254888，88258888。

质量投诉请发邮件至zlts@phei.com.cn，盗版侵权举报请发邮件至dbqq@phei.com.cn。

本书咨询联系方式：faq@phei.com.cn。

前　言

你是否正在面临这样的挑战：数据零散、数据难以形成资产、无法真正创造业务价值?

无论你是业务负责人、数据资产管理者，还是企业高管，或者一线执行人员，本书都将帮你系统掌握数据资产运营全流程，让数据从分散的资源变成可管理、可应用、可增值的企业资产。

本书将带你：

- □ **从数据治理到数据资产管理**，让数据价值清晰可见；
- □ **从数据资源到场景化应用**，让数据价值可落地、可触达；
- □ **从数据资产入表到运营**，实现数据资产价值的规模化释放。

本书兼具系统性与实用性：

- □ **理论与实践结合**，帮您掌握概念、梳理实施路径、理解数据资产运营；
- □ **零基础也能读懂**，可从“附录 A　数据通识 30 问（数据零基础必读）”轻松入门；
- □ **企业理想参考**，适合送客户，助力企业在数据资产领域逐步落地。

很多人会疑惑：我只做数据分析，或者专注数据治理，为什么要关心数据资产?

- □ **数据分析**，是让数据“变产品”的核心手段；
- □ **数据治理**，推动数据“变资产”的核心旅程；
- □ **数据资产化**，则是将数据价值得到系统化、规模化运营的关键。

因此，无论你身处任何岗位，只要企业有数据，都绕不开“数据资产”这个最终目标。

为什么写这本书

数据资产作为一个备受关注的新兴领域，并非凭空产生，而是企业在数据治理、数据分析和数据化运营等基础工作中逐步发展而成的重要成果。这些前期工作不仅为数据资产的发展奠定了坚实基础，也是数据从“数据资源”向“数据资产”转化的必经之路。然而，我发现，当前对数据资产感兴趣的人往往存在显著的知识短板。

很多读者因为对数据资产运营有需求而购买了我此前所撰写的图书**《数据运营：数据分析模型撬动新零售实战》**（**该书更偏向于数据价值应用，即商贸流通里的场景化应用**），他们因此关注了我的微信公众号，并与我取得了联系，使我得以了解到读者的诉求。同时，在为工业和信息化部人才交流中心的CDO（首席数据官）授课时，我发现：很多从业者对数据资产的理解比较模糊，缺乏系统的框架认知和落地实施的路径，特别是缺乏对数据资产本身的理解，这种现象在各个行业中普遍存在。

作为一名数据领域的长期“布道者”，我非常熟悉从数据治理到数据资产化的各项工作，也一直通过图书、文章、直播分享、参与行业标准制定等多种形式推广数据应用的价值。目前，数据资产入表多为临时性的、一次性的操作，难以充分释放数据的长期价值，而数据资产化运营则着眼于长远价值的实现，涵盖数据治理、管理、分析产品及运营等多个领域。但数据资产化运营的关键环节缺乏系统性的实践指导，能清晰、系统地讲解这一过程的人也为数不多，而这正是我个人知识体系的核心优势。

数据资产入表、管理和运营的核心是数据资产本身，法律、财务、评估等工作都围绕其展开。本书旨在从理论到实践、从案例到方法，全面梳理数据治理、数据资产入表、数据资产场景化及成体系运营的实施路径，将数据分析师、律师、会计师、资产评估师等跨专业的工作整合，帮助读者构建系统性的数据资产运营框架。

在写作本书之前，我对内容框架做过多重因素权衡和谨重选择，如果有读者认为本书深度不够或过于深奥，欢迎与我联系（微信：binglingzi3344）。针对本书内容，我还将设计相关的课程进行拓展，帮助大家理解并充分掌握数据资产运营的实施与开展。

本书内容特色

□ 清晰的实施路径，覆盖数据资产运营全流程。

本书的核心特色在于其系统性与体系性。本书提供了完整的数据资产运营路径，从数据治理、数据资产入表到数据资产场景化应用，再到完整的数据资产运营，每个环节都有明确的实施路径及重点、难点。通过系统化的讲解，确保读者在理解每个概念的同时，能够掌握如何落地实施，避免出现知识断层的情况。无论是公共数据领域还是企业领域，本书内容均适用。

□ 全面讲解数据资产场景化：价值实现的关键突破。

本书深入探讨了数据资产场景化这一重要环节，虽然要讲解清楚绝非易事，但其重要性不言而喻。本书通过对公共数据与企业数据相关案例的拆解，提炼出清晰的实施路径，让任何领域的人都可以无障碍掌握，有效帮助企业将数据转化为有价值的资产。这也是本书的独特亮点。

□ 内容突破单一领域，一本书即可满足多样化需求。

本书从系统性运营的角度，全方位讲解了数据资产化的全运营流程。如果你对数据资产感兴趣，那么本书是最佳选择。

□ 案例丰富，深入浅出。

针对关键环节和难点，本书通过通俗的案例讲解，带领读者轻松、快速掌握专业知识。

□ 内容领域划分清晰，实用性强。

本书每个章节内容独立，涵盖实施路径、案例分析和难点解析。无论是关注某个特定领域，还是希望掌握全流程，都能轻松找到所需内容，快速上手。

□ 对零基础读者友好，通俗易懂。

考虑到部分对数据资产感兴趣的读者可能没有数据基础，本书准备了附录 A 介绍数据的基础知识，旨在让没有数据背景的读者也能轻松入门，掌握本书的内容。

如果读者对本书内容有更多的疑问，或者因本书内容跨越多个领域，不易理解，欢迎关注我的公众号［风姑娘的数字视角（shujushangye）］，我会定期分享文章，为读者答疑解惑；视频号（风姑娘的数字视角）会针对复杂部分及跨领域内容开启图书共读直播分享。

本书读者定位

本书的读者定位是对数据资产感兴趣的所有人士。无论你来自哪个专业领域、从事什么工作，或者是否具备数据或数据资产的基础知识，本书都非常适合你。

- □ 零基础但对数据资产感兴趣的读者：如果你没有数据基础，本书特别准备了附录 A，帮助你从零开始理解专业知识，快速上手。
- □ 公共数据领域的从业人士：本书案例非常通俗（如停车场数据、税务数据），如果你在公共数据领域工作（如税务、交通、政务等），可以帮助你轻松理解数据资产化，并应对相关工作挑战。
- □ 企业人士：无论你处于哪个层级，就职于什么岗位，数据资产都与企业的未来息息相关。本书提供从数据采集到全流程运营的系统化知识，区分内、外不同的运营体系，是每家企业了解和掌握数据资产的必备指南。
- □ 跨专业人士（律师、会计师、数据治理专家等）：如果你是律师、会计师或数据治理专家等人士，想深入了解数据资产化，本书通过实际案例和系统化讲解，可以帮助你跨领域理解，提升整体专业度。

本书学习建议

□ 基础体系：第 1 ~ 2 章。

本部分旨在帮助你掌握数据资产领域的核心概念、专业术语，以及整体运营框架。无论你是数据新手还是数据从业者，这部分可以帮助你打下坚实的体系化基础。

□ 落地实施：第 3 ~ 8 章。

这是本书的核心部分，深入探讨数据资产的实际应用，提供每个环节的清晰实施路径，帮助你从理论走向实践。

第 3 章　价值创新：数据资产入表。

讲解数据资产入表的政策法规、相关方、方法和实施路径，帮助你快速理解其落地方法。

第 4 章　数据资产运营关键实施路径。

针对企业整体数据资产体系，很多公司希望通过系统化、长期的运营方式管理数据资产，而不仅仅是完成一次性入表。本章提供了数据资产运营的系统化指南，帮助企业构建可持续的运营路径。

第 5 章　增值运营重点：从数据治理到数据资产管理。

本章讲解了数据治理的关键难点与实施路径，深入探讨数据资产管理的挑战和方法，帮助你快速掌握如何有效管理数据资产。

第 6 章　增值运营难点：数据资产场景化。

场景化是数据资产化的核心，数据只有在特定场景下才能释放最大价值。本章深入分析了数据资产如何通过场景化应用实现价值，介绍了行业中少有人讲解清楚的实施路径，是本书的独特亮点。

第 7 章　数据资产化公开案例解析与启示。

本章通过两个精选案例，教你如何分析和借鉴行业内的成功经验，帮助你从中提取有价值的知识，快速提升自身企业的数据资产化实践能力。

第 8 章　数据资产增值运营挑战及展望。

本章系统介绍数据资产化过程中会遇到的多方挑战，全面、深入地分析了各种问题，帮助你预见潜在风险，进行前瞻性准备，少走弯路。

内容勘误

数据资产是一个新兴的领域，本书仅作为我的个人观点分享，且每个人对同一件事的理解可能存在差异，因此势必存在一些不足或错误，对此我深表歉意，并欢迎各位读者批评指正。

如有勘误需求，欢迎添加我的个人微信（binglingzi3344）与我联系。如想关注更多大数据、数据资产领域的知识，请关注微信公众号：风姑娘的数字视角（shujushangye）。

致谢

本书能够顺利完成离不开大家对我的支持和帮助，在此对默默支持我的朋友、读者表示衷心感谢。同时，特别感谢杨冬梅、李静、马新明三位老师的支持！一本书的上市需要出版社编辑呕心沥血，所以也要特别感谢电子工业出版社张慧敏、石倩两位编辑对本书的指导和付出！

最后，再次感谢所有支持我的朋友和读者，期待未来继续携手同行！

作者

释放数据资产价值的挑战，你是否也在经历？

随着数字化转型的进程加速，越来越多的企业正在经历数智化变革，数据作为企业的新兴战略资产，其价值释放面临多重挑战，例如：

1. 企业数据文化薄弱，数字化工具应用滞后：管理层希望用数据实时指导决策，而业务团队还停留在 Excel 的基础操作上。

2. 不清楚数据怎么用：很多企业投入数百万元建设了 BI 分析系统，管理层却仍然在没有充分数据支持的情况下制定决策。

3. 数据治理规划难，数据质量参差不齐：财务、市场、业务部门数据口径长期不统一，会议讨论常因基础数据分歧而耗时良久。

4. 不懂数据分析，数据价值难以挖掘：面对海量数据，缺乏方法路径，价值洞察难以实现。

面对更复杂、多变的数据资产运营，企业将面临更大挑战，例如：

1. 数据资产管理应怎么做：从定义到运营，企业往往没有清晰的体系，导致数据资产管理碎片化，利用率低。

2. 数据资产价值规划难：企业虽然积累了数据，但缺乏从战略高度出发的资产价值规划，缺少明确的业务价值场景开发策略。

3. 数据资源价值识别难：许多企业不清楚数据资源的真正价值，不清楚哪些数据需要作为一项长效管理的数据资源。

如果你也遇见这些问题：建议寻求专业支持

在数据资产管理过程中，许多企业都希望获得清晰的指导路径和专业的支持。本书提供了一个系统的框架和实践路径，旨在帮助企业在实际操作中找到合适的方向，从而最大化释放数据资产的价值。

如果你正在寻找具体的解决方案，我很乐意分享一些见解和经验。我专注于为组织与专业学习者提供定制化培训、咨询服务，实现数据价值的最大化。

为了便于深入交流和探讨如何为你的企业制定最有效的策略，你可以通过以下方式联系我，进行一次无压力的免费咨询：binglingzi3344（微信号）。

此外，如果你对本书有任何疑问或需要更多的支持，欢迎随时联系。本书是一份详细的实践指南，可以帮助你更好地理解和实践数据资产运营，再次感谢你对本书的关注和支持！

目 录

第1章 数据资产运营概念基础

在当今高度竞争的商业环境中，数据的价值已得到广泛认可。随着《企业数据资源相关会计处理暂行规定》的出台，企业的数据资产入表工作开始启动，这也标志着数据正式被纳入企业资产范畴，从原先辅助业务发展的“资源”升级为企业的核心资产之一。更为重要的是，数据在帮助企业创造价值和驱动业务增长方面的能力，已远远超越传统物质资产。相较土地、设备等有形资产，数据的独特之处在于它“润物细无声”的渗透力，它无形地融入企业的各个运营环节中，推动业务创新。因此，如何系统化、科学化地进行数据资产的管理和运营，已成为企业能否长期获得竞争优势的关键。

当前，数据资产入表市场蓬勃发展，在政策的推动下，数据资源向数据资产的转化进程显著加快，入表企业的数量不断增长，入表行业的范围持续扩大。当前，数据资产入表的主力军是公共数据企业，随着政策的推动和市场机制的完善，数据资产入表正逐步向其他传统行业拓展。同时，数据确权、定价、交易等机制的不断完善，为数据产品化的市场交易提供了有力支持。

越来越多的人关注到数据资产入表，实际上，入表仅是数据资产运营的一个环节，数据资产运营的核心并非单纯地管理数据资源，而是将数据资源转化为有效的数据资产，持续为各行各业注入新的生产力，从而实现数据要素价值的最大化。

我们需要看到，任何一家单位对于数据资源的管理均非静态过程，而应是一种持续动态优化的过程，目的是最大限度地挖掘数据中潜藏的商业价值。企业不仅要识别数据的存在和价值，还要通过系统化的运营，将数据转化为具有商业价值的产品或服务。在这个过程中，有效的数据治理和管理是数据资产运营的基础，这不仅包括数据的质量控制、隐私保护和安全保障，还包括如何构建数据产品化、标准化和高效流通的机制。通过这些系统性的基础建设，数据要素才能够在市场上有效流通，从而创造更大的商业价值。

与传统资产相比，数据资产具有独有的特征。首先，数据资产是无形的，不像土地、厂房或机器设备那样可以直接衡量其物理形态。其次，数据资产的可复制和可重复利用的特性赋予其比传统资产更大的价值空间和应用空间。

然而，数据资产的价值并非自然存在。单纯的数据仅为数字，只有将数字放到特定的业务场景及应用场景中，才能产生商业价值。所以，如何应用、分析数据，这个环节非常关键。这不仅需要强有力的分析工具和技术支持，而且需要数据消费者具备对数据价值的深度认知和洞察能力。因此，数据资产运营不仅是技术层面的工作，更是一项战略性工作。企业在数据管理过程中，必须从业务战略的角度出发，制定长远的资产运营规划，并结合行业特性、市场需求等因素，将数据运营与业务发展进行融合，从而真正实现数据资产价值的最大化。

通过系统性的数据资产运营，数据要素得以有效进入市场流通，数据使用方可以更好地利用数据，推动业务发展。数据资产的有效运营，无论是对于数据资产的提供者、使用者，还是实际运营的企业，都将成为其持续发展的助推力。对于很多领域而言，数据资源一直是“沉睡”的内部资源，通过良好的数据资产运营，它们得以成为换取收入与利润的高效通道。

1.1 数据要素相关概念

在理解数据要素相关概念前，我们先来了解资源。百度百科定义：资源为一国或一定地区内拥有的物力、财力、人力等各种物质的总称，可分为自然资源和社会资源两大类。自然资源如空气、水等；社会资源如人力、信息等。无论是何种资源，其综合特征都为可开采、可开发。数字经济时代，数字化驱动经济增长，数字成为一种可开发的基础资源，当数字与业务结合时，就形成某个特定企业的数据资源。

数据要素是一个新兴的经济学术语，其普遍被定义为以电子形式存在，能够参与企业生产经营活动并发挥重要价值的数据资源。对于参与生产经营活动，容易被人所熟知且容易理解的如土地、人力这两个生产要素，它们是贯穿于社会生产活动始终的两个关键要素，所以理解数据要素参与生产经营活动，可以将生产场景放置于企业生产经营中，数据要素同样贯穿于企业生产经营活动的全链路。土地、人力可以说是有形产物，但数据是无形的，以电子形式存在。如果脱离企业生产经营，那么数据只是一堆密密麻麻的数字而已。

当前，我们所讲的数据要素市场，本质上是指数据要素在市场中不同组织间的流动。具体如何流动？如何安全流动？如何合规流动？如何有序流动？诸如此类关于数据要素的问题，是当前市场关注的焦点，也是亟待解决的核心问题。

数据要素市场是一个新兴的交易市场，是一个新兴的商业模式，也是数字经济的一种市场变革，理解一个新兴领域，必然存在很多概念性的术语需要统一。

数据要素主要包括以下几个方面，如图 1–1 所示。

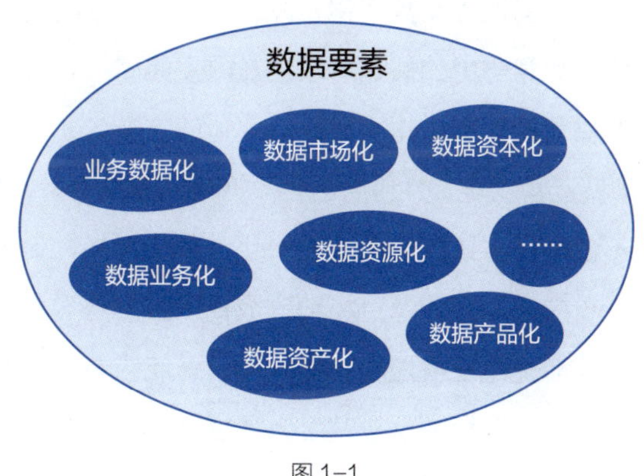

图 1–1

1.1.1 数据类概念

1. 业务数据化

（1）定义

业务数据化是指将企业日常业务运营、管理流程等各种活动，通过数字化手段进行全面记录、监测和分析，进而将这些数据转化为可供企业洞察和分析的信息。这一过程并非简单的数据记录，而是涉及对业务流程、用户行为、市场动向等多维度信息的采集、加工与整理，使所有业务及管理活动在数据层面得以量化和分析。

业务数据化的核心在于将原本难以量化的业务活动转化为结构化的数据资源，为企业提供前所未有的系统化能力和洞察能力。通过对这些数据进行深度挖掘与分析，企业可以更准确地把握市场趋势，理解用户需求，优化内部流程，并及时做出战略调整。这种由数据驱动的决策方式，不仅提升了企业的运营效率，也为企业的战略制定提供了坚实基础。

业务数据化并非单纯的数据记录与存储过程，而是一个涉及数据整合、分析与应用的系统工程。在这个过程中，企业需要构建一套完整的数据管理体系，涵盖数据的采集、清洗、存储、分析及应用等各个环节。通过这一系列步骤，企业能够将零散的数据点串联起来，形成完整的信息链条，从而支持决策层进行更为精准的战略判断、业务调整及资源配置。

（2）价值及意义

将所有业务流程和管理活动数字化，并对其进行有效的分析和洞察，已成为企业提升管理效率和竞争力的关键手段。在数字化时代，数据不仅是对信息的记录，更是企业决策的重要依据。通过数字化的方式，企业能够获取精准的业务数据，实时掌握运营状况，并利用这些数据来制定更有针对性的业务策略。

业务数据化不仅是将传统的业务流程转化为数字形式，更重要的是对这些数据进行深度分析与应用。企业通过持续的数据采集、处理与分析，可以发现隐藏的市场趋势，从而优化业务流程，提升用户体验，并据此快速应对市场变化。这一过程不仅增强了企业的反应速度，还提高了决策的科学性和准确性。

传统的业务决策往往依赖经验和直觉，而在数据驱动的模式下，企业可以摆脱这种不确定性，转而依靠客观数据进行科学管理与资源配置。例如，通过对用户行为数据的分析，企业能够更加准确地预测市场需求，开发出更符合市场需求的产品。

此外，业务数据化还能促进不同部门间的协同工作。当各部门的数据被统一整合后，企业内部的信息流通变得更加顺畅，决策过程也更加透明。这不仅有助于消除“数据孤岛”，还能够激发创新思维，促进业务流程的优化与重组。

（3）举例理解

某大型零售公司通过电子收费系统记录每笔销售订单的商品信息、时间、地点以及顾客购买行为数据。数据信息涵盖销售金额、单品销量、购买频率、支付方式等内容。

在经过一段时间的数据积累后，该公司通过数据分析发现以下关键规律。

- □ 某些商品（如速食零食、饮料）在周五晚间和节假日前销量显著提升。
- □ 不同区域门店的热销商品存在差异，例如，市中心门店的小包装商品销量更高，而郊区门店的大包装商品销量更高。
- □ 顾客购买部分特定商品（如咖啡）时一般会有固定的搭配商品。

基于这些分析结果，该公司制定并实施了以下优化措施。

- □ 商品陈列优化：在门店入口和主通道处布置热销商品，并根据顾客购买行为分析、调整陈列组合。
- □ 优化库存管理：针对不同门店和时段的需求模式，优化商品分配策略，在高销量时段提前备货，并针对低销量区域减少库存，以此降低库存积压。
- □ 开展个性化营销：利用数据分析识别高潜力商品组合，通过推出“满减”“第二件半价”等活动刺激顾客消费。

在实施这些措施后，该公司在短短一个季度内取得了显著成效。

- □ 总销售额同比增长 5%。
- □ 库存周转天数缩短 5 天。

本例中，该公司利用电子收费系统采集业务数据是业务数据化的体现，正是有了这一前提，后续才能借助数据分析实现决策优化。

2. 数据业务化

（1）定义

数据业务化是指将数据与具体的业务场景紧密结合，并且为所有数据赋予明确的业务场景及定义。当数据脱离业务而存在时，它仅仅是放置于底层数据仓库的一种“资源垃圾”，没有任何价值及意义，也不在我们讨论的数据要素范畴内。只有将这些数据置于特定的业务环境中，它们才具备商业价值及数字含义，可供分析、挖掘。这一过程不仅包含对业务数据的收集和存储，更重要的是通过数据分析和数据挖掘技术，从中发现能够促进业务发展的规律和策略点，从而帮助企业实现业务流程优化、运营效率提升等效用。

现在，数据驱动已成为普遍共识，数据业务化的关键在于如何有效地利用数据来推动业务决策和发展。这要求企业在日常运营中不仅要关注数据的收集与整理，更要重视数据的应用与价值转化。在每个业务环节中，企业都要融入数据分析的能力，使决策更加科学化、精准化。例如，营销策略的制定、市场竞品的分析、企业发展战略的规划等，每个环节都可以通过数据业务化来助力。

（2）价值及意义

数据业务化强调的不仅是数据与业务的高度融合，更是将数据作为业务运转的关键“原材料”，作为生产要素参与企业经营生产。通过数据业务化，企业能够对积累的数据进行系统的整合与深度分析，并进一步应用于市场营销、产品优化、用户服务等多个具体的业务环节之中。这种做法不仅提升了数据的利用率，也为企业的整体运营提供了更坚实的基础支撑。

数据业务化在数据资产运营中有一个重要特征，是将数据产品化，即将数据转化为可以直接实现业务赋能的产品或服务。例如，企业可以开发智能推荐系统，根据用户的消费习惯和偏好为其提供个性化的产品或服务。这样的产品或服务不仅可以帮助企业内部提升运营水平，还可以转化为对外的数据服务，进而实现商业化运营，为企业开辟新的收入来源。

所以，数据实现业务化后，其不再仅仅是辅助决策的信息，而是成为贯穿整个业务链条的核心资产。

（3）举例理解

某智能停车场运营商通过车牌识别摄像头、移动支付终端等采集设备，全面采集车辆的进出时间、停放位置、支付方式等数据。结合这些数据，运营商建立了一个数据管理与分析系统，对停车场的运营状况进行深入分析。

经过一段时间的数据沉淀和数据分析，运营团队发现以下规律。

- 高峰时段和区域分布特征明显：工作日早高峰（7:30—9:30）和晚高峰（17:30—19:30）车位使用率达到90%以上，集中在靠近写字楼和地铁站的区域；周末购物中心附近的车位使用率显著提高，且停车时间较工作日更长。

- 车位周转和滞留问题：工作日有 20% 的车位被长期占用，导致高峰时段出现车位不足的问题；周末部分区域车位使用率不足 50%。
- 支付偏好：大部分用户偏好使用移动支付，但长期停车用户更倾向于按月或按年支付固定费用。

基于这些数据分析结果，停车场运营商采取了一系列管理措施。

- 智能动态定价：在高峰时段，车位收费价格动态上调；对低峰时段和偏远区域的车位实行折扣价收费。
- 区域分配优化：在靠近短时客流量大的地方，增加短时停车位数量，对所有的停车区域重新规划分配；为长期停车用户设立专属车位区。
- 实行会员制：针对长期停车用户推出会员服务，提供按月或按季度固定收费套餐。

经过这些改进，停车场的运营效率和用户满意度显著提升。

- 平均车位周转率提高了 10%。
- 停车场总收入同比增长了 15%。
- 低峰时段车位使用率增长了 10%。

本例中，该停车场通过各种采集设备采集日常运营数据属于业务数据化，数据收集后借助数据分析找到问题并制定一系列管理措施，从而提升停车场的运营效率与用户满意度，这是数据业务化的结果。

3. 数据资源化

（1）定义

要理解数据资源化，首先要理解资源是如何定义的，比如土地、水、天然气等，这些都是大自然生态环境中一贯存在的资源。我们通常认为资源是天然存在的可供人类开发利用的各种物质和能量形态。这些资源主要包括但不限于土地、水源、森林、野生动植物、矿产以及各种形式的能源（如太阳能、风能等）。资源通常又被分为可再生资源和不可再生资源，但它们都具备一个共同特征，那就是有价值。

所以，谈论数据资源化，本质上是在谈论数据的价值，也就是我们所说的数字经济。

对于企业而言，数据资源化是指将企业内外部产生的各类原始数据，通过采集、整理、加工清洗以及存储等步骤，转化为可管理、可访问、可共享的资源的过程。

但数据资源是无形的，它无法被划入不可再生与可再生的范畴，因为它并不具有消耗性，是一种可以无限循环“开采”的动态资源。

我们还需注意，数据价值若脱离了一定的业务场景就变成了一堆没有任何意义的数字，而且数据资源还需要具有规模性，单条数据往往意义不大，后续对资源“开采”的过程必然是基于一定的数据规模的。

（2）价值及意义

数据资源化是企业数据资产形成的基础，是数据价值得以“开采”的前提，它的本质是将各类分散的数据通过存储、加工、盘点等方式转化为企业可持续开采的基础资源。通常，企业的数据来源繁杂，包括生产数据、销售数据、市场数据等，且数据形式多样，如文件、系统模型、扫描文档等。通过数据资源化，企业能够对这些多源数据进行标准化处理，建立统一的数据资源管理平台。

数据资源化的关键在于对数据的全面盘点与清洗、分类、存储、管理，使数据具备被“开采”的前提条件，当然，这也是企业科学决策各类业务和运营的基础。资源化的过程不仅提高了数据的可用性，还确保了数据在不同业务场景中的互通性和一致性，成为企业进行数据资产化的基础。

未经资源化的数据，就犹如一团杂乱的麻团，对于利用与开发没有可用的基础。

（3）举例理解

某制造企业在各生产线、设备监控系统以及供应链系统中部署了大量传感器和数据采集终端，实时记录生产过程中的关键数据：生产线运行效率、设备运行状态、原材料的库存水平、供应链交付时间等。

每天采集的数据量非常庞大，而这些数据源来自不同系统，且各自独立运行，数据格式和规则互不相同，无法直接整合和利用。最终导致出现以下问题。

- □ 部门间难以协作：不同部门的数据相互隔离，生产部门无法即时获取库存状态，采购部门无法动态了解生产需求。
- □ 信息滞后：管理层缺乏统一的分析结果，无法实时了解企业整体运营状况。

- 时效慢：数据整合需要大量人工处理，导致分析周期长，影响决策。

为了解决这些问题并实现数据资源化，该企业规划搭建了数据管理平台，所需步骤如下。

- 建立云数据库，实现快速访问。
- 利用平台功能快速将生产线、设备监控和供应链系统的数据进行整合。
- 采用数据清洗工具，对数据进行清洗、处理。
- 按照统一的业务逻辑和数据标准，将不同来源的数据实现标准化。
- ……

通过数据资源化，企业构建了完整的指标体系，对日常运营进行监控、分析，最终取得以下成果。

- 设备故障率降低 10%，生产效率提升 8%。
- 库存周转天数缩短 15%，材料缺货率降低 10%。

本例中，该企业数据采集源头较多，数据分散且无序，因数据来源问题而无法直接使用。因此，通过搭建数据管理平台，将分散的数据集中并对其进行清洗处理，使原本无法使用的各种数据成为可供再开发的数据资源，这个过程即实现了数据资源化。

1.1.2 资产类概念

1. 数据资产化

（1）定义

数据资产化是指在经过一系列加工、治理、分析和确权流程后，将原始数据转化为可度量、可评估、能够为企业带来经济价值或战略优势的资产，且将价值入账资产负债表的过程。这一概念与传统资产有着显著区别，因为数据资产化不仅关注数据的存储和管理，更强调数据作为核心资源的实际应用价值。通过有效的数据治理和数据分析,原始数据得以转化为具有一定价值的“产品”。

数据的价值在于数据“背后”潜藏的业务信息，以及如何通过精细的处理和分析来挖掘其潜在的商业决策能力。数据资产化的关键在于对数据价值的识别和挖掘，在这一过程中，我们不仅要关注数据的质量和完整性，还要确保数据能够在适当的业务场景中发挥赋能作用。最终的目的是打破企业内部的“数据孤岛”，让数据价值从内部走向外部，实现数据要素的价值流动。

同时，数据确权也是数据资产化中的一个重要环节。数据确权不仅是为了明确数据资源的持有权和加工使用权，更是为了保障数据交易市场的公平竞争和健康发展。只有当数据的权责归属得到明确界定之后，才能更好地进入数据交易市场流通,从而实现数据的商业化价值。专业的价值评估机制同样必不可少，它可以帮助企业准确把握数据资产的真实价值，避免因估值不当而造成损失。

此外，在数据资源开发的过程中，企业所投入的人力、物力等成本均需纳入数据资产化的财务成本中。这些成本包括数据采集、清洗、存储、分析、技术开发等各个环节的投入，通过客观的成本核算，将这些投入反映在资产负债表中，从而将数据资源从企业战略层上的“资产”转变为真正意义上的资产。

（2）价值及意义

数据资产化的价值在于，它将数据从无形的资源转化为具备经济效益和战略价值的“软性”资产。随着商业市场对数据价值认知的加深，数据已经逐渐被视为与人力、资本、土地同等重要的生产要素。数据资产化不仅为企业开辟了新的收入来源，还提升了其在行业中的竞争力，助力企业在激烈竞争的市场中稳固地位。

数据资产化不仅限于内部数据的应用，更重要的是，它为企业打开了外部市场的大门。通过数据交易，企业可以将积累的数据资源转化为实际的经济收益。数据交易市场为那些拥有高质量数据的企业提供了数据资产变现的渠道，让数据价值从“虚幻”走向现实，同时为那些需要外部数据支持决策的企业提供正当获取数据信息的机会。这种双向流动不仅促进了市场数据价值的流动，还加速了数据在不同领域间的融合与创新。

除此之外，数据资产化还为企业提供了新的融资渠道。数据资产作为一种新型资产，可以用来进行融资活动。企业可以通过数据资产的抵押、质押等方式获得资金支持，这对于资金紧缺的企业或正在寻求扩张的企业尤其重要。数据资产融资不仅能够帮助企业在短时间内筹集所需的资金，还能够促进企业更好地进行资源配置，推动企业的快速发展。

数据资产化还使企业能够系统性地评估和管理内部数据资产，从而提高运营效率、降低成本、优化资源分配。通过数据资产化，企业可以更精确地进行决策，尤其是在市场分析、用户管理、供应链优化等方面，数据资产化能够带来前所未有的洞见和机遇。例如，在市场营销中，通过对海量数据的深入分析，企业可以更精准地了解消费者的需求，从而制定更有针对性的营销策略；在用户管理方面，利用数据资产化的方法，企业可以实现个性化服务，提高用户的忠诚度；在供应链管理中，通过对供应链各个环节的数据进行整合分析，企业可以及时发现并解决潜在的风险，提高整体运营效率。

总而言之，数据资产化不仅为企业带来了实实在在的经济效益，还为企业注入了业务创新的新动力。它不仅是一项技术手段，更是企业战略转型的关键一步。通过实现数据资产化，企业可以更好地实现数字经济变现。

（3）举例理解

某城市公共交通公司在多年运营中，积累了大量的车辆运行数据、乘客乘车记录以及车辆维护信息。然而，尽管数据资源丰富，却未被充分利用，公司整体效益一直不佳。面对运营效率低下、成本压力增大、乘客投诉增多等问题，公共交通公司决定通过数据资产化的方式挖掘数据价值，以全面提升经营效益。

为实现这一目标，公共交通公司对现有的数据进行了重新梳理、治理、产品化，最后将产品化过程中的投入成本进行量化后计入资产负债表。整个流程均严格按照合规要求进行，并由专业律师团队全程评估把控，以确保数据的合法、合规。

在数据资产化过程中，公共交通公司开发了两款数据产品。

产品一：智能客流预测系统

结合内部运行数据与外部数据（如天气、节假日等），该系统能够实时预测不同时段的客流量，并提供动态调整车辆发车间隔和线路配置的建议。通过这一系统，公司显著提高了车辆利用率，降低了运营成本，准点率大幅提升，乘客满意度明显提高。

产品二：客流数据服务包

脱敏后的客流数据被封装成数据资产包，通过 API 提供给城市规划部门、交通研究机构和广告公司。这一产品实现对外交易，为公司带来新增收入。

通过数据资产化，公共交通公司实现了从被动应对到主动优化的转变。一方面，智能客流预测系统优化了内部运营效率，每年节省大量运营成本，并提升了乘客的出行体验。另一方面，客流数据服务包在市场化交易中为公司创造了新增收入。

在本例中，该公共交通公司从梳理现有数据到将数据资产计入资产负债表，完成了数据资产化的过程，这也是本书的核心重点。

2. 数据产品化

（1）定义

数据产品化是指将经过处理和分析的原始数据转化为可以直接应用的产品或服务，供内部或外部用户使用的过程。这一过程不仅涵盖了数据的收集和分析，还包括数据产品的设计规划、产品开发、定制化和标准化，使其能够满足特定业务场景的需求，成为具有市场价值的产品。数据产品化的核心在于将原本分散的数据资源转变为一种可以交易、分享、具有特定应用价值的产品或服务，从而为企业带来持续收益。

数据产品化不仅是技术层面的工作，更是企业战略的一部分。通过这一过程，数据从孤立存在的静态资源，转变为能直接服务于用户和市场需要的产品。例如，通过将内部的用户行为数据转化为易于理解和使用的报告或工具，企业可以为用户提供更个性化的服务，提升用户体验，提高用户忠诚度。这种转变不仅提高了数据的利用效率，还为企业创造了新的收入来源。

数据产品化的另一个重要方面是将数据从内部的静态资源转换为外部用户或市场能够直接消费的产品。这意味着企业需要具备将数据转化为可操作解决方案的能力。例如，通过开发基于数据分析的预测模型，企业可以为其他企业提供同等的预测能力，帮助它们在相应的业务场景中做出更明智的决策。这样一来，数据不仅为企业内部创造了价值，还通过外部市场交易为企业带来了额外的经济收益。

此外，数据产品化还要求企业在设计和开发数据产品时，考虑到用户的实际需求。这意味着要根据不同的应用场景来定制数据产品，并确保产品的标准化，以便大规模推广和使用。通过有针对性的数据产品设计开发，企业不仅能够提升自身的运营效率，还能够更好地服务于市场，赢得竞争优势。

总之，数据产品化是一个综合性的过程，它不仅让企业能够从内部数据中提取价值，还能够通过市场化的手段将数据转化为真正的产品或服务。这一过程不仅为企业带来持续收益，还促进了整个行业的数据共享和创新。通过数据产品化，企业能够在激烈的市场竞争中脱颖而出，实现持续的增长和发展。

（2）价值及意义

数据产品化的价值在于，它为企业创造了一种全新的收入模式和竞争优势。通过将数据转化为产品，企业不仅能让数据服务于内部运营，提升企业的业务能力，还能为用户、合作伙伴提供精细化的解决方案，将数据转化为真正的产品或服务，为企业带来持续的收益。

数字经济时代，数据产品化已经成为许多平台型企业及数字化转型企业的核心商业模式之一。通过数据产品化，企业不仅可以对外提供高度定制化的服务，还能促进内部数据的高效利用，推动跨部门的协作与创新，全面提升企业的整体业务能力和市场竞争力。

例如，在预测分析领域，企业可以将企业内部的预测模型整合成一款数据产品，帮助用户提升预测能力。在金融风控领域，企业可以将行政数据提炼为数据资产，从而为市场上的银行提供更为精准的企业行为画像，在贷款风险控制方面提供更好的数据支持。

此外，数据产品化还能促进企业内部的数据共享和协同工作。通过建立统一的数据平台，企业可以打破部门之间的“数据孤岛”，实现数据的无缝对接和流通，使各部门能够更好地协同工作，共同推动业务发展。这一过程不仅提升了企业的运营效率，还为企业培养了一批具备数据思维的专业人才，为企业未来的持续发展奠定了坚实基础。

总而言之，数据产品化不仅提升了企业对外部市场的服务能力，还使数据的应用场景更加广泛，如在提供模型、报告、数据等方面，为企业提供新的商业机会。通过数据产品化，企业不仅能够实现内部数据的有效利用，还能够促成外部市场的数据交易和合作，进一步巩固其在行业中的地位，帮助企业实现持续增长和发展。

（3）举例理解

一家金融科技公司拥有大量的用户交易数据和行为数据，但是这些数据静置于数据仓库中，一直未被充分利用。为了提高数据的使用率，该公司决定通过产品化来明确数据的价值。

基于业务运营的需求，该公司开发了一套智能风控系统，能够实时分析用户的交易风险，并可根据用户的行为模式进行信用评分。这一系统被封装为一款数据产品，除了供公司内部使用以优化风险管理流程，还通过 API 的形式向外部金融机构提供服务。借助这一数据产品，其他金融企业能够快速接入有效且高效的风控模型，无须自行开发，大幅节省了模型训练的成本投入。

对于金融科技公司而言，这一数据产品不仅帮助内部运营实现风险控制，还开辟了一个新的收入增长渠道，提高了行业的竞争力和市场份额。

本例中，该科技公司通过数据产品化，使数据不再是静态的、价值无法量化的资源，而真正成为可以交易和共享的市场产品，并帮助公司获得新的市场增长点。

3. 数据市场化

（1）定义

数据市场化是指将企业或组织内部产生的各类数据通过市场机制进行流通和交易，转化为可以直接为外部用户、企业用户或合作伙伴提供商业价值的产品或服务的过程。这一过程不仅涉及数据本身的销售和共享，还包括数据的授权使用、数据产品的定价机制和交易模式的设计等。数据市场化的核心在于将数据的价值由内向外延伸，通过建立完善的数据交易市场或平台，实现数据的市场流通及价值最大化，使数据成为可自由交易的市场产品，服务于更多企业和个人用户。

数据市场化不仅为企业提供了新的收入来源，还促进了数据资源的有效配置。通过数据交易市场或平台，企业可以将自身积累的数据资源转化为具有市场价值的产品，为其他企业提供决策支持和服务。这种市场化的运作模式不仅提高了数据的利用率，还激发了市场数据创新的活力。

数据授权使用是数据市场化进程中的重要环节。企业可以通过授权其他企业使用自身数据，来获取相应的经济收益。这种授权使用既可以是短期的合作关系，也可以形成长期的战略伙伴关系。通过这种方式，数据持有方可以将数据的价值最大化，而数据需求方则可以获得所需的高质量数据，从而提升自身的业务水平。

数据产品的定价机制和交易模式的设计，对于数据市场化的成功至关重要。

合理的定价机制能够保证数据交易市场的公平性，并迅速促成市场交易。同时，多样化的交易模式，如一次性购买、订阅服务、按需付费等，可以满足不同类型用户的需求，促进数据市场健康有序地发展。

数据市场化不仅为企业带来了经济效益，还推动了整个行业的数据共享和协作。通过构建数据交易市场或平台，企业之间可以实现数据的互联互通，优化数据资源的配置。这种开放的数据生态不仅有助于提升整个行业的创新能力，还能够为更多企业和个人用户提供更加丰富和精准的数据服务。

总之，数据市场化不仅使数据成为一种可自由交易的市场产品，还为企业和社会带来了巨大的价值。通过数据市场化，企业不仅能够实现数据的价值变现，还能够促进数据的广泛应用，从而推动各行各业的数据要素价值释放。这一过程不仅体现了数据的经济价值，还展现了数据作为新时代重要生产要素的社会价值。

（2）价值及意义

数据市场化的价值在于促进数据资源的高效流通，推动整个社会和产业的数据价值释放。通过市场化手段，数据不仅能够为生产和管理提供强有力支持，还可以通过交易获取直接的经济收益，成为新的经济增长点。数据市场化的意义远远超出了简单的数据交易范畴，它标志着一个新的市场领域和新的商品形态的形成。

当前，数据已然成为与人、土地同等重要的生产要素。通过数据市场化，企业可以将积累的数据资源转化为具有市场价值的产品或服务，以此获取直接的经济回报。这一过程不仅为企业带来了新的收入来源，还极大地推动了数据价值的广泛应用和数据分析挖掘技术的创新。如今，数据不再是各企业分散的信息资源，而是成为推动市场发展的重要力量之一。

数据市场化打破了传统行业和企业间的信息壁垒，促使不同企业通过数据共享和交易实现数据应用，有效地帮助企业更好地融合内、外部数据，进而基于数据做出对业务发展有用的决策。例如，制造业企业可以通过标准化的主数据，来帮助其他同类企业高效获得标准化的数据应用；金融企业则可以通过共享风险评估模型来降低信贷风险。

此外，随着数据交易平台和法律规范的逐渐完善，数据市场化也为不同企业创造了一个全新的生态合作系统。在这个生态合作系统中，数据可以自由流通和交易，不仅优化了数据提供方的资源配置，还拓宽了企业的营收渠道，给一些企业带来了全新的市场机会。而数据交易平台的建立，不仅解决了数据供需双方的信任问题，还为数据交易提供了安全、高效的环境，使企业能够更加专注于数据价值的挖掘和应用。

数据市场化的推进，有助于形成更加公平、开放的市场环境。同时，更为完善的法律法规体系可以保护数据交易双方的权益，促进数据市场的健康发展。

（3）举例理解

我们仍以某金融科技公司的数据产品化为例进行讲解，该金融科技公司通过收集用户的交易数据、行为数据及其他相关数据，并经过全面的数据治理、数据分析以及数据算法处理，最终开发出一套高效的风控评估系统。当这套风控评估系统被提供给外部其他同类金融科技公司，并进一步转化为供市场交易的产品时，它便不再仅仅是内部工具，而是成为一款具有商业价值的产品。随着该产品进入市场并进行交易，它也就实现了真正的市场化。

4. 数据资本化

（1）定义

数据资本化是数字经济时代独有的数据应用形态，它赋予数据资产金融属性，推动了数据资源由内向外拓展，价值从资产化走向资本化。在这一过程中，原本仅作为企业内部运营支持的数据资源，经过数据治理、分析挖掘与数据确权、资产评估后，转变为能够在市场上流通、交易并可为持有者带来资本利益的产品。

数据资本化的重点在于数据资产的价值评估，而评估的前提是对数据价值的挖掘与实现。通过质押融资、证券化等多种方式，数据资本化促进了对数据资源的优化配置和高效利用，为企业拓宽了融资渠道，降低了融资成本，同时为投资者提供了新的资产类别与投资机会。这一过程不仅推动了数字经济的市场发展，也对传统经济的运行模式和产业结构产生了深远影响。

（2）价值及意义

数据资本化通过金融路径，为企业开辟了一条全新的融资渠道。这一渠道的核心在于将数据资产作为质押、信贷的载体，从金融机构获取贷款。相较于传统的融资方式，数据资本化具有独特优势和广阔前景。

首先，数据作为一种无限且可循环使用的资源，不同于传统的固定资产，数据资产具有极高的可复用性和可扩展性。企业可以根据不同的业务场景，设计不同的数据产品，经过专业数据资产评估机构的价值评估，对数据资产的潜在价值进行量化。这样企业不仅能够获得一次贷款，还能在未来的经营活动中，通过更新和再规划数据产品，再次进行资产价值评估，从而获取新的资本注入。这种持续的融资能力可以为企业提供长期的资金保障。

其次，数据资本化的融资评估机制有别于传统方式。传统的融资评估通常依赖固定资产、盈利能力等硬性指标，而数据资本化的融资评估则更注重企业的数据资产质量及其应用效益。数据资产评估机构通过一套完整的评估机制来判断其价值。这种评估机制是对无形的数据价值进行实际量化，有助于金融机构做出更加精准的贷款决策。

再次，数据资本化能够帮助企业实现更充裕的现金流。尤其是当企业面临资金紧张或者需要更多的资金来支持业务拓展时，通过数据资本化，这些企业可以凭借其积累的数据资产，向金融机构申请贷款，有效缓解资金压力。这不仅有利于企业的日常运营，还能够支持企业的扩张计划和研发投入，从而推动企业的长期发展。

接着，数据资本化有助于企业应对经济危机。在经济下行期间，许多企业可能会遭遇资金流动不足的问题。数据资本化为企业资金扩充提供了一种新的途径，使企业能够通过质押数据资产来获取急需的资金。这种方式不仅可以帮助企业渡过难关，还能在一定程度上降低企业的财务风险。

最后，数据资本化还为企业创造了多重价值。除了进行直接的融资，数据资本化还促进了企业的数字化转型。企业为了提高数据资产的质量，往往会加强数据治理，建立更加完善的数据管理体系，同时会深入分析、挖掘数据的价值，这不仅能够提升企业的内部管理水平，还能增强企业的市场竞争力。此外，通过数据资本化，企业能够更好地理解市场动态，及时调整战略方向，增强企业抗风险能力。

（3）举例理解

当前市场上，许多企业通过将数据资产“入表”实现数据资源的资产化，并通过资产评估确认资产价值，进而使用该“资产”获得银行的贷款融资。例如，数库科技通过“数库产业链图谱”将产业链中的关键数据转化为数据资产，并通过确权和评估的方式获得融资；河南数据集团则将企业土地使用权等数据进行入表，作为数据资产提供给金融机构进行贷款融资。

在这些实现数据资产化并获得银行融资、贷款的企业中，通过数据资产为企业获得更多的资本注入的过程就是数据资本化。

1.2 正确理解数据资产

1.2.1 数据资产的定义及特征

在数字经济时代，数据已成为企业和组织中最具战略性、可持续性的资源之一，数据资产的概念也应运而生。数据资产是指企业拥有的能够直接或间接带来经济利益的数据资源。这些资源经过一定的技术处理和分析挖掘后，能够直接或者间接地帮助业务决策和运营，实现更高的效率和收益目标。

1. 数据资产的定义

对于数据资产的定义，我们可以从两个层面进行理解：一是数据的基本属性，二是数据的价值属性，如图 1–2 所示。

图 1–2

数据的基本属性：是由企业在日常业务活动中产生和收集的信息。这些信息既可以是结构化的（如用户交易记录、产品库存信息等），也可以是非结构化的（如用户评论、社交媒体数据等）。不同行业及不同企业所沉淀的数据信息类型不同，具体内容也不同。但无论是哪种类型的，数据在本质上都是企业各种“业务经营”所沉淀的静态“资源”，只有经过存储、加工整理后才能具有潜在价值，例如停车场的停车数据、公共交通集团的公共交通客流信息等，都是其业务经营后的一种资源沉淀。

数据的价值属性：从财务管理的角度来看，并非所有物品都能被称为资产。同样，对于数据而言，只有那些能为企业带来未来经济利益的数据资源才能被称为数据资产。数据的核心价值在于其能够直接或者间接地影响业务发展，例如，运营、用户洞察、风险管理及商业创新等方面的优化。通过对数据的深入分析，企业可以洞察市场趋势、用户需求及竞争对手动态，从而制定精准的发展战略；这些价值在整个数据资产化过程中主要体现在数据资产的价值评估与数据产品的定价上。

数据资产除了具备上述的两个属性，在其定义上还需考量“价值可计量性”。如果数据的价值无法被量化，就无法成为企业的资产，因为资产本质上需要能够被准确评估和计价。数据价值的可计量性体现在其为企业带来的收益上，但现行的会计处理方法更多是根据数据资产化过程中所投入的成本进行财务核算。

所以，对于数据资产，确切来说，它是由企业经营产生并由企业控制的，在未来具有一定预期经济收益的一种以电子化形式记录的数据或者资料，且可被计量，拥有明确的数据产权属性。

2. 数据资产的特征

（1）形态不可见

数据资产不具备像设备或房地产那样的物理形态，而是一种虚拟的数字概念。它通常由各种数字、符号、图形等构成，存在于企业的电子系统、数据库或云平台上。对于非数据专业人士来说，数据资产是完全不可见的，是一种无法通过肉眼直接观察到的无形之物。这种无形性意味着数据资产的存在形式是隐蔽的，需要借助特定的技术工具和平台才能理解和利用。例如，企业的财务数据虽然在会计系统中存在，但如果不通过相应的软件工具进行展示和分析，就难以直观呈现其价值。因此，数据资产管理需要专门的技术人员和系统支持，以确保其有效利用。

（2）可复用

从资源的角度来看，数据资产并不属于传统的可再生或不可再生资源范畴。

数据不会被消耗，一项原始数据集可以被无数次地复制和使用，而不会导致其原始数据的消耗或损坏。不同于传统资产，数据的重复使用不仅不会导致其价值递减，反而可以通过数据的积累和共享得到不断扩大。例如，用户行为数据不仅可以用于营销分析，还可以用于产品设计、用户服务等多个方面。随着数据被不同部门和业务场景反复使用，其价值得以持续增长，甚至可能产生新的商业机会。此外，数据的可复用性也使企业能够在不增加成本的情况下，实现多方面的业务创新。

（3）可共享

数据资产可以在不同的部门和业务单元之间共享使用。当然，数据交易市场形成后，数据资产还可以跨组织进行分享使用。例如，一个企业的市场部和销售部可以同时使用相同的用户数据，根据本部门的业务需求来对该用户数据进行不同的洞察与分析。通过数据共享,企业内部可以形成更高效的协同运作，提升整体运营效率。同时，共享的数据资源不仅能够减少重复劳动，还能够促进数据价值信息的传播和技术扩散，加速企业的创新步伐。这也要求企业建立完善的内部数据共享机制，以确保数据的安全和合规使用。例如，通过建立统一的数据管理平台，企业可以实现数据的集中存储和访问控制，确保数据可以被开放给所有的部门进行共享。

（4）动态变化性

数据资产的价值并非固定不变，而是会随着时间的推移和数据的积累而不断变化。随着数据分析技术的发展，企业能够从原先的历史数据中挖掘出更多有价值的信息；同时，数据资产的价值也受到市场环境、政策法规和技术发展等外部因素的影响。数据资产的动态性要求企业具备灵活的管理能力，以便及时调整数据管理策略，确保数据资产的价值可以及时被发现。例如，新出台的法律法规可能会影响数据的使用方式，企业需要适时调整策略以保证数据资产的合法性及合规性。此外，数据的时效性也很重要，企业需要定期更新数据，以保持其相关性和有效性。

（5）时效性

数据资产的价值往往与时间密切相关。实时数据（如用户的在线行为数据）对企业来说往往比过期数据更有价值。因此，如何及时收集、处理和应用数据是企业管理数据资产时面临的一大挑战。如果数据长时间未被使用或更新，其商业价值可能会迅速下降，甚至变得无效。为此，企业需要建立快速响应的数据管理机制，确保数据能够及时转化为有用的信息，以支撑决策和业务优化。例如，通过实时数据分析系统，企业可以立即获得最新的市场反馈，快速调整营销策略，提高响应速度。

（6）多样性和复杂性

数据资产包括多种形式的数据，不仅有结构化数据（如数据库中的交易数据），还有非结构化数据（如视频、图像、文本）。这种多样性增加了对数据进行管理和处理的复杂性，要求企业具备更高的数据治理和技术能力，以应对不同类型数据带来的挑战。例如，处理非结构化数据需要专门的技术工具和手段，企业需要投入相应的技术和人才，以确保数据的有效利用。此外，数据的多样性还意味着企业需要建立一套完整的数据治理体系，涵盖数据分类、存储、分析等多个环节，以确保数据质量和一致性。

3. 与企业传统资产的区别

企业的传统资产一般包括固定资产（如土地、机械设备等）、流动资产（如银行存款、应收账款等），还有无形资产（如专利权、知识产权等）。数据资产本质上来说属于无形资产中的一类，但与专利权、知识产权这样的资产又有很大的区别，所以笼统归到无形资产中并不可取。传统资产与数据资产的区别有以下几个方面。

（1）形态差异

从形态上看，数据资产与无形资产较为相近，但传统资产大多是有形的，具备一定的物理形态，其形态及价值都容易衡量与评估，如办公楼、机械设备等。而数据资产则以电子化、数字化的形式存在，具有不可见与不可触摸性，必须依赖信息系统和技术手段进行管理与处理。相较于专利权、知识产权这样的无形资产，数据资产不仅可以被加工、处理、开发，还可以通过数据挖掘、清洗、整合等技术手段，实现不断增值。这种特性使数据资产在管理和利用上具有独特的灵活性和多变性。

（2）消耗性不同

数据资产与传统资产在消耗性方面也存在显著差异。传统资产在使用过程中会被磨损、消耗，寿命有限。例如，机械设备会因为频繁使用而老化，建筑物会随时间自然损耗。而数据资产具备不可消耗性，所谓的“开采”并不会导致原有的数据资源有所损耗或在形态规模上有所减少。一个数据集可以在不损失其原始价值的前提下被多次复制和使用。例如，用户数据可以同时用于营销、销售、用户服务等多个部门，而不会因为某个部门使用而减少其效用。这种非消耗性使数据资产可以被反复利用，不会因使用次数增加而贬值。此外，数据资产还可以通过持续的数据更新和维护，保持其持久的生命力，为企业提供长期的支撑。

（3）动态增值

动态增值也是数据资产的一个独特优势。大多数传统资产的价值通常会随着时间而减少、损耗、折旧。而数据资产的价值可以通过技术（如数据分析、人工智能）的进步而实现对其进行更深入的探索和挖掘，最终促进业务的持续增长。例如，企业可以通过对历史数据的新一轮探索分析，从数据中发现新的商业机会，从而提高数据的价值。而且，随着时间周期的拉长，数据的规模会越来越庞大，数据体量越大，意味着可以“开采”的价值就越多。随着数据的不断积累，企业可以通过持续的技术创新，挖掘出更多的潜在价值，进一步提升其业务能力和市场竞争力。

（4）共享性

在开放共享方面，数据资产也与传统资产有所不同。传统资产通常被特定部门或项目使用，具有一定的局限性。而数据资产可以被跨部门、跨组织地共享、利用。例如，一家企业的市场部、销售部和用户服务部都可以使用同一份用户数据，然后按照各自部门的业务需求使用不同的技术手段和方法对该用户数据进行分析、挖掘。这种跨部门的共享不仅减少了重复工作，还促进了信息的流动和知识的共享，增强了企业的整体协作能力。通过建立统一的数据管理平台，企业可以确保数据在各部门之间的顺畅流通，提高工作效率。此外，数据资产的共享性还意味着它可以跨越组织边界，与其他企业或合作伙伴进行共享，从而实现更大范围内的协同共享。

1.2.2 数据资产的分类

数据资产的分类是数据资产管理和运营的基础内容之一，不同类型的数据资产具备不同的应用场景和价值特征。随着数据资源的不断积累与技术的进步，企业面临的数据形式日趋多样化，数据的分类也变得尤为重要。通过有效的分类，企业能够更加系统化地管理数据资产，充分挖掘数据的潜在价值，满足多样化的业务场景需求。无论是从数据来源、数据形态，还是数据使用的维度出发，对数据资产进行科学分类均有助于企业优化数据治理策略，提高数据利用率，并为数据的产品化、市场化奠定坚实基础。

从是否经过分析的角度来看，数据资产可以分为以下两大类。

1. 未经分析的原始数据资源

原始数据资源是指企业在日常运营过程中产生的、尚未经过分析的数据。这些数据通常来自多种渠道，包括内部和外部。

我们所熟知的爬虫数据就是外部数据资源，而企业已经存储、整理或治理，但未经深度分析、挖掘的数据则属于内部数据资源。内部数据资源较广泛，如人力资源和社会保障局的社保缴费数据、国家电网的电力缴费数据，或者互联网企业的社交媒体互动信息、设备运行日志、财务系统数据等。原始数据通常是最基础的、未经开发的资源，这些原始数据可能是混杂的、未经结构化的，甚至存在数据冗余和噪声。

原始数据资源的价值在于它的潜在分析可能性。虽然未经任何加工或提炼，但其本身蕴含着巨大的商业价值。通过对这些原始数据进行分析、挖掘，可以帮助企业发现业务问题、优化运营流程、洞察市场趋势等。

作为一种数据资产，原始数据资源与开发后的数据产品之间的最大差异在于其具有更多的开发潜力，这犹如烹饪时候的原材料，不同的人可以搭配原材料烹饪出不同的菜肴。纵观当前市场，作为数据资产入表的数据集，多数属于原始数据资源，当然，它也属于数据产品的一种。

2. 经过数据产品化的数据资产

与未经分析的数据资源相对，经过数据产品化的数据资产是指经过分析、整理和处理后的数据。这类数据资源经过详细的数据分析、挖掘和开发，已经在特定的业务场景中转化为具体的产品、报告或模型，能够直接为数据产品使用方提供决策支持和业务指导。数据产品化通常涉及将原始数据转化为特定应用的过程，如数据可视化报表、预测模型、商业分析报告等。

数据产品化的过程可以视为数据的增值过程。通过统计分析、机器学习算法或商业智能工具，企业可以从原始数据中提取出有价值的洞察。例如，一家公共交通公司可以通过对车辆 GPS 定位数据、乘客刷卡记录、站点上下车人数统计等历史数据进行分析，构建乘客行为模型，并利用该模型进行更有效的运营管理，如优化路线、调整发车间隔、预测维护需求等。与原始数据相比，经过产品化的数据更加具备实用性，能够为公共交通公司的具体业务需求提供直接的支持，如提高服务质量、降低成本、改善乘客体验等。

从产品化的角度来看，数据资产可以被划分为更多的类别，如图 1-3 所示。

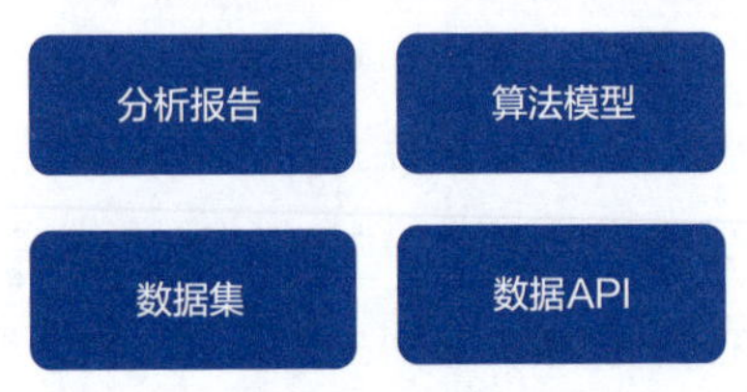

图 1-3

（1）分析报告

分析报告是数据产品化最为直观的一种形式，也是企业在日常运营和战略制定中最常用的数据产品。比如，我们从第三方咨询公司购买的市场分析报告、竞品分析报告等，这些都是数据产品的一种形态。分析报告主要通过对企业内部和外部数据进行深度分析，提炼出关键指标、趋势、风险和机会，为企业管理层、业务部门提供清晰的指导方向。分析报告不仅是对数据的简单罗列，还需结合企业的战略目标与市场需求，提供具体的业务建议。它的核心价值在于将复杂的数据分析结果转化为易于理解的洞察，为决策者提供明确的行动建议。

（2）算法模型

算法模型是数据产品化中的核心形式之一，尤其在人工智能和大模型技术蓬勃发展的当下，算法模型被广泛应用于预测分析、智能推荐、优化策略等业务场景。通过对海量数据的分析和建模，算法模型能够模拟复杂的业务逻辑，进行预测、优化和自动化决策。这种产品化形式可以大大提高企业在业务运营中的自动化能力和效率，减少人工干预，同时提升决策的精确性和响应速度。

（3）数据 API

API 即应用程序接口，是一种将数据资产以“服务”的形式输出的方式。

通过数据 API，企业可以将内部或外部的数据以标准化的形式提供给第三方系统、合作伙伴或内部应用进行调用和整合。数据 API 不仅提高了数据的共享性和复用性，还以一种非常高效及安全的方式实现了跨部门、跨业务，甚至跨行业的数据流动和协作。API 的产品化意味着数据能够以动态的方式融入企业的各个业务场景中，成为驱动业务创新和扩展的重要动力。

（4）数据集

数据集是经过清洗、整理和标签化后的数据集合，是数据产品化中最基础、最具潜力的形式之一，也是我们所说的原始数据资源。数据集可以被用作训练算法模型进行深度分析，或者提供给第三方机构进行研究和开发，尤其是大模型问答技术兴起后，不同行业对数据集的需求急剧增加，它已成为大模型问答技术集成的最基础数据。企业通过发布标准化、结构化的数据集，不仅可以提高内部数据的使用效率，还可以通过数据交易等方式获取额外的经济收益。数据集的核心在于其可复用性和可拓展性，不同的业务场景可以基于同一个数据集进行多种维度的分析和应用。

（5）数据分析相关的业务知识库

严格来说，业务知识库是一种复合型数据产品，也可以视作广义的数据产品。它不同于传统意义上的报表或指标库，而是将指标体系、标签体系、指标释义、分析框架等多种数据资产组合在一起，以统一的结构化方式服务于大模型应用。那么业务知识库有何用？

大模型兴起后，数据应用领域涌现出智能问数与数据智能体等新型产品。此类产品要想更好地落地商用，业务知识库已成为决定大模型回答质量和智能化程度的关键要素。它不仅能够为大模型提供统一的指标释义、标签解释和业务语境，还能通过沉淀的指标因果关系图谱、分析框架与策略方法，支撑模型在不同分析场景下生成准确、专业且上下文一致的答案。相比仅依赖原始数据训练模型，业务知识库能够显著降低大模型的“幻觉”风险，使其分析结果更符合企业的业务逻辑，从而让智能系统不仅“能答”，而且“答得对、答得深”。

业务知识库是企业在长期数据分析与应用过程中，将零散的指标定义、标签解释、因果关系以及典型分析思路和策略进行系统化沉淀与结构化整理后形成的知识集合。它的核心价值在于为数据分析提供统一的标准、清晰的逻辑关系和可复用的分析范式。

与传统的分析报告和标签不同，业务知识库通过与大模型结合，可以直接驱动智能问答、自动生成分析报告和提供决策建议，成为企业数据智能化升级的核心支撑。例如，当企业发现“用户留存率下降”时，大模型若仅依赖原始数据，往往只能给出基本数值变化情况；而业务知识库中沉淀的“留存率—活跃度—活动触达率”等指标关系图谱,可以帮助模型自动识别潜在的归因路径，从而生成更有逻辑的解释。或者，在进行销售额的多维度对比分析时，大模型可以调用知识库中已经整理的“销售额 = 客单价 × 转化率 × 流量”这一指标逻辑，自动拆解并对比不同维度的变化，辅助用户快速定位差异来源。通过这种方式，业务知识库让大模型具备了从结果呈现到逻辑解释、从指标波动到归因分析的能力，以此大幅提升智能问数分析的专业性与可靠性。

总体而言，数据产品化是将数据资产从“沉睡的资源”转化为具有实际业务价值和应用场景的必经步骤，也是企业数据资产化、市场化、资本化的必经环节。无论是分析报告、算法模型、数据 API 还是数据集，它们都代表了数据在不同应用场景中的产品化形式。这些形式在不同的业务情境下各自发挥着重要作用，为企业带来商业洞察、自动化能力和开放创新的机会。然而，数据产品化的背后，还需企业投入大量的技术、管理和战略资源，确保数据产品的质量、实用性和安全性。只有通过系统的资产运营，数据资产的出售方与使用方才能真正从数据资产中获取各自的效益。

1.2.3 数据资产的价值

数据资产化过程是一个复杂的工作，涵盖了数据的收集、整理、治理、开发、确权、评估等多个环节，涉及众多主体与组织。数据资产化不仅涉及一系列技术操作，更是一个系统工程，它要求企业调动所有业务部门都来参与，要综合考虑数据在整个业务流程中的作用。

数据收集是指从各种来源中获取原始数据，如水利部门会收集河流、水库的水位、水质等数据。数据治理是确保数据质量的关键步骤，通过建立数据标准和规范，确保数据的一致性和可靠性。数据开发是指将整理和治理后的数据转化为可用于分析的资源，包括数据建模和数据仓库建设。数据确权则用于解决数据所有权和使用权的问题，确保数据使用的合法性和安全性。数据评估是为了量化数据的价值，为企业的战略决策提供依据。

企业之所以投入大量的精力进行数据资产化工作，是因为认识到只有通过系统的、全面的数据管理，才能奠定数据资产的商业价值，那么数据资产到底有哪些价值？如图 1-4 所示。

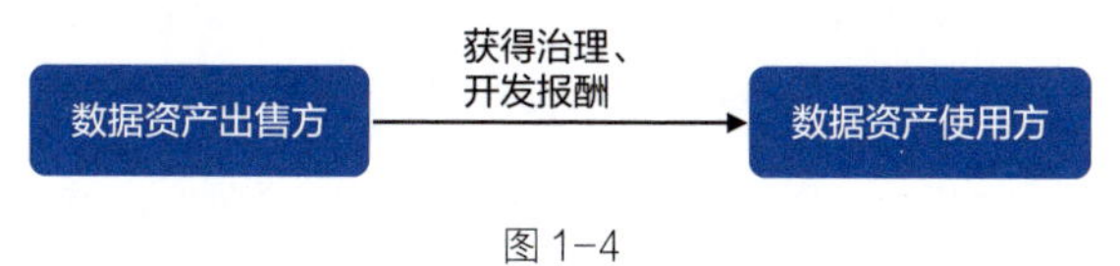

图 1-4

1. 数据持有方即数据资产出售方

对于数据持有方而言，数据资产概念的提出，不仅使企业内部对于数据价值的重要性有了全新认识与深刻理解，也显著提升了企业对数据潜在价值的认知与期望。特别是在公共数据领域，如城市公共交通集团所掌握的数据，以往这些数据主要被用于支持内部的日常运营管理，其潜在价值往往未得到充分发掘与利用。然而，随着数据资产理念的普及与发展，城市公共交通集团所持有的数据不再仅仅服务于内部需求，它们还可以为城市管理提供有力支持，并且可以服务于其他对公共交通客流信息存在需求的企业或机构，从而实现数据价值由内向外的跃迁。

除了数据价值的跃迁，还需要看到数据资产带来的经济收益与社会效益。数据的积累与存储需要大量的信息化系统建设与维护，公共交通数据的收集与整理同样需要相应的成本投入。然而，在过去，这些数据通常仅限于内部运营使用，数据价值并没有被充分开发及应用。如今，随着数据资产这一概念的崛起，公共交通数据不仅可以被用来优化内部管理效率，还能通过市场交易的方式对外输出，成为一种可流通的商品。这不仅为城市公共交通集团开辟了一条新的收入来源，也促使企业重新审视数据应用中的各个环节——包括数据的采集、清洗、存储、治理、分析、应用，以及确权、合规等。这一转变帮助企业找到了一条将“沉睡”的数据资源转化为实际经济收益的有效路径。

此外，数据资产的开发利用还有助于许多企业通过数据资本化的手段获取金融收益，比如获得信贷支持。数据作为一种新型的资产形式，正在逐渐被金融市场所认可。当前，在数据资产入表市场中，通过数据资产实现金融收益的企业已屡见不鲜，它们利用自身拥有的数据资产，以更低的成本和更简便的方式获得资本支持。这对于中小企业尤为重要，因为它们往往面临融资难的问题。借助数据资产，这些企业可以向金融机构展示其数据资产的市场价值，从而更容易地获得贷款或其他形式的资金支持。

数据资产化还有助于推动金融产品的创新，比如基于企业行政数据的信用评估模型、风控产品等，这些都将为金融市场的发展注入新的活力。如今，在各行各业，依托于数据资产而发展出的新商业模式与数字经济正一步一步变革原有的商业市场。

2. 数据购买方即数据资产使用方

对于数据的购买方而言，数据赋能商业决策的作用越来越明显。企业使用自身内部数据进行决策时，往往会发现这些数据是片面的，存在许多信息缺失，这导致许多决策面临数据不足的客观问题。内部数据通常反映的是事后的情况，即历史记录，而诸如竞品数据、市场趋势等前瞻性信息，则可以在事前帮助管理层做出更加科学合理的决策。因此，在某些情况下，外部数据的价值并不亚于，甚至超过了内部数据的价值。

数据资产的诞生为那些对高质量外部数据有着强烈需求的企业提供了一条正规且合法的获取渠道。通过专业的数据交易平台，企业可以根据自身的业务特点和具体需求，在市场上寻找并购买那些能够补充内部数据不足的信息，这有助于企业更好地理解市场环境，把握行业动态。

此外，数据资产的引入还意味着企业可以利用第三方数据来验证自身的业务假设，或是通过交叉验证的方式提高决策的准确性和可靠性。例如，一家零售公司可以通过购买消费者行为数据和竞争对手的销售策略，来调整自己的产品线或营销策略，从而更好地满足市场需求。而在金融领域，投资机构则可以通过获取宏观经济数据、行业报告及其他相关数据，来优化其投资组合，降低风险。

更重要的是，数据资产化使数据交易变得更加透明、规范，降低了非法数据交易的风险，保护了个人隐私和企业信息安全。这也有利于建立一个有序的市场环境，保证不同组织间的数据资产能够相互流通，从而实现数据要素的价值释放。

数据资产的诞生是行业与数据市场发展的必然趋势，它标志着数据作为一种新型生产要素正逐步被广泛认可与应用。无论是对于数据资产的出售方还是使用方，数据资产都展现出了其有效的经济价值。它打破了传统的信息壁垒，推动了数据驱动型决策的发展，使企业能够有更完整的数据视角、更客观的决策依据，最终可以更快速地响应市场变化，提升竞争力。

1.3 数据资产运营基础

1.3.1 理解数据资产运营

数据资产化是指将零散、无序的数据转换成有序、有价值的数据资产，这要求企业不仅要收集和存储数据，更要懂得如何管理和利用数据。

数据资产运营就是企业在数据价值转化的过程中，对数据资源进行的动态管理和持续优化。如果说数据资产的构建是静态的实现过程，那么数据资产运营就是一个动态的、循环往复的过程，它涵盖了数据从产生、流转、整合到最终资产应用的整个生命周期的各项工作。在这个过程中，企业不仅要面对如何高效地实现数据资产化管理、确保数据质量的问题，还需要探索如何最大化数据价值、推动数据价值市场有序流动。因此，从数据资产构建到数据资产运营，实际上是企业从单纯拥有数据向有效应用数据、实现数据价值最大化的一种深刻变革。

1.3.2 数据资产的生命周期

数据资产管理与传统资产管理有着相似之处，它同样具有生命周期，这一特性源于数据的独特属性。数据资产最基础的单位是“数据”，而数据本身并不是一成不变的，它的价值往往会随着时间推移、业务需求变化及技术的进步而发生变化。这种时效性、场景依赖性使数据资产的生命周期管理尤为重要。

数据在不同的阶段——从数据资源采集、存储、治理，到数据产品开发，再到后续的数据资产维护、冻结与删除——其应用价值和管理要求也不断变化。无论是未被利用的原始数据，还是经过分析、开发后产生的数据产品，都需要经历不同的管理阶段，以确保数据资产能够在其生命周期内实现价值的最大化输出。此外，数据资产的场景依赖性表明，若未能在适当的时间或场景下加以利用，其价值可能迅速衰减，甚至完全丧失。因此，系统化、有规划地管理数据资产生命周期，是企业利用数据资产获得竞争优势的核心所在（如图 1-5 所示）。

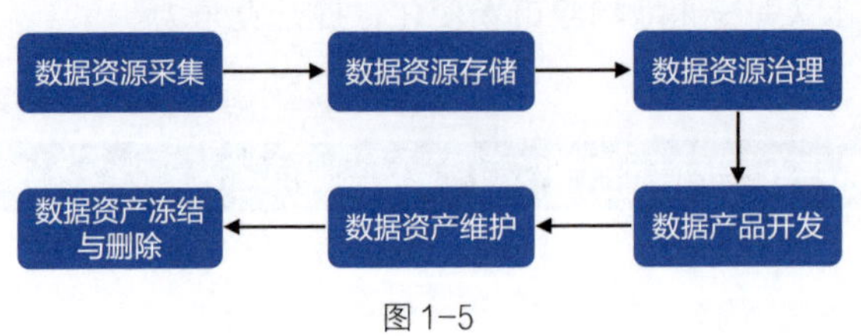

图 1-5

阶段一：数据资源采集

数据资源采集是数据资产生命周期的首个环节，旨在通过各种信息化的技术手段帮助企业获取原始数据。这个阶段的核心工作包括确定数据源、选择数据采集工具、设计数据采集流程，以及确保采集数据的完整性、准确性和实时性。采集的数据类型可以多种多样，涵盖结构化、非结构化及半结构化数据。在数据资产管理中，数据资源采集阶段的价值在于它为数据生命周期的后续工作奠定了基础。没有准确、全面的原始数据，后续的数据治理、数据资产服务都难以实现，因此这一阶段至关重要。

我们以城市交通数据为例，这个阶段中，城市交通管理部门需要通过各种技术手段收集城市交通（如公交车、地铁等相关）的原始数据。例如，公共交通系统可以通过安装在公交车上的 GPS 设备实时采集公交车的位置信息；红绿灯系统和交通摄像头可以采集车辆流量和通行时间数据；此外，还可以通过手机应用或网络收集乘客的乘坐行为、路径选择等数据。这些数据都是后续数据资产化的基础资源。

阶段二：数据资源存储

数据资源存储阶段是为企业采集到的数据提供安全、可扩展、可共享访问的存储环境。相关工作如选择合适的存储技术（如云存储、数据湖或传统数据库）、制定数据存储策略（如数据备份机制、灾备计划）、保证数据的可访问性和安全性。这个阶段在数据资产管理中的价值是确保数据能够被有效组织、管理及共享，为后续的数据价值挖掘提供基础设施支持。良好的数据存储能够有效提升数据访问及利用效率。

仍然以城市交通数据为例，在上述原始数据采集完成后，需要将其存储在合适的数据库或数据平台中。可以采用分布式数据库、数据湖或云存储等方式来存储这些交通数据。通过这些存储方案，交通数据可以随时被调用，用于分析和决策。

阶段三：数据资源治理

数据资源治理是确保数据质量、规范性和一致性的关键阶段。主要工作包括数据清洗、数据标准化、数据一致性检查、元数据管理，以及建立数据访问权限和安全治理措施。数据治理的核心目标是通过一系列的数据管理策略和技术治理工具，提升数据的质量及可用性。该阶段在数据资产管理中的价值体现为数据价值的挖掘，也就是为实现数据资产化打下坚实的基础，以确保数据能够被正确、有效地应用。

仍然以城市交通数据为例，数据资源治理阶段的任务是对采集到的城市交通数据进行清洗、标准化和规范化处理，以确保数据的一致性和准确性。交通管理部门需要对数据进行全面的质量控制，比如剔除无效数据，消除重复数据和冗余数据，以确保数据最终可以进行后续的价值挖掘。

阶段四：数据产品开发

数据产品开发是将原始数据资源转化为有价值的产品或服务的阶段，通常包括数据分析、数据建模和算法开发等工作。通过对治理后的数据进行分析、挖掘，最终形成有助于商业决策的数据产品，如报表、预测模型、数据工具等。该阶段在数据资产管理中的价值体现在实现数据的商业化和实际应用上，是整个数据资产管理中最核心的环节。数据产品的开发能够为组织提供洞察力，支持业务优化、战略决策和创新，从而提升组织的竞争力和运营效率。

在城市交通数据的应用中，城市交通管理部门将治理后的数据转化为可供使用的产品或服务。例如，通过分析公交车的运行数据，交通管理部门可以开发一份公交线路优化报告，或通过数据建模来预测未来的交通拥堵情况。这些产品不仅可以用于内部决策，还可以对外提供给其他机构或企业使用。

继续以城市交通数据为例，交通管理部门可以基于实时及历史交通数据开发交通拥堵预测模型，利用该模型可以帮助交通管理部门预判各核心关卡路段高峰时段的道路拥堵情况，特别是在重大节日期间，可以提前制定交通分流策略。这就是典型的业务场景化产品的应用。

阶段五：数据资产维护

数据资产维护阶段的主要任务是确保数据的持续更新及治理质量。核心工作包括数据定期采集、冗余数据清理、数据资产更新等。随着时间的推移，数据可能失效或过时，因此持续的维护是保证数据资产价值和长期应用的关键。此阶段的价值在于维持数据的高质量，确保数据的长期可用性。

继续以城市交通数据为例，随着时间的推移，交通模式可能会发生变化，新数据也会不断沉淀，过于陈旧的历史数据会失去对当前交通行为判断的参考价值。为了确保城市交通数据始终能够反映最新的交通状况，交通管理部门需要定期对数据进行清洗和更新，删除过时数据，并通过数据质量监控来对数据治理的情况进行跟进和维护。

阶段六：数据资产冻结与删除

数据资产生命周期的最后一个阶段是数据资产冻结与删除，这一阶段的主要任务是对那些已经失去使用价值的数据资产进行冻结归档或彻底删除。冻结通常用来保留那些虽然当前不再频繁使用，但在未来可能需要的历史数据资产，以备后续审计、合规检查使用。而删除则用来对那些不再需要的数据或者已经过时、失效的数据资产进行下架清理，确保当前数据资产的有效性和有序性。

冻结数据资产的做法不仅有助于保留有价值的历史信息，还能有效地降低存储成本。随着数据量的不断增加，数据资源的存储成本成为企业不可忽视的一项开销。企业可以通过将不再频繁访问的数据进行归档，将其转移到成本更低的存储平台上，以节约高昂的存储费用。

删除不再需要的数据产品不仅可以释放宝贵的存储空间，还能显著提升数据管理的效率。过多的无用数据会使数据管理系统变得臃肿不堪，影响查询速度和整体性能。定期清理这些数据垃圾，可以让数据管理系统更加高效，确保当前正在使用的重要数据能够得到更好的处理和支持。

继续以城市交通数据为例，在城市交通管理系统中，某些历史数据可能因为过时而使业务效能锐减，例如 5 年前的公交车运行数据。但出于审计、合规或研究目的，这些数据资产可能需要保留一段时间或被临时冻结。在这种情况下，数据可以被存储在特定的数据平台中，采用冻结或者资产下架的方式来处理。

1.3.3 数据资产运营的商业价值

从数据资产生命周期来看，数据资产化涉及的链条较长，要进行体系化、系统化的数据资产运营，则需要投入更多的人力、物力和财力。面对这样的高成本运营，为什么我们仍然倡导各企业实施数据资产运营呢？

这个问题可以从商业价值的角度来分析。

1. 打破各企业数据管理的凌乱局面，实现体系化管理

数据资产运营的首要需求是解决企业内部数据管理零散的问题，这是当前大多数企业面临的主要痛点之一。大多数企业的数据管理缺乏统一的框架和流程，由于没有体系化的管理，企业难以全面整合和挖掘数据价值，进而无法形成规模效益。

这一痛点在公共数据单位、中央管理企业、国有企业和民营企业中均存在。主要原因在于数据来源多样、格式不统一，且分散存储于不同的部门和系统中，“数据孤岛”问题严重制约了数据的共享与价值挖掘。

很多企业内部都有数据，但因没有明确的应用方向而一直被搁置，在数据资产化方向明确后，很多企业对于数据管理有了第一诉求，而数据资产运营强调的是对数据资产整个生命周期的全链路管理，数据从采集、存储到清洗、分析和应用的全流程都需要进行标准化和规范化管理，这样企业才能够有效提升数据的可用性和流动性。

2. 释放数据要素价值，推动业务优化

数据资产运营的核心目标是将数据的潜在价值充分释放并转化为实际的业务收益。在精细化管理的支持下，企业需要在数据采集、清洗和分析的各个节点进行优化，确保数据能够高效支持业务场景。例如，优化供应链管理，通过实时数据分析提升库存周转率；支持精准决策，为市场定位和产品开发提供科

学依据；还有预测市场需求，提前制定应对策略，降低经营风险。

通过系统化的数据资产运营，数据从孤立的资源转变为贯穿业务全流程的关键驱动力，不仅能够显著提升企业的运营效率，还能够为外部合作和市场交易提供高价值的数据支持。

3. 从粗放型管理转向精细化运营，确保长期发展

随着企业数据量的快速增长和市场环境的不断变化，传统的粗放型数据管理方式已经无法满足各业务场景对于数据化决策的需求。

数据资产运营需要一套精细化、系统化的管理模式，以帮助企业实现对数据资产的专业化管理。精细化运营不仅意味着数据管理不再是短期性的管理，而且需要关注长期的规范性和持续性，保证有效的运营机制长期存续。

长期稳定的运营能够确保数据从源头上保持完整、规范，具有更高的数据质量，更全面的应用场景，在稳定持续的运行机制下实现数据资产增值。

1.4 本章小结

本章深入探讨了数据要素涉及的一些基础概念，以及数据资产的定义、特征、分类、价值以及生命周期等关键内容，系统梳理了数据资产运营涉及的必要基础知识。这些知识内容都是后续理解整个数据资产运营管理体系的必要理论基础。

对于数据资产的分类，我们需要了解原始数据、经过分析处理后的数据产品等多种形态。企业对不同的数据资产需要采用不同的管理方式。通过有效的资产分类，企业能够更精准地匹配数据的应用场景，最终形成更有价值的数据产品。同时，本章分析了数据资产的价值，数据资产不仅为出售方带来直接的经济回报，更为使用方提供了有效的数据支持，助力决策。

最后，数据资产的生命周期揭示了从数据采集、存储、治理、开发到维护、冻结和删除的各个不同阶段的核心内容。数据的时效性、完整性和场景特性决定了它在不同阶段的价值和管理重点。通过对数据资产生命周期的深入理解，企业可以更有效地规划数据资产管理，本章内容为后续进一步完善数据资产运营知识体系奠定了坚实的基础。

第2章 数据资产运营体系

作为一个新兴的大数据与资产领域的新概念，数据资产在数字化时代占据着越来越重要的地位。数据资产的基础源于企业在日常运营过程中积累的各种数据资源，包括但不限于客户信息、交易记录、财务数据等，当然，公共数据领域里的如企业行政数据、纳税数据、公交车停车场数据等，也属于数据资源。这些数据不仅仅是信息的集合，当经过专业的技术开发时，它们就成为具有潜在经济价值的无形资产。通过对数据进行不同形式的加工处理，企业能够获取对业务发展有帮助、有价值的洞见，从而指导决策、优化流程，甚至创造出新的产品或服务。此外，数据资产还包含了经过高级处理的数据结果，比如，预测模型、推荐算法及各类数据驱动的应用产品等。这些都能为企业带来更为直接且可观的收益。

2.1 数据资产运营体系的基础

当我们谈论数据资产时，实际上是在探讨一种新的价值形态——在这个信息化、数字化的时代，数据资产正逐步取代传统的资产概念，成为推动经济增长和企业经营的生产要素。数据资产的形成与发展，不仅表明企业拥有了可量化的数据资源，更预示着企业有能力通过这些数据资源创造前所未有的商业价值。然而，如同传统资产，数据的价值并非显而易见，而是需要通过战略规划、落地执行来发掘和释放。因此，从单纯的数据积累到实现数据资产化，再到构建有效的且长效的数据资产运营体系，是企业逐步将数据资源提升至战略层面的过程，也是市场对数据价值逐步深入认可的过程。

2.1.1 数据资产运营体系是什么

第 1 章中，我们解释了数据资产运营的定义，那么数据资产运营体系如何理解？我们可以将数据资产运营体系视为一种综合性的管理框架，旨在通过制定相应的规划、策略落地、流程设计等手段、方法，对企业内的数据资源进行全面的管理与优化，以实现数据资源作为企业生产要素的最大化价值释放。数据资产运营体系的核心在于将数据作为战略资产进行全方位的生命周期管理，从数据的采集、清洗、存储，到数据的治理、分析、应用及维护，其链路比传统的数据管理生命周期更长、价值更深远，且更具挑战性，其中每个环节都至关重要。构建数据资产运营体系需要企业内部多部门的紧密配合，包括 IT 部门的技术支持、业务部门的需求导向，以及高级管理层的战略规划与资源保障。

2.1.2 数据资产运营体系的目标

1. 让数据真正作为企业经营的生产要素参与生产

数据资产运营体系的核心工作是数据管理和价值应用。当前，大多企业面临的是数据体量异常丰富甚至过剩的情况，如何有效洞察数据价值变得非常重要且艰难。通过对数据的深入挖掘与分析，企业不仅能发现潜在的商业机会，还能预测市场变化趋势，从而提前布局，高效占领市场。此外，数据还能帮助企业优化用户体验，以通过个性化的服务增强用户黏性，进而增加企业的销售额。

2. 帮助企业最大化提升数据管理水平

随着企业业务规模的扩大和数据采集技术的发展，数据量急剧增加，如何高效地管理这些数据成为市场挑战。数据资产运营体系的目标是建立一套高效的数据及数据价值管理体系，确保数据能够被准确、及时地采集、存储、访问及利用。同时，数据安全不容忽视。如何保护数据免受恶意攻击、防止敏感信息泄露、确保用户隐私安全，已成为全社会面临的一个挑战。为此，构建健全、系统的数据资产运营体系，有助于企业有效减少合规及安全性问题。

3. 驱动企业创新

创新是企业持续发展的动力，在数字化时代，数据成为创新的重要源泉。数据资产运营体系为企业提供强大的管理体系支撑，助力其在产品研发、服务创新乃至整个商业模式的变革上取得突破。例如，通过分析企业业务历史数据，企业可以更好地理解用户需求，预测未来趋势，从而设计出更加贴近市场的产品；或者通过对城市停车场数据的分析，城市管理部门可以更好地进行资源配置及管理。同时，借助实时数据分析，企业可以快速响应市场变化，调整经营策略，保持竞争优势。此外，数据还能激发企业探索新兴领域，比如，利用 AI 大模型创新数据产品，这些都是数据驱动创新的具体体现。

4. 促进企业内部业务协同

从根本上看，企业只有一条数据流，它从来不是静态的数据，静态只是相对于形态而言的。数据具有流通性，流通性决定了它在企业内部具有天然的协同与促进作用。数据资产运营体系的首要基础是完整的数据资源，企业必须打破内部的“数据孤岛”，让数据在内部流通，促进不同部门之间的信息共享与合作。当各个团队基于相同的数据源进行工作时，沟通会变得更加顺畅，决策也会更加一致。这样不仅可以推动项目的执行进度，还有助于发现并消除业务管理中的冗余环节，简化业务流程，提高企业的整体运作效率。

5. 帮助企业开拓新的商业收益模式

当前，国家正在大力倡导数据要素的流通，其本质在于鼓励将数据资产作为一种市场化产品进入市场交易，以此来激活数据的潜在价值。随着信息技术的发展，各行各业积累了海量数据资源，而这些数据如果仅仅停留在数据持有方，作为一种静态资源“沉睡”，那么数据资源便成为数据“垃圾”。因此，通过市场化手段让数据流动起来，不仅可以促进数据资源的高效配置，还能进一步激发商业市场的创新活力。

例如，在公共交通领域，通过对公交车停车场数据进行脱敏处理和专业化加工，形成具有市场吸引力的数据资产包。这些数据包覆盖车辆进出站频率、乘客流量变化趋势等信息，对于城市交通规划者而言，这些信息是宝贵的交通管理决策依据。同样，在旅游业中，旅游景区数据同样可以通过一定的数据加工和挖掘，转化为可供市场交易的产品。比如，游客的行为模式、热门景点的实时人流状况等，都可以成为帮助旅游企业优化服务流程、提升游客体验的重要工具。

经过数据资产的市场化，原本分散在各个角落的数据资源得以整合并重新定义，转化为具有实际应用价值的产品。对于数据需求方来说，这意味着可以获得更为丰富、准确的信息支持，帮助他们做出更加科学合理的决策。同时，这也为数据持有方提供了新的利润增长点，促进数据产业生态的繁荣与发展。

2.1.3 数据资产运营体系的价值

在深入理解数据资产运营的定义及其核心目标之后，我们需认识到无论是一直被忽略的公共数据，还是备受关注但错综复杂的企业数据，都需要数据资产运营体系支撑其将数据要素作为有效的生产要素。随着企业所掌握的数据体量日益庞大，规范数据管理，将数据资源转化为数据资产，并有效利用这些数据资源已成为企业持续发展与突破的关键。尤其是在企业业务遭遇发展瓶颈，需要寻找新的增长点时，数据资产运营的重要性更加凸显。

数据资产运营体系是一个多维度、多层次的复杂系统，它要求企业在数据管理全链条上实现精细化操作、智能化运用与合规性管控，旨在最大化挖掘和利用数据潜能，助力企业突破局限性，赢得持久的竞争优势。然而，在深入探讨这一体系时，我们必须明确，当前的数据资产已显著区别于传统资产形态，其应用价值的实现路径已从组织内部延伸至更广阔的外部领域。

通过这样成体系的运营机制，企业不仅能在内部实现数据的高效利用，提升运营效率，还能在外部环境中抓住更多市场机遇，获得更大的经济收益，从而在竞争中占据有利位置。这种内外结合的数据资产运营模式，是企业实现数字化转型、增强市场竞争力的关键所在。

2.1.4 数据资产运营体系的狭义与广义

在现行市场对于数据资产的定义中，狭义的数据资产主要指已经完成价值评估并被纳入企业资产负债表的资产，这类数据资产通常具备明确的商业价值属性，能在外部实现商业化应用。然而，从企业数据管理的角度看，未纳入资产负债表的数据资源同样具有重要价值，它们更多在企业内部应用场景中发挥作用。例如，生产流程中的实时监控数据、完整的数据指标体系等，虽然无法进行外部商业化应用，但对优化企业内部运营效率具有很高的价值。因此，狭义的数据资产定义虽然明确，但在企业实际应用中显得过于局限，因为数据的价值属性是多元的，对于企业而言都是属于有价的"资产"。广义的数据资产定义可能更适合指导企业全面构建数据资产运营体系，可以将内部和外部的数据应用价值统一纳入考虑范围。

为了避免企业在数据资产运营中片面关注外部商业化价值而忽视内部数据资源的价值管理与应用，构建完整的数据资产运营体系必须从内外部双重视角出发。考虑到企业数据发展现状，我们可以从广义角度，根据数据资产所面向的价值应用主体，将其分为面向内部应用与面向外部应用的运营体系。这两种体系并不相互独立，它们在数据价值内部流转的节点上的工作是一致的，但是因数据价值内外应用存在差异，所以部分工作节点略有不同。从广义的数据资产运营角度，对于企业整体而言，它们共同构成了一个完整的数据资产运营体系。

2.2 面向内部应用的数据资产运营体系

面向内部应用的数据资产运营体系，旨在构建一套完整且系统性的管理框架，确保数据在采集、存储、治理、开发和利用等各个环节都能够发挥最大效能。这一体系不仅能提升企业内部运营效率，还能为决策提供坚实的数据支持，从而帮助企业突破发展瓶颈，实现可持续的竞争优势。通过构建这一体系，企业能更好地挖掘数据价值，优化内部流程，提升管理水平，最终推动全面发展。

2.2.1 运营的三大关键要素

1. 全面规划

数据资产运营体系需具备全面性和系统性，以确保在企业内部各项业务领域中，数据资源能够得到最大化的应用。这不仅是短期目标，而是要形成长期稳定的运行机制，确保数据资源的价值能够持续释放。

对于企业内部来说，关键在于结合不同业务团队的需求和企业整体战略规划，构建一个全方位的数据管理体系。例如，在制造行业中，建立一套完整的生产数据监控系统能够帮助企业实时追踪和优化生产流程；在零售行业中，完善的用户标签体系能够帮助企业更好地实现精准营销，降低营销成本。无论是行业数据指标体系的搭建，还是针对特定业务领域的定制化数据产品，这些都是数据对企业内部实际应用价值的体现。

2. 聚焦数据质量

数据质量是数据资产化过程中的关键要素之一，直接影响着数据的可信度、可用性和价值。若数据质量得不到保证，所有数据资产化的工作都难以开展。

高质量数据要求在采集、存储、清洗、分析等各个环节都进行严格把控，不仅要去除重复、错误或无效数据，还要确保数据的时效性、准确性和一致性。企业必须通过实施严格的数据治理措施，确保数据在整个生命周期中保持高标准，这样才能确保最终的数据结果是可靠的，否则，数据资产化便无从谈起。

3. 建设企业数据文化

企业的数据文化建设常常被忽视，但它是数据资产化成功的关键之一。如果没有深入的内部数据文化，即使企业拥有大量数据，数据也很难转化为实际的业务价值。这一点是数据资产在面向内部与外部时在价值上的显著差异。

数据文化不仅仅是技术层面的数据管理，它涉及整个企业对数据的认知和态度。企业员工对于数据的使用是内部数据资产的价值点。良好的数据文化能够更好地实现数据作为生产要素参与经营生产的目标，实现数据资源的最大化利用。只有当企业的各个部门和员工都认识到数据的价值，并积极参与数据应用的开发与利用时，数据资产的价值才能得以体现。

2.2.2 运营体系的六大核心组成

数据资产运营体系可以为企业带来商业性价值，完整的数据资产运营体系必须覆盖如下 6 个方面。

1. 一套完备的数据采集机制

数据的价值是显而易见的，但在实际业务场景中，许多类型的数据却常常被忽视。这不仅是由于人们对数据重要性的认识不足，更在于有些场景下的数据采集技术具备一定的挑战性。不同的行业对于数据采集有着不同的要求和技术门槛，这使数据的收集和存储成为一项非常复杂的工作。例如，在零售行业中，购物中心的精确客流量信息可能因为缺乏合适的采集技术和分析工具而没有得到充分采集及应用；而在制造行业中，工厂设备运行参数的详细记录可能受限于现有系统的兼容性和数据处理能力，也没有完全被采集到；再如农业领域，虽然天气和土壤温度等环境数据对于农作物的生长至关重要，但由于监测设备的成本及维护难度，这些数据往往未能得到有效采集和利用。

构建一个有效的数据采集机制，对于数据的沉淀至关重要。数据的沉淀不仅是数据资产形成的基础，更是实现数据商业价值的前提条件。只有当数据积累到一定规模时，才能从中提炼出有价值的洞见。例如，10 条停车场的使用记录所能提供的价值，显然无法与拥有 1000 条记录的数据集相提并论。因为前者样本量过小，很难产生足够的商业价值。

因此，为了确保数据资产运营体系的有效运行，企业必须高度重视有潜在价值的数据，并采取相应的措施对其进行系统化的识别和采集。这包括引入先进的数据采集技术和工具，如物联网数据采集设备、自动化采集系统等。完备、有效的数据采集策略，对于企业数据资产的管理影响很大。

2. 高效的数据存储与管理策略

当数据采集工作完成后，在数据应用之前，还有一个至关重要的阶段——数据存储与管理。这一阶段的工作成效将直接影响后续的数据共享效率、访问便捷性及数据的开发利用。数据存储和管理不仅是简单的保存和分类问题，而且涉及一系列复杂的工具和技术选择，这些选择将最终决定数据能否被高效利用。

首先，数据存储方案的选择需依据数据体量及其增长速度。随着数据量的不断增加，传统的本地存储方案可能无法满足需求，这时就需要考虑采用分布式存储系统或云存储解决方案。分布式存储以其卓越的扩展性和可靠性见长，而云存储则凭借灵活性和按需付费的特点受到越来越多企业的青睐。无论选择哪种方案，都需要考虑到数据的安全性、备份机制及灾备计划。

其次，数据管理不仅包括数据的存储、读取和控制，还包括数据的质量管理、元数据管理和生命周期管理等方面。高质量的数据是任何数据分析工作的前提，因此，构建一套完整的数据质量管理框架至关重要，以确保数据的准确性、一致性和完整性。元数据管理有助于追踪数据的来源、格式及变更历程，对于数据的追溯和审计至关重要。生命周期管理则涉及数据从生成、使用至最终销毁的全过程，确保数据在每个阶段均能得到妥善处理。

再次，数据的访问控制也是数据管理中的一个重要环节。合理的权限设置不仅可以防止未经授权的访问，还可以提高数据使用的效率。这需要根据用户的角色和职责来个性化设计访问权限，确保每个人都能在需要时获取到合适的数据。

最后，为了促进数据共享，还需要搭建一个高效的数据交换平台。这个平台不仅要支持企业内部各部门之间的数据流通，也要能够方便地与外部合作伙伴进行数据交换。通过标准化的数据接口与协议，可以降低数据集成的复杂度，加速数据的价值转化。

因此，我们必须根据数据体量、增长趋势及实际访问需求，制定有效的数据存储与管理策略。只有建立科学合理的数据管理体系，才能充分发挥数据资产的价值，支撑企业的数字化转型和发展。

当我们讨论数据存储工具、产品和技术时，云计算和分布式平台无疑是当前最常用且最先进的解决方案之一。这些工具和技术不仅能够应对大规模数据存储的需求，还需要具备高度的灵活性和扩展性，支持企业快速响应业务变化。

云计算作为新一代的数据存储与管理平台，其最大的优势在于弹性和按需服务。企业可以根据实际需求动态调整计算资源，无须担心基础设施的建设和维护成本。云服务提供商通常会提供多种存储选项，包括对象存储、块存储及文件存储等，以适应不同类型的数据存储需求。此外，云计算平台还集成了先进的安全措施，确保数据在存储和传输过程中的安全性。

分布式平台是当前数据规模比较大的企业的首选工具。它通过将数据分散存储在多个节点上，提高系统的整体性能和可靠性。分布式存储系统如 Hadoop HDFS 等，能够有效处理 PB 级的数据量，并保障数据的持久性和容错性。这类平台支持横向扩展，即通过增加更多节点提升系统的存储能力和处理速度，非常适合处理大数据应用场景下的海量数据。

除了上述两种主要的数据存储技术，还有一些针对特定场景设计的存储解决方案。例如，NoSQL 数据库适用于非结构化或半结构化数据的存储，如 MongoDB 和 Couchbase 等，它们能够在保持高性能的同时，处理大规模的数据集合。而对于需要频繁读写的事务型数据,则可以选择关系型数据库管理系统，如 MySQL、PostgreSQL 等，这些系统提供了丰富的事务处理功能，可以确保数据的一致性和完整性。

此外，现代数据存储解决方案还广泛采用缓存技术，如 Redis，以加速数据访问速度。缓存技术可以在内存中临时存储热点数据，减少对后端存储系统的访问压力，从而提升整体应用的响应速度。

在数据管理方面，元数据管理和数据治理同样不可忽视。元数据管理系统可以跟踪数据的生命周期，了解数据的来源、质量和使用情况。而数据治理框架则可以确保数据在整个生命周期内遵循一系列标准和政策，以保障数据质量和合规性。

总而言之，选择合适的数据存储工具和技术对于构建高效的数据资产运营体系至关重要。企业需要根据自身的业务特点和技术需求,综合考虑各种因素，如数据规模、访问模式、安全要求等，选定最适合自己的存储解决方案。只有这样，才能确保数据的有效存储与管理，为后续的数据分析和应用奠定坚实基础。

3. 一套有效的数据治理框架

数据不治不可用，不治不理无价值。对于数据而言，“治”与“理”是确保其价值得以发挥的两个关键环节。未经治理的数据往往杂乱无序，这样的数据不仅难以直接使用，而且可能毫无价值，或者在尝试利用数据分析工具进行挖掘时遭遇重重困难。数据质量问题尤为重要，因为高质量的数据是数据资产的根本所在，只有在确保数据准确、完整、一致的基础上，才能真正发挥数据的价值。

数据治理是一项系统工程，它不仅是对零散数据的简单整理和集中，而且是涉及企业战略、组织结构、技术和文化的全方位变革。数据治理本质上是由企业最高管理层主导的工程，因其直接关系到企业的核心竞争力和长远发展。企业高层需要对数据治理进行全面规划与布局，不仅要识别数据的价值要点，还需明确其应用方向，确保数据能够有效支撑企业的战略目标。

一个有效的数据治理框架对于实现上述目标至关重要。这个框架应当包含以下几个核心要素（如图 2-1 所示）。

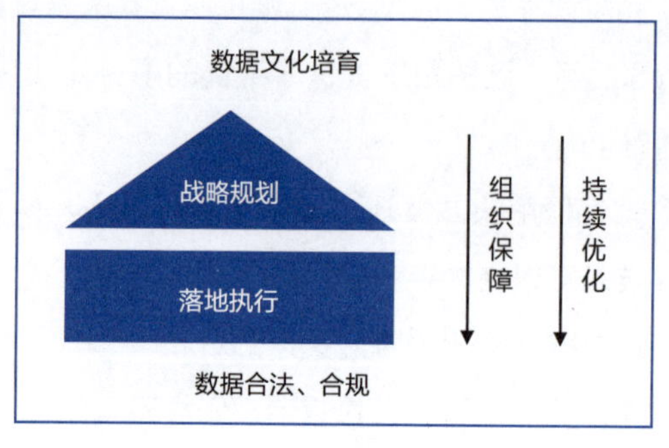

图 2-1

战略规划。企业应规划详细的数据战略，包括设定短期和长期的目标，以及为达成这些目标所需采取的行动路径。这一步骤需要企业管理者深入理解业务流程和技术发展趋势，以便能够做出符合企业长期发展目标的战略决策。数据战略规划还需明确数据治理优先级，以便企业能够集中资源解决最关键的问题。

落地执行。在规划了明确的数据战略后，企业需要将其转化为实际行动。这包括建立必要的流程、制度和技术支持，以确保数据治理活动能够顺利进行。企业需要建设数据治理相关的基础设施，如数据仓库、数据湖及其他数据管理平台。同时，还需要制定严谨的数据质量标准和监控机制，确保数据在整个生命周期内的质量和可用性。通过有效的数据治理实践，企业可以确保数据资产的持续增值。

组织保障。企业应设立专门的数据管理组织，并赋予其相应的职责和权限。这些组织不仅负责日常的数据管理工作，还应参与企业的决策过程，确保数据治理活动能够与企业战略紧密结合。此外，企业还应鼓励跨部门协作，打破“数据孤岛”，促进数据的共享与流通，从而提高企业整体的协同效率。

数据文化培育。企业需要营造一种以数据为导向的文化氛围，鼓励员工主动学习和运用数据。定期举办数据素养相关的培训，帮助员工掌握必要的数据管理技能，这是不可或缺的一环。通过这样的文化建设，可以提高企业员工对数据价值的认识，促进数据治理理念的普及。数据文化培育不仅有助于提升员工的数据意识，还能促进数据驱动决策的发展。

持续优化。数据治理是一个持续改进的过程，需要不断评估和优化。企业应构建反馈机制，定期对数据治理的效果进行评估，并根据评估结果调整策略和方法，以确保数据治理活动始终与企业的业务需求保持同步。此外，随着技术的进步和市场需求的变化，企业也需要不断更新数据治理的方法论和技术工具，保持其先进性和有效性。

数据合法、合规。确保数据治理活动符合当地法律法规的要求，对于规避法律风险、保护企业和用户的合法权益至关重要。因此，企业需要建立一套完整的合规体系，确保数据治理的每个环节都在合法、合规的框架内进行。

总体而言，数据治理是一项复杂而系统的工作，要求企业在战略规划、组织保障、文化培育等多个层面进行全面考虑。只有通过这样的系统性努力，企业才能真正释放数据的价值，推动业务的持续创新和发展。数据治理不仅能够提升企业内部的运营效率，还能够帮助企业更好地服务用户，开拓新的业务增长点，最终推动企业的数字化转型和可持续发展。

4. 价值明确的数据产品化

在探讨内部数据资产运营体系时，要注意对内的数据产品与对外的数据产品具有明显的区别。很多人会疑惑各家企业关注的数据分析在哪个阶段，通过这些数据产品可以看到数据产品化的过程就是典型的数据分析工作场景。数据产品化的目的在于解决决策和业务发展问题，而内部的业务问题多样且分散，因此对内的数据产品具有更广义的范畴。数据产品既可以是解决某一业务场景痛点或问题的工具、产品，也可以是一套管理策略。例如，管理策略通常难以直接对外提供，却可以在企业内部发挥重要作用。因此，内部数据产品更多侧重于解决企业内部的特定需求，提升运营效率；而外部数据产品则更强调市场的可交易性、有良好的利他性和商业价值的最大化。

内部数据产品的意义在于其对企业内部的价值。常见的数据产品，如我们常提到的 BI 报表、固定报告，以及指标体系等。如图 2-2 所示的这些数据产品各有不同的使用场景和商业价值。

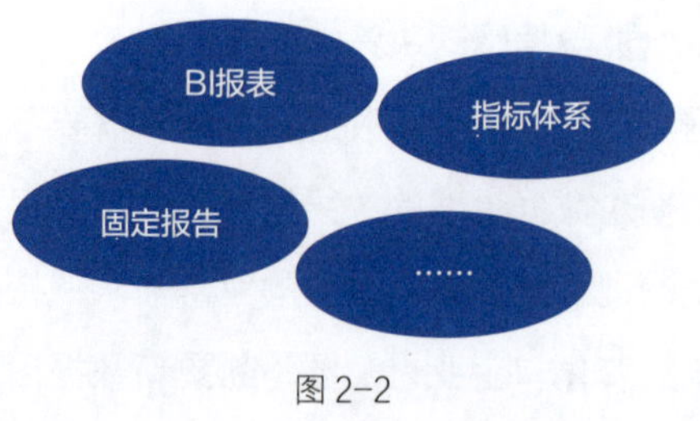

图 2-2

BI 报表是一种直观展现企业运营状态的数据产品。它能够帮助管理者快速了解业务的关键指标，如销售额、利润率等，并支撑决策者进行即时分析和决策。BI 报表的价值在于它不仅提供了可视化的数据展现形式，还能够根据用户需求进行定制化展示，使管理者能够聚焦于其最为关心的业务领域和发展指标。例如，在销售部门，BI 报表可以显示不同时段的销售趋势，帮助销售人员调整营销策略；在财务部门，它可以提供详细的财务分析，辅助财务决策。通过深度分析，BI 报表还可以揭示隐藏在数据背后的潜在模式和趋势，为决策提供更为科学的依据。

固定报告是另一种常见的数据产品形式。它通常依据企业固定的业务周期（如月报、季报）生成，包含企业一段时间内的关键业务指标和绩效表现。固定报告的价值在于它提供了周期性的业务回顾，有助于管理者总结经验教训，制订未来的工作计划。例如，季度财务报告可以帮助企业审视过去一个季度的财务状况，为下一个季度的预算编制提供依据。固定报告通过系统化的方式，确保了企业能够定期获取关键信息，进而帮助管理者做出更加准确的判断。

指标体系作为数据资产的一部分，对于企业内部的数据管理和决策支持同样具有重要意义。指标体系的构建不仅需要对业务流程有深入的理解，还需要根据企业的具体情况来设计合理的 KPI（关键绩效指标）。通过构建科学的指标体系，企业可以更加系统地监控业务运行状况，及时发现问题并采取措施加以解决。例如，在制造业中，通过构建一套涵盖生产效率、质量控制等方面的指标体系，可以有效提升生产线的整体效能。同时，指标体系还能帮助企业在不同部门之间建立统一的标准，促进信息的透明和共享。

上述几种产品实际上均属于数据产品化的范畴。对于企业内部而言，数据资产应当进行合理的分级管理。数据资源本身，作为可供重复开发、利用的基础性资源，应当归类为一级资产；而经过加工、处理、整合并转化为数据产品的，则应归为二级资产。

二级资产会随着企业内部不同业务需求和实际应用场景的变化而不断发生变化。这种分级管理方式，有助于企业在进行数据资产化管理时，更清晰地识别和追踪各类数据资产的价值与作用，从而提升数据资源的使用效率，并充分释放其价值潜力。

5. 健全的数据生命周期管理机制

数据资产是由大规模的颗粒数据组成的，因此，对数据资产的管理不可避免地涉及对数据本身的管理。数据的一个重要特性是其时效性，即数据的价值随着时间的推移会发生变化。时效性意味着数据在某个时间点可能具有极高的价值，但随着时间的推移，其价值可能会逐渐降低甚至消失，同时，有些业务场景对于数据的时效性要求也具有显著区别。因此，在数据生命周期管理中，诸如数据销毁与冻结等环节常常被忽略，实际上，这些环节对于确保数据资产的有效管理和价值最大化至关重要，如图 2-3 所示。

图 2-3

（1）数据采集

数据采集阶段是数据生命周期的起始阶段，这一阶段的工作不仅需要明确数据采集的目的和范围，更要确保所采集的数据与业务目标密切相关，避免冗余和无关数据的积累。这需要与业务部门紧密沟通，确保数据采集贴合实际业务需求，并强调数据的时效性和有用性，避免盲目采集。例如，在制造业中，来自生产线的传感器数据可以实时监控设备状态，但需要确保这些数据的时效性和有效性，假设采集了 1 年前的数据，生产设备或许已经不是同批次了，时效性便无从谈起；同时数据源的选择也需要考虑其可靠性和稳定性，确保数据源能够持续提供高质量的数据。在数据采集过程中，还需要进行初步的质量控制，去除无效数据、修正错误数据。高质量的数据能够为后续的分析和决策提供可靠依据，同时减少不必要的存储成本，并提高数据处理效率。

当然，很多采集工具都是自动化的，这样减少了人工干预，提高数据采集的速度和准确性。通过自动化工具，数据采集变得更加高效和可靠，减少了因人工操作带来的错误和延迟。这样，不仅能够确保数据的时效性和有用性，还能显著提高数据管理的整体效能。自动化采集不仅提升了数据的质量，还能降低管理成本，使数据能迅速被用于分析和决策。

（2）数据存储与管理

数据存储与管理阶段是确保数据安全性和有用性的关键时期。这一阶段的工作不仅需要根据数据量、访问频率等因素选择合适的存储方案，如云存储、分布式存储等，还需要特别关注对过期、过时数据及无效数据的管理。选择存储方案时，需要综合考虑成本、性能和安全性等因素，选择最适合当前业务需求的存储方式。合理的存储方式可以有效管理存储资源，提高存储效率。例如，采用分布式存储既可以提高数据的读写性能，又能降低成本。

在数据存储与管理的过程中，还需要建立数据备份机制，确保数据在意外丢失时能够快速恢复。备份机制需要定期测试，以确保备份数据的完整性和有用性。通过备份与恢复机制，以及严格的访问控制，可以确保数据的安全性和可靠性。数据安全是数据资产运营体系的基础，只有数据安全才能保障数据资产的完整性和有用性。

此外，对于过期、过时及无效数据的管理同样至关重要。定期清理这些数据不仅可以释放存储空间，降低存储成本，还能减少数据管理的复杂性。通过设定合理的数据保留期限，并严格执行数据销毁策略，确保仅保留有价值、时效性强的数据。这不仅有助于提高数据管理的整体效能，还能避免无效数据占用宝贵资源，进一步提升数据的有用性和管理效率。

合理的访问控制机制同样重要，它不仅可以促进数据在不同部门间的共享，提高数据利用率，还能打破“数据孤岛”，促进部门间的协作，提高协同工作的效率。通过精细化的权限管理，确保只有授权用户能够访问敏感数据，从而进一步加强数据的安全性和可靠性。

（3）数据处理与分析

数据处理与分析阶段是将原始数据转化为有用信息的关键步骤。这一阶段的工作需要去除无效数据、过时数据，并且修正错误数据，确保数据质量。数据清洗是提高数据质量的重要环节，只有干净的数据才能产生准确的分析结果。

同时，我们还需要将原始数据转换为适合分析的数据格式和形式，如数据格式转换、数据标准化等，可以提高数据的一致性和可用性，为后续分析提供便利。运用统计分析、机器学习等技术，可以从数据中挖掘潜在价值。数据分析是发现数据价值的关键，通过数据分析可以发现业务中的潜在问题和机遇。例如，通过分析销售数据，可以发现热销产品和潜在客户需求，为营销策略提供依据。基于数据分析结果，可以优化业务流程，提升运营效率。借助数据分析可以找到业务流程中的瓶颈和改进点，以帮助企业不断提高运营效率。

（4）数据应用

数据应用阶段是将分析结果转化为实际应用的关键环节。这一阶段的工作需要将分析结果应用于实际，如开发 BI 报表、预测模型等。数据应用开发需要紧密结合业务需求，确保数据应用能够解决实际问题。例如，BI 报表可以帮助管理层快速了解业务状况，支持决策。旅游景区可以通过构建实时游客流量监测系统，实时分析景点数据，生成 BI 报表，使景区管理人员能及时了解游客流量、热门景点分布等关键指标，从而迅速做出调整和决策。

此外，还需要建立数据共享平台，促进数据在不同部门或组织间的流通。数据共享机制可以打破“数据孤岛”，促进协作，提高企业内部的信息流通效率。例如，大型旅游景区可建立统一的游客数据平台，集中管理不同景点的游客流量、购票记录、消费数据等信息。这样，景区管理部门可以迅速获取各个景点的实时数据，优化资源配置，提高服务质量。通过这种方式，不同景点之间可以更好地协调工作，为游客提供更加连贯和高效的游览体验。

另外，我们必须通过有效的用户培训和支持，来提高用户对数据产品的应用程度，确保应用效果。用户培训和支持可以提高用户对数据产品的熟悉程度，确保数据产品的有效使用，从而提升用户体验。例如，在旅游景点，可以利用游客的行为数据构建游客体验管理平台，帮助管理人员和一线工作人员了解游客的游览路径、停留时间和消费习惯。为了确保这一平台的有效使用，景区可以定期举办培训课程，向管理人员和一线工作人员介绍如何使用平台的各种功能以及如何解读各种不同的数据结果，并解答使用过程中遇到的问题。通过这种持续的支持和培训，可以大大提高工作人员的参与度，进而提升游客的服务体验。

当然，在应用阶段，不同时效的数据对于决策的影响至关重要。这一阶段的培训和传达也至关重要，直接影响到数据应用的实际效果和用户对数据产品的接受度。

数据的时效性在数据应用阶段对决策影响深远。实时数据可帮助管理人员迅速应对突发情况，提供即时的决策支持。例如，实时监控系统的数据可以立即反映出当前的情况，使管理人员能够迅速采取措施，如调整资源分配或优化运营流程。相比之下，历史数据主要用于趋势分析和长期规划。通过分析历史数据，可以识别长期的趋势和模式，帮助管理人员提前做好未来的规划和预测，确保决策的前瞻性和科学性。

（5）数据销毁与冻结

数据生命周期管理中的销毁与冻结阶段，旨在数据失去洞察价值后，确保数据合规性和节约存储资源。这一阶段的工作需要根据内部审计需求或者相关法规和业务需求，设定数据的保留期限。设定数据保留期限需要综合考虑法律合规性、业务需求和存储成本等因素，合理设定数据保留期限。在数据达到保留期限后，按照规定销毁不再需要的数据。数据销毁需要严格按照规定的程序进行，确保数据彻底销毁，防止数据泄露。对于需要长期保存的数据，应采取冻结措施，防止被修改或删除。通过定期销毁无用数据，可以减少存储成本，提高存储资源的利用率。例如，定期清理过期的日志数据，可以释放存储空间，降低存储成本。通过数据冻结措施，可以提高数据的安全性和完整性，确保数据资产的长期价值。

通过上述 5 个阶段的详细阐述，我们可以看到，数据生命周期管理是一个复杂而系统的过程，它要求企业在数据采集、存储与管理、处理、应用及销毁与冻结等各个环节进行全面考虑。只有通过这样的系统性努力，企业才能真正释放数据的价值，推动业务的持续创新和发展。数据生命周期管理不仅能够提升企业内部的运营效率，还能更好地服务于用户，开拓新的业务增长点，最终推动企业的数字化转型和可持续发展。

6. 合理的数据价值综合评估机制

现在，数据作为企业的重要资产，被形象地比喻为“新的石油”，因为它同样拥有巨大的潜力与价值。然而，值得注意的是，并非所有数据都能直接转化为商业价值，这促使企业在面对海量数据时，必须具备筛选能力，区分哪些是真正有价值的数据，而哪些仅仅是冗余或无效的数据。这不仅是关于数据量的问题，更是涉及如何从这些庞杂的数据中提炼出对企业有实际效益的关键要素。

我们必须认识到，并非所有收集的数据都能直接产生商业价值。在很多情况下，积累的数据往往是无序且未经加工的，缺乏明确的应用场景，因此难以转化为实质性的价值。随着信息技术的迅猛发展，数据产生的速度远超我们的处理能力，这导致了大量冗余数据的堆积，若未经处理便用于决策，则可能误导管理者，影响企业的战略布局。

此外，在海量数据中，存在着大量的无效数据。所谓无效数据，指的是那些无法为企业创造任何价值的信息。这类数据可能包括过时的信息、错误的数据记录或是与企业当前业务目标无关的数据等。无效数据的存在不仅不能帮助企业做出更明智的决策，而且会增加数据处理的成本，分散数据管理者的注意力，从而拖累企业的整体数字化效率。

为了有效地利用数据资源，企业需要建立一套科学的数据价值评估体系。这意味着不仅要对数据进行分类、清洗以及质量控制，确保最终存入企业数据库的都是经过验证的、有价值的数据，还需要考虑到数据的不同格式可能对其价值实现带来的影响。例如，传统的纸质文件如果不转换成电子版，那么它们的价值可能会受到限制，因为电子化后的数据更易于管理和分析，并且更容易与其他信息系统集成，从而提高数据的可访问性及使用效率。

因此，对于企业来说，数据价值评估至关重要。它不仅涉及识别有价值数据，更在于确定这些数据应以何种方式进行存储和管理，以使其能够在保障信息安全的前提下，最大化地发挥价值，推动企业的业务发展和技术进步。在此过程中，应聚焦于有价值的数据，以提高决策质量，在激烈的市场竞争中保持领先。

2.3 面向外部应用的数据资产运营体系

数据资产运营体系因为最终服务的主体不同，其运营机制涉及的流程环节及重点工作也有所不同，那么如何理解这里的不同点?

当企业数据资产面向外部企业运营时，其管理流程的复杂性与内部运营相比，无疑增加了多个关键环节。例如，数据采集、数据存储、数据治理和产品应用这些基础流程与面向内部的数据资产运营工作有所重合，但面向外部市场时，还需额外考虑入表、数据合规确权、数据资产评估等重要环节，这些环节属于数据资产面向外部运营必不可少的工作。外部效益运营包括数据交易和数据资产金融创新，数据资产金融创新属于比较特殊的环节，是否开展取决于企业自身对数据资产工作的运营需求（如图 2-4 所示）。

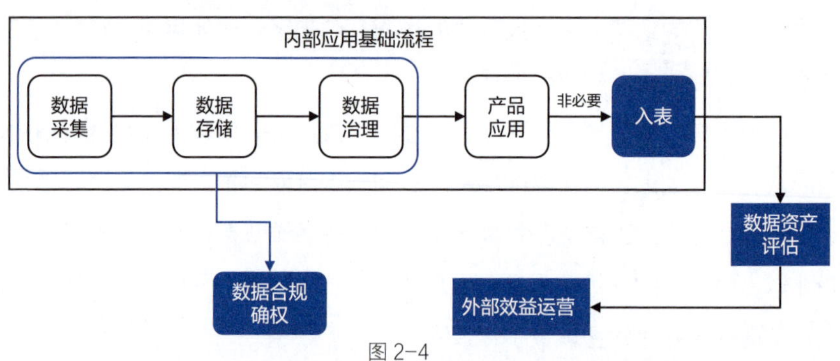

图 2-4

前面已阐述数据资产运营体系的 6 个方面。当数据资产由内转外时，需扩展其运营链路，涵盖入表、数据资产评估、数据合规确权以及外部效益运营等环节。

2.3.1 运营的两大关键要素

1. 数据安全与合规

在数据资产面向外部应用的过程中，企业往往需要将一部分内部数据资源或数据产品提供给其他企业或合作伙伴。然而，数据作为企业经营活动的反馈，常常包含大量的商业信息和敏感数据。例如，客户的身份信息、电话号码、家庭住址等数据，若保护不当，则易引发数据泄露事件，给客户带来重大隐私风险，导致企业面临巨额的法律责任和赔偿的风险。

此外，随着《中华人民共和国网络安全法》、《中华人民共和国数据安全法》和《中华人民共和国个人信息保护法》等法律法规的完善，数据的合法、合规使用已经成为企业开展数据资产化的必要前提。企业必须明确数据资源的权属问题，准确区分数据的持有权、加工使用权及数据产品的经营权。如果数据合规管理不充分，权属关系界定不明，不仅会影响数据资产入表的合法性，还会在数据交易或共享过程中产生法律障碍，阻碍数据资产化的实际应用和长远发展。因此，在数据资产面向外部应用时，企业必须确保数据的合规性，明确权属关系，以避免潜在的法律风险并实现数据的有效、合规利用。

2. 对外价值明确

在数据资产面向外部应用时，其核心价值不仅在于数据本身，更在于能否成功交易或者实现资本化，进而实现价值的交换。数据资产交易的本质是通过数据的流转与共享，为其他行业或合作伙伴提供有价值的决策支持，从而实现有效的数据资产化。因此，如何提升数据资产的吸引力和实用性，使其能为其他企业提供有价值的洞察和决策支持，是数据资产化过程中至关重要的一环。

要实现这一目标，企业必须深刻理解数据资产的潜在价值，并根据外部市场需求，结合自身数据资源的特性，优先选择合适的应用场景。数据资产的应用场景决定了其能为外部企业提供的决策支持，以及如何帮助合作方提升运营效率、优化资源配置，甚至推动业务创新。例如，在金融行业，客户信用数据的产品化有助于银行改进风险评估和贷款决策。

数据资产的价值并非单纯依赖数据本身，而在于如何通过有效的应用场景将其转化为具体的商业成果。因此，当数据资产面向外部应用时，价值明确至关重要。

2.3.2 运营体系的十大核心组成

纵观数据资产形成的完整链路，我们可以发现，企业内部的数据资产运营流程与面向外部的数据资产运营体系在本质上是一致的，二者都必经从数据采集到数据应用这一过程。这个过程是数据价值得以最终释放的重要路径，在2.2节中，我们对这个流程已经进行了详细的阐述，此处不再赘述。

面向外部的企业数据资产运营体系由于其外部性和复杂性，因此较内部运营增加了多个关键环节。这些环节是数据在市场流通和交易中形成实际商业价值的必要步骤。

面向外部应用的数据资产运营体系，与面向内部应用的数据资产运营体系相比，在系统性框架的组成上存在差异，除了 2.2.2 节中提及的六大核心组成外，还需纳入以下四个内容模块。

1. 数据合规确权的评估机制

在数据资产对外服务中，数据合规确权是关键的一环，尤其是在数据资产入表前，它既是确保企业数据资产合法、合规运营的前提，也是数据资产能够真正具备商业价值的重要步骤。在这一过程中，企业必须明确数据的权属，开展合规性审查，确保数据资产的合法性。

在数据资产入表前，合规确权的首要任务是明确数据权属。权属问题涉及数据的持有权、使用权、加工权、收益权，以及数据产品经营权。

- □ 数据持有权：由数据的最初生产者或采集者所拥有，通常是企业内部在运营过程中产生的数据，如停车场的停车数据、购物商场的客户交易记录、运营数据等。这类数据的所有权相对明确，归生产者所有。
- □ 数据使用权：在数据使用过程中，常常会有外部数据加入，这些外部数据由第三方提供，但企业通过合法途径获得使用权，所以需要明确企业的使用权是否合法、合规。
- □ 数据加工权：企业对原始数据进行加工、清洗、挖掘后生成数据产品。在此过程中，可能由专业从事数据加工的数据服务商承接，所以加工权属可能会发生变化，需明确加工权属，以及加工后的数据产品的归属权。
- □ 数据收益权：企业通过将数据产品投入市场进行交易获得经济回报。收益权需考虑内部业务部门归属、合作方收益分配及外部数据参与的合作方收益分配。
- □ 数据产品经营权：企业将数据资源加工为数据产品后，进行对外销售、共享或交易的权利。

在数据资产入表前，明确权属问题，是合规确权工作的基础。企业需要通过合同、数据管理规范及数据共享协议等手段，确保数据的权属具备可追溯性和合法性。

对外数据资产运营中，数据资产最终会流向市场进行交易从而获得经济收益。通过合规确权，企业的数据资产可以获得法律保护，确保在发生争议或法律纠纷时，企业能够有效证明数据资产的合法性及权属关系，避免因权属不清而造成商业损失。

总体而言，数据合规确权作为数据资产入表前的重要环节，既是确保数据合法性和合规性的手段，也为企业数据资产的财务化和市场化应用奠定了坚实的基础。通过这一过程，企业不仅能够实现数据资产入表，还能够推动数据资产的可持续运营，进一步提升企业的市场竞争力和商业价值。

（注意：这部分工作主要由法务部负责，法务部在合法及合规方面的工作相对熟悉，但数据资产因产品内容、场景及来源的不同，权属关系非常复杂，所以这部分工作建议寻找专业的律师或者企业内部的法务部来承担相应工作。）

2. 标准化的入表方案

我们常说的入表工作，指的是将数据资产纳入资产负债表中，其实是将数据资产作为企业的无形资产或存货科目进行会计记录。完整的过程包括对数据资产的识别、会计科目选择、成本归集、初始计量及后续计量等一系列复杂步骤。入表前有大量的前期工作，包括我们前面提到的数据资产内部流，涵盖数据采集、存储、数据治理及数据产品化。还需要对这些数据资产的成本进行归集，包括其获取、加工、维护等各个环节的成本，并确定入账价值。之后，根据数据资产的属性及用途，选择将其记入无形资产科目还是存货科目。最后，在企业的会计系统中创建相应的会计分录，将数据资产的价值记录到账目中，并随着数据资产的变化定期更新其在资产负债表中的价值。

将数据资产入表不仅有助于提高企业的财务透明度，还能够为行业数据的发展起到促进和指导作用，市场中已经不乏这样的案例。例如，中国移动针对不同的业务需求开发了多个独立的技术平台。这些平台各自采用不同的技术架构、编程语言和数据格式。为了提高数据资产的管理和利用效率，中国移动将大量的基础数据整合进大模型中，作为其核心资产之一。通过这种方式，中国移动不仅加强了内部的数据治理，还为外部市场的数据交易提供了坚实的支撑。

中国移动作为央企首家实现数据资产入表的企业，其在 2024 年的半年报中公布了将数据资源作为无形资产入表的举措，金额达到 7000 万元人民币。其中包括无形资产 2900 万元和开发支出 4100 万元。从中国移动这一举措可以看出，它不仅提升了数据资产的财务透明度，还促进了数据资源的资产化工作，这一举动对运营商行业的数据资产运营管理具有指导和促进作用。

（注意：这部分工作主要由财务部负责，财务的成本核算工作已经相当成熟，也具有一定的专业性，建议企业内部财务职能部门承接相关工作。）

3. 完备的数据资产评估机制

数据资产评估是数据资产运营体系中至关重要的环节，它不仅为企业提供了对其所拥有数据资源商业价值的“精确量化”，还是实现数据资产金融化及促进数据资产市场交易不可或缺的前提。通过科学合理的评估方法，企业能够更全面地理解自身数据资产的价值，从而在战略规划、市场交易、金融活动等方面做出更加明智的决策。这不仅有助于企业在数字经济时代中获得竞争优势，还能推动整个社会的数字经济健康发展。

数据资产评估方法通常有 3 种：成本法、收益法、市场法（如图 2-5 所示）。

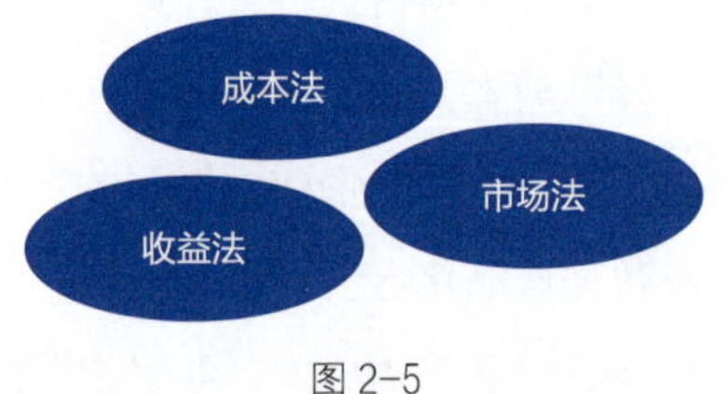

图 2-5

（1）成本法

成本法是一种基于数据资产化过程中所投入的成本来估算其价值的方法，其考虑了数据获取、处理及维护数据过程中产生的所有直接和间接费用，同时可以加入数据资产价值的调整系数来优化模型，以使成本法最大限度接近“真实”的价值。这种方法特别适用于当其他评估方法无法提供可靠结果而又不得不进行价值量化时。

因成本法模型本身的问题，在加入调整系数时也无法考虑所有因素，且当前数据资产评估市场还不够成熟，导致它无法完全综合考虑到数据资产潜在的应用价值及其未来市场潜力。因此，在某些情况下，通过成本法进行评估的价值与数据产品的真实市场价值具有一定的偏差。

总体而言，成本法对于初步确定数据资产的基础价值具有重要意义，尤其是在缺乏足够市场信息的情况下，它可以作为一种快速且直观的价值参考。

（2）收益法

收益法侧重于分析数据资产能够为持有者带来的预期的未来经济利益，包括但不限于收入增加、增值收入等。收益法非常适合用于评价那些具有明确盈利标准的数据集，例如一份用户行为洞察报告、行业趋势预测报告等。在一些没有历史或者相似“产品”参考的时候，由于缺乏一些市场的客观数据支持，准确预测未来的收益存在一定的难度。当然，为了克服这一挑战，评估者可以结合先进的统计模型或者盈利预测模型进行预测，如机器学习算法，但是预测结果与实际通常会存在一定偏差，所以未来的收益仍然不确定。

总体而言，收益法是具有一定挑战和难度的价值量化方式，尤其在评估未来收益时，容易与未来真实的“收益”产生一定偏差。

（3）市场法

市场法通过对比相似数据资产近期发生的市场交易价格来确定目标数据的价值。这种方法依赖市场上存在足够多且相关性强的参考案例。当有足够的案例可供参考时，市场法能快速有效地提供一个相对准确的价格水平，但数据资产服务于不同的企业，非常多元的业务场景导致价值很难标准化，可以参考的标准案例也相对较少。

总体而言，采用市场法要加入很多调整参数来对数据产品的最终价值进行修正，从数据价值应用来说，市场法对于价值的量化仍然存在很多不确定性。

在实际的数据资产评估工作中，具体选择哪一种评估方法来确定数据资产的价值，是一项非常复杂的工作，需要根据具体情况而定，既无法一概而论，也无固定的路径可循，所以这里不进行深入探讨。

（注意：这部分工作需要寻找专业的数据资产评估机构，数据资产评估工作需要一定的资质，尤其是实现数据资产金融化的过程，数据资产评估机构的工作必不可少，但是入表的价值核算及市场交易的核价，并不与数据资产评估挂钩。）

以上所述的3种方法属于数据资产对外服务中多出来的几个环节，但每个环节并不是必需的，需要结合实际的业务场景来判断。这里的几个环节都涉及跨专业的知识体系，在实际操作中会碰到非常多细节的问题，所以建议这些环节的工作都由相应的专业机构来操作。

4. 明确的外部效益运营方案

外部效益运营是企业数据资产运营体系的重点工作，也是核心环节之一，因为它直接决定了数据资产的价值转化，是数据资产价值实现的最终体现。在这一阶段，企业需根据自身需求选择专注于数据交易还是数据资产金融创新，或者二者兼顾。这两项内容是当前市场中较为常见的数据资产应用形式，在实现路径和具体工作上各有特色。

数据交易：指将数据资产化的产品通过数据交易所上架完成交易，其核心在于为外部合作伙伴提供高价值的数据应用产品，以此实现数据交易的经济效益。在这一过程中，定价策略和数据资产应用价值的明确性至关重要。定价是否合理决定了市场接受度，而数据资产应用价值是否清晰则直接影响外部合作伙伴的购买意愿。需要强调的是，这里谈到的数据资产价值更多是对于外部合作伙伴而言的，而非企业内部的使用价值，这一点需特别注意。

数据资产金融创新：指通过金融手段将数据资产转化为金融产品或服务。例如，数据资产信贷、数据资产信托、数据资产证券化等模式，这些模式已经在市场上逐步发展。目前，大部分实际应用集中于数据资产信贷领域，总体来说处于初级阶段。这种金融化方式不仅创新了数据资产的商业化模式，还为数据资产的增值提供了更多的可能性。

然而，从当前来看，无论是数据交易还是数据资产金融创新，市场发展尚未成熟，面临诸多挑战。其中，核心问题集中在数据资产本身，包括价值是否清晰、产品是否标准化、是否具备广泛的应用场景，以及数据权属的明确等问题。这些问题直接影响了数据资产的交易进程及金融化进程。但这一阶段的工作是数据资产运营体系的关键内容，具有战略意义。

值得注意的是，明确的数据资产外部价值运营方案并非孤立存在，尤其依赖企业前期在数据治理、数据产品化等方面的系统性工作投入，这也是我们为什么要立足企业整体的数据资产运营的原因。只有在这些基础工作稳健完成的前提下，外部增值运营才能高效推进。

总而言之，外部数据资产的增值运营不仅是数据资产价值实现的核心环节，更是企业整体数据资产运营管理的重要组成部分。当然，并不是所有的数据资产运营都需要走到这一步，我们要基于企业整体的管理需求来判别。

2.4 内部应用体系与外部应用体系的求同存异

2.2 节与 2.3 节的内容构成了企业完整的数据资产运营体系，覆盖了数据从生产到应用的全链路工作。其中，值得注意的是划分后的数据资产运营体系，宏观上相同，但微观上又具有一定的差异性。数据产品化的部分属于两套运营体系必不可少的内容，我们需要重点关注这两套运营体系在具体工作上的差异，尤其是在应用阶段。

对内的数据资产主要服务的对象是内部的运营、管理和决策，而对外的数据资产服务的是其他企业的运营和决策，因为数据本质上是企业商业化的体现，所以内部数据的对外传输需要考虑其是否可以商业化以及是否适合商业化两个要点。一个典型的例子是企业内部的指标，它对内部运营有极高的价值，但对外的市场化潜力相对较低。这种差异源于数据指标的特定使用场景，以及其本身带有很强的内部价值属性。

例如，各业务部门的 KPI 可以帮助企业衡量其部门的价值达成，支持企业战略目标的实现。企业通过这些指标不断调整业务流程、资源配置，甚至优化人才管理，确保运营效率的提升和竞争力的保持。

然而，这类指标数据具有很强的企业专属性。它们反映了企业内部的独特运作模式、业务逻辑和管理流程，从指标设计来说，每个企业的指标体系和计算逻辑会因行业、规模和业务模式不同而存在显著差异，所以它们几乎不具备对外交易的市场化价值。而外部企业或投资者对这些指标的需求几乎为零，因为这些数据不仅难以直接应用于其他企业，还涉及企业内部的核心竞争优势及敏感的商业信息。

典型的指标，如销售额增长率或利润率，可以帮助企业内部分析盈利状况，但它属于企业内部的商业机密。指标值因存在商业属性而无法对外公开，指标名称已经是行业中公开透明的，仅是指标名称并无实际对外价值。

除指标外，还有如企业的生产流程数据。对内，生产流程数据包括产品的生产周期、工艺流程、资源消耗等详细信息。企业利用这些数据进行生产效率优化、成本控制和质量管理。通过对这些数据的深度分析，企业可以找到生产流程中的瓶颈，进一步提高产能和质量，降低成本。

然而，这些生产流程数据对外难以产生直接的市场价值。首先，它们高度依赖企业的特定技术和生产方式，其他企业很难直接应用这些数据。其次，企业的生产流程也属于企业内部的商业秘密，对外披露可能带来潜在的商业风险。因此，这些数据无法成为可交易的数据资产，但指标在企业内部已经是一项具有商业应用价值的数据资产。

总体而言，可以称为数据资产的数据资源在企业内部与外部的应用差异显著。对内具有极高的运营价值的数据资源，在对外交易中却因其专属性和敏感性而难以转化为直接的市场价值。要实现数据资产的外部价值，企业需要识别出那些具有广泛应用潜力和较少商业敏感性的资产，并采取相应的合规与保密措施，确保数据交易在商业上可行且风险可控。

2.5 本章小结

本章对数据资产运营体系的核心要点进行了系统性的总结，在深入理解数据资产运营体系的基础上，分别探讨了面向企业内部和外部的数据资产运营体系的关键内容。通过对二者的差异化探讨，可以了解不同的数据资产服务主体下不同体系的运行机制，为企业构建高效的数据资产运营体系提供了相对完整的思路和方向。

一套完整的数据资产运营体系不仅是一个技术和管理的集合体，还集成了企业数据资产系统性管理的战略性规划。它涵盖了数据采集、数据存储与管理等各个环节。随着数据的快速增长和广泛应用，数据的时效性至关重要，因此，数据资产的生命周期管理显得尤为重要。企业需要对数据的生命周期进行持续性跟踪及监控，确保数据在其产生、使用、销毁与冻结的各个阶段具有即时性的反应。

同时，随着企业对数据依赖程度的增加，数据的价值评估成为企业数据运营中的一项关键任务。无论是内部数据的管理，还是面向市场的外部数据交易，数据的价值评估可以帮助企业确定哪些数据具有长远的商业潜力，哪些数据仅具有短期的利用价值。通过评估，企业能够优化其资源分配，将更多精力和资金投入到高价值数据的开发和应用中，避免陷入数据泛滥的陷阱，从而实现更高的投资回报。

本章还重点探讨了数据资产运营体系在服务主体上的差异。根据服务主体的不同，数据资产运营可以分为面向企业内部和外部两种运营模式。当数据资产面向企业内部时，数据主要用于优化业务流程、提升生产效率、支持决策制定等场景，因此数据资产运营更注重精细化管理和效率提升。而面向外部的数据资产运营，尤其是在数据交易市场上，除了本身的场景价值，数据的合规、安全、市场适用性、价值属性等因素更为重要。外部数据的运营需要更复杂的流程和更加严格的管控，以确保数据在跨行业、跨组织中交易及使用的合法、合规性。

总体而言，通过本章内容的阅读，我们可以对企业数据资产运营体系的建设有一个较为全面且系统性的认识，帮助各企业更好地进行有效的数据资产运营及管理。

第3章

价值创新：数据资产入表

无论是对内还是对外，在数据资产运营体系中，数据资产入表是数据资产价值的核心体现。资产负债表作为企业经营状况的晴雨表，将数据资产进行量化并纳入财务报表中，不仅代表了市场对于数据资产价值的认知变革，也是一种创新性的财务管理方式。这标志着企业开始正式认可数据是一种独立且重要的资产类别，并将其纳入整体企业资产管理体系之中。通过这一过程，原本分散、未被规范化的数据资源得以被系统化管理，并被赋予明确的价值属性、类别和管理规则，从而形成可开发、可使用的数据资源。

入表不仅仅是对数据的识别与登记，更涉及对数据质量、来源及其潜在价值的全面评估与规范。这一举措使数据资产从静态的信息资源转变为动态、有价值的资产，其价值得到了更加规范的量化。在这个过程中，企业必须建立起一套标准化的数据治理与管理体系，确保数据的质量与可靠性，为企业数据应用提供一套有效的运行机制。

而数据资产运营则是在此基础上，对企业所拥有的数据资源进行全面的开发、利用、分析与挖掘，旨在最大化地释放数据的价值。需要注意的是，数据资产运营的本质是“价值运营”，企业通过对数据进行深度分析与挖掘，能够从中提取出有价值的洞察，以支持企业经营决策的制定、产品优化及市场拓展等多方面决策。更重要的是，数据资产运营促使企业管理层重新审视数据的战略意义，认识到其在驱动业务增长及提升竞争力方面具有不可替代的作用，数据作为一种生产要素参与了企业的经营生产。

3.1 数据资产入表的基础

3.1.1 理解数据资产入表

在前面两章中已经提及部分数据资产入表相关的内容，对于其定义已经进行了一些阐述，下面进行比较详细的介绍。

这里先明确一下，数据资产入表的“表”指的是企业三大财务报表中的资产负债表。在《企业会计准则》中对于资产的定义：“企业过去的交易或者事项形成的、由企业拥有或者控制的、预期会给企业带来经济利益的资源。”因此，入表的前提是入表的数据资源要满足会计对于资产的定义，更重要的是，数据资产要有可以计量、可确认的“价值”，能够给企业带来经济收益。

数据资产入表的核心是数据，具体工作在于将数据资产的价值进行量化，并根据其内部使用或对外销售的目的，将已经量化的数据价值记录到相应的存货或者无形资产的会计科目中。这一过程不仅是对数据经济价值的认可，也是对企业数字经济发展的一种“有形”体现。

数据是什么？在最基础的层面上，数据指的是数字、文字、图像等以电子化形式表达的一种信息单元。当这些信息单元独立存在时，它们可能只是一些无意义的符号，但一旦与特定的业务场景和流程相联系，它们便成为具有实际意义的数据。例如，“2000”这个数字本身并无特殊含义，但当我们将其与企业的“销售额”这一业务指标相结合时，它就变成了反映企业销售业绩的关键指标。这种转变体现了从数字到有价值数据的升华过程，也表达了数据成为一种资产的原因是它的价值，而它的价值就是其背后隐藏着的业务逻辑和业务特征。

因为“信息”是多元的，企业内部的信息尤为泛滥，不同类型的数据对数据的管理和开发利用的要求和需求都有所差异，我们必须了解数据有哪些外在形式。

根据结构特点，在专业领域，数据大致可以分为以下几种类型。

- 结构化数据：这类数据能够被轻易地加工、处理、分析、挖掘，通常存储于关系型数据库中。比如，银行交易记录、客户购买信息、发货数据等都是典型的结构化数据。
- 半结构化数据：不像结构化数据有标准的格式，具有一定标记的半结构化数据也可以被解析、被开发，如电子邮件、XML 文件及 JSON 文档均属于半结构化数据。
- 非结构化数据：这是最难处理的一类数据，因为它缺乏统一的表现格式。如社交媒体上的帖子、视频、音频片段及大量的文本资料（如报告、新闻文章）等。最常见的如微博上的评论、电商购物平台商品下的评论，这些数据都难以被直接分析，但它背后隐藏的业务价值与结构化数据相同。
- 元数据：描述其他数据的数据，元数据提供了关于原始数据的重要背景信息，如创建时间、责任人及访问权限等。正确管理元数据有助于提升数据集的访问效率和可用性。

除了上述分类，还有一类值得关注的数据——实时数据。因为某些特殊的业务需求，越来越多的业务开始产生持续更新的状态信息。这些实时数据为支持即时决策提供了新的使用场景。

数据资产入表的工作，正是基于这些不同类型的数据，通过有序的管理和治理，并根据不同的业务场景需求进行分析和挖掘，将数据背后的潜在价值根据资产化过程中所投入的成本和支出进行价值量化，最终根据资产的目的（如内部使用还是对外销售）记录到相应的会计科目中。

因此，入表是数据资产入表工作流中很关键的一个环节。这个环节必须有专业的财务人员一同参与进来。

3.1.2 数据资产入表参与方

数据资产入表的整个工作链路涉及多个相关方，而且跨越了不同的专业领域。总体而言，整个过程涵盖了 5 类主要的关键角色，这些角色在不同环节都发挥了重要作用，以确保数据资产入表能够顺利进行（见表 3-1）。

表 3-1

角　色	主要工作	价　值
数据人员	数据收集、清洗、分类、标准化、管理、分析、挖掘	解决数据资产化过程的核心基础工作
法律从业人员	数据合法性与合规性审查，评估数据隐私和监管要求、明晰权属关系	确保数据资产入表符合法规，避免法律风险
财务人员	数据资产的价值量化，评估其对企业财务报表的影响	按照成本归集将数据资产量化并计入资产负债表
数据资产评估师	对数据质量、数据资产未来盈利能力进行综合评估	为后续数据资产金融创新和市场交易提供市场依据
业务人员	识别高价值数据，提供数据应用业务场景和使用规则	确保数据资产与业务紧密关联，挖掘数据背后的“价值”

1. 数据人员（企业信息 /IT/ 数字化部门、数据服务商）

在数据资产入表乃至整个数据资产运营中，数据人员的工作职责相当广泛，涵盖了从最初的数据采集到最终的数据分析、应用的全过程。这个工作链路不仅包括了基础的数据存储管理，也涉及复杂的数据治理，以及数据资产化的分析与价值挖掘。在这个过程中，每个环节都至关重要，它们是数据从静态资源转化为价值资产不可或缺的部分。

数据量的急剧增长和内部数据处理能力的限制，使很多企业选择将其中的部分或全部工作外包给专业的服务商来完成，内部人员以供应商和项目管理为主，如此便于企业提高效率并降低成本。这就意味着，在实际操作层面上，除了企业内部的信息部门 /IT 部门 / 数字化部门的专业人士外，还会有外部的数据存储服务商、数据治理服务商等多个角色参与数据资产入表这一工作。

数据人员在这一工作中，具体工作职责包括但不限于以下几项。

（1）对现有数据资源进行全面梳理，确保所有相关信息都被准确无误地识别出来；搭建有效的数据管理体系，保证长效稳定的数据质量。

（2）通过加工、清洗等技术挖掘数据背后的价值。

（3）实施数据治理工作，在确保数据合规性的同时可以避免重要信息被泄露，如客户信息，属于一级敏感商业信息。

（4）数据分析：除了治理工程师还包括数据分析人员，在实现数据产品化过程中，数据分析是一项重要的实现手段，数据治理过程中也需要分析人员的协助。

2. 法律从业人员（法务部门、律师事务所）

在数据资产运营中，尤其是数据资产入表，对于数据资源持有权、数据加工使用权、数据产品经营权等权属的确定工作至关重要。这一环节不仅关系到企业能否顺利将数据作为一项无形资产或存货正式记录于财务报表之上，而且直接决定了企业在后续的数据利用与交易活动中能否避免潜在的法律风险。因此，确保数据来源及其使用过程中的合规性成为整个流程中不可或缺的一部分。

当企业决定自行处理这些工作时，通常由内部法务部门的专业人士来承担相应职责，但数据资产应用场景非常多元，导致数据资产从生成、收集直至最终实现价值转化这一全过程所产生的合规问题也很多样，包括但不限于：界定不同利益相关方之间关于特定数据集的权属及使用权限，保证在整个数据生命周期内个人信息的收集、存储、流通、加工、使用符合相关法律法规，以及在跨境数据流通中相关操作符合监管需求等。这些问题的存在使数据资产相关的合规与确权工作充满了前所未有的挑战，所以很多企业会将此项工作外包给专业的律师事务所的律师团队操作。

数据资产合规确权相关工作的主要职责包括但不限于：确认数据获取源头的合法性、数据采集的合规性以及数据处理流程是否合规、数据交易是否合规、数据信息安全是否合规等。

总而言之，法律从业人员主要在合规安全层面上帮助企业构建起一个既高效又安全的数据生态及市场流动体系，为数据资产的长期运营提供一个安全、没有法律风险的运行机制。

3. 财务人员（财务部门、会计师事务所）

数据资产入表的核心目的在于将数据作为企业的一项重要资产入账于财务报表中，具体来说就是在资产负债表中体现其价值。通过将数据资产价值纳入正式的财务报表中，企业能够更准确地了解数据资产当前及未来的经济潜力，从而为投资者、管理层及其他利益相关者提供更加全面的决策支持。

尽管数据资产作为一种新兴形态资产与传统的固定资产或流动资产有着显著区别，但很多企业在处理成本归集等基础会计工作方面已经积累了丰富的经验。因此，在大多数情况下，企业内部的财务部门完全有能力承担起这部分职责，而无须额外求助外部专业机构（如会计师事务所）。

然而，由于数据资产化本身属于相对较新的领域，部分公司觉得内部财务人员无法胜任或防止出现过失，此时寻求第三方的会计师事务所的专业人员的干预也是一个好的实现方式。值得注意的是，随着行业实践不断深化及相关指导原则逐渐明确，越来越多的企业开始认识到内部人员已经具备完成这项任务所需的基础条件。

财务人员在此过程中的主要工作职责为对数据资产化过程中发生的各项开发支出进行精确统计，根据现行会计准则及相关法律法规要求，增设适合用于反映数据资产特征的特定会计科目（如数据资源），以及进行最后的成本核算，确定数据资产的入账价值。

4. 数据资产评估师

数据资产评估是一项高度专业化的工作，评估人员除了要具备丰富的经验，更关键的是要有相关的专业资质。因此，对于那些希望实现数据资产金融化的企业而言，内部是无法自行完成评估工作的，主要因为企业内部通常不具备这些资质和专业资源。这也是很多企业选择将数据资产评估外包给专业的数据资产评估机构来承接的原因。这类机构不仅拥有专业的资质，而且在评估实践中积累了丰富的经验，能够确保评估结果的精确性和合规性。

实际上，这类评估机构并非新兴事物。传统的资产评估机构已经存在多年，早期比如房产评估机构，就是非常典型的传统资产评估机构，随着数字经济的崛起，它们逐渐转型，开始承担数据资产评估的工作。这些机构依赖多年来在传统资产评估中积累的专业机制和流程，在数据资产评估领域也形成了一套相对成熟的评估体系。

需要明确的是，数据资产的入表价值和数据资产评估工作之间并没有直接的强关联。数据资产入表更多是为了将数据正式纳入企业的资产管理体系，便于企业进行系统化的管理和运营。而数据资产评估则是对其市场价值进行专业评估，帮助企业了解数据的潜在金融化及市场化价值。在数据资产进入交易市场后，市场交易价不仅取决于评估结果，还受数据的稀缺性、行业需求和市场趋势等多重因素的影响。因此，评估结果与市场交易价值也没有直接的绝对关联。

数据资产评估的主要工作内容集中在对数据质量、商业价值及未来盈利能力进行综合评估。这一过程与数据资产的运营和管理息息相关，因为数据在运营中的实际表现会直接影响其评估价值，比如数据的完整性、数据可应用的业务场景。同时，评估机构在评估时也需要对数据资产入表的目的和背景有所了解，才能更准确地评估其价值。因此，数据资产评估不仅要求其具备相应的专业资质与能力，还要求评估人员具备对数据资产价值的判断和理解，以确保评估工作为后续数据资产管理和市场交易提供有价值的参考。

5. 业务人员

在数据资产化的过程中，许多人往往会忽略业务人员的关键作用，认为他们只是可有可无的角色，尤其是在数据应用环节的工作中，业务人员的地位常常被弱化。数据资产化的本质是将数据资源转化为具有实际经济价值的资产，而这一价值的实现依赖数据与具体业务场景的紧密结合。因此，从长期的数据资产价值运营角度来看，业务人员才是整个工作流中的核心力量。

数据资产化的流程涉及多个角色，如数据采集、存储管理、治理及资产评估等环节。这些环节通常由专门的技术或财务团队负责，但这些角色大多属于后勤支持部门，无法直接参与企业的日常经营决策。数据本身只是一串数字，只有当这些数字与具体的业务需求、市场动态及客户需求相结合时，它们才能真正被称为数据，进而再谈是否有价值。因此，数据资产化的核心在于挖掘并实现数据的价值，而这一过程离不开业务人员的深度参与。

业务人员的范围广泛，包括销售、市场、运营等一线业务部门。他们在日常工作中直接接触市场和客户，能够最直观地感受到数据对业务的实际影响，并且能够根据实际情况迅速调整业务策略。此外，即便是人力资源、财务等后勤部门，也能够通过数据分析发现潜在的优化空间，比如，通过数据分析提高运营效率或提高财务管理效率。因此，不仅是前端的业务部门，后勤部门的参与同样至关重要。但仅仅依靠后勤部门显然是不够的，因为他们并非企业的业务核心，更多是提供支持与保障。

在数据资产化的过程中，外部的数据服务商也扮演着重要角色。特别是数据治理服务商，其在数据清洗、规范化等方面为后续的数据分析和应用打下了坚实基础。然而，需要明确的是，数据治理与数据价值挖掘是截然不同的工作。数据治理侧重于确保数据的质量和一致性，而数据价值的挖掘则更加关注如何利用这些高质量的数据解决实际业务问题，从而创造商业价值。内部的信息化人员更多是从事技术工作，擅长系统开发、维护等技术性工作，但他们往往缺乏对业务逻辑的深入理解，难以独立承担数据价值挖掘的任务。

因此，从数据资产长期价值运营的角度来看，业务人员的作用至关重要。他们不仅需要根据自身的业务经验和市场洞察力来判断哪些数据具有价值，还要明确这些数据的具体应用场景及其潜在的商业价值。例如，市场部门可以利用客户行为数据优化广告投放策略，提高转化率；销售部门则可以通过分析历史交易数据预测未来趋势，从而制订更有效的销售计划。这些基于业务视角的数据价值定义是其他任何角色都无法替代的。

总而言之，为了实现数据资产的有效管理和最大化利用，企业必须重视业务人员在整个数据资产入表过程中的地位。这不仅意味着企业需要鼓励和支持业务部门积极参与数据项目的规划与执行，还应当建立跨部门的协作机制，促进技术和业务之间的沟通与交流。通过这种方式，企业才能确保构建的数据资产体系真正服务于实际业务需求，或者真正在数据交易市场中具有一定的“利他”价值，进而真正实现将数据从资源转化为企业资产。

3.1.3 数据资产入表相关政策、法规

数据资产入表涉及多个专业领域，包括数据资产管理、财务会计、数据安全等，因此相关的政策和法规也非常多样和复杂。这些政策和法规影响着数据的采集、处理、存储和使用等方面。企业在推进数据资产入表的过程中，必须严格遵守这些法律法规，确保数据处理的合法性和合规性。

表 3-2 所示为部分相关政策、法规文件的简要总结，供参考。

表 3-2

名　称	类　型	简要总结	约 束 方
1.《中华人民共和国数据安全法》	法律	规范数据处理、数据安全保护以及数据跨境流动，明确数据所有权、使用权及合规要求	政府、企业及数据处理主体
2.《中华人民共和国个人信息保护法》	法律	规定个人信息的收集、存储、使用、共享等环节的安全性与合规性，强调数据隐私保护与个人信息安全	政府、企业、数据处理主体、个人

续表

名　　称	类　　型	简要总结	约　束　方
3.《中华人民共和国网络安全法》	法律	规范网络数据安全、网络信息保护、网络产品与服务的安全管理等内容，旨在加强数据安全与防护	政府、企业、网络运营商
4. 数据资产产权相关基础法规	法律	《中华人民共和国著作权法》、《中华人民共和国反不正当竞争法》	著作权人、作品使用者
5.《关键信息基础设施安全保护条例》	行政法规	保障关键信息基础设施的安全，维护网络安全	关键信息基础设施运营者、国家相关部门、与网络安全相关的技术创新者和产业推动者
6.《中共中央、国务院关于构建数据基础制度更好发挥数据要素作用的意见》（简称“数据二十条”）	政策文件	明确政府对数据资源管理、使用与流转的政策，提出数据资源的保护、共享及流通要符合相关法律法规，促进数据流通与交易	政府、企业、数据持有者、平台
7.《企业会计准则》	会计准则	明确企业在财务核算与报告中对各类资产的确认、计量和披露方法	企业、财务人员、会计师事务所
8.《企业数据资源相关会计处理暂行规定》	规范	对企业数据资源的会计处理进行详细规定，明确数据资源的确认、计量与归类，确保数据资产的会计报表合规	企业、财务人员
9.《关于加强数据资产管理的指导意见》	政策文件	指导各单位建立健全数据资产管理制度，提升数据资产的价值	开展数据资产化工作的企业、事业单位等
10. 其他政策性文件	政策文件	《中共中央办公厅 国务院办公厅关于加快公共数据资源开发利用的意见》（地方以上海为例：《上海市数据条例》《上海数据交易所数据交易安全合规指引》《数据交易合规注意事项清单》）	数据交易主体

1.《中华人民共和国数据安全法》

主要内容：该法律旨在保障国家数据安全，维护国家安全和社会公共利益，保护公民、法人和其他组织的合法权益，促进数据的开发利用。

对于数据资产入表工作的指导价值：为数据资产入表工作提供了数据安全的法律框架，强调了数据安全的重要性，为数据资产入表的数据安全治理提供了指导，确保数据资产的安全存储和使用。

2.《中华人民共和国个人信息保护法》

主要内容：该法律旨在保护自然人的个人信息权益，规范个人信息处理活动，促进个人信息合理利用。

对于数据资产入表工作的指导价值：为数据资产中涉及用户个人信息的内容设定了明确的合规边界，要求企业在处理个人信息时必须尊重个人隐私权，对于个人信息的处理和应用，必要时进行脱敏和加密处理，确保数据资产的合法性。

3.《中华人民共和国网络安全法》

主要内容：该法律加强了网络安全保护，维护网络空间主权和国家安全、社会公共利益，保护公民、法人和其他组织的合法权益。

对于数据资产入表工作的指导价值：对于网络安全的规范进行了必要的界定,要求企业采取必要的技术措施来保护网络系统和数据资产免受攻击和破坏。

4. 数据资产产权相关基础法规

主要内容:《中华人民共和国著作权法》《中华人民共和国反不正当竞争法》这两部法律与数据资产产权的关联性较高。《中华人民共和国著作权法》对通过智力创作产生的作品提供保护;《中华人民共和国反不正当竞争法》保护那些未公开且具有商业价值的数据，如客户名单、市场研究结果。

对于数据资产入表工作的指导价值：数据资产中涉及数据资产产权的，更多在于数据资产化的产品，如数据集、分析产品，主要保障数据资产成果的独有权属。

5.《关键信息基础设施安全保护条例》

主要内容：保障关键信息基础设施的安全，维护网络安全。条例要求运营者建立安全管理制度、定期评估风险并进行应急演练。同时，国家加强信息共享、技术创新，禁止破坏基础设施的行为，并对违规者追责。

对于数据资产入表工作的指导价值：该条例再次强调了网络安全、数据安全的重要性。

6.《中共中央、国务院关于构建数据基础制度更好发挥数据要素作用的意见》（简称“数据二十条”）

主要内容：该份文件对于数据资产的权属、数据流通交易、收益分配、安全治理方面提出了重要的指导意见，提出了推进数据资源开放共享、提升数据资源价值等方面的举措。

对于数据资产入表工作的指导价值：为数据资产入表的合规确权工作指明了发展方向，鼓励企业充分利用数据资源，促进数据要素市场的流通发展。

7.《企业会计准则》

主要内容：这套准则规定了企业会计核算的一般原则、程序和方法，是企业进行会计核算和报表编制的基础。

对于数据资产入表工作的指导价值：为数据资产入表工作中存货、无形资产科目的使用提供了会计准则方面的指导，帮助企业正确地记录、计量和报告数据资产的价值。

8.《企业数据资源相关会计处理暂行规定》

主要内容：该份规定详细阐述了企业如何对数据资源进行会计处理，包括确认、计量、披露等方面的要求。

对于数据资产入表工作的指导价值：它是专门针对数据资产入表制定的规定，为企业入表工作提供了详细的会计处理指南，促进了数据资产的规范化管理。

9.《关于加强数据资产管理的指导意见》

主要内容：强调建立规范化的数据资产管理制度，依法合规管理数据资产，保护各类主体在数据收集、生成、存储、管理过程中的相关权益，促进数据资产合规、高效地流通使用，为经济社会数字化转型提供支撑。

对于数据资产入表工作的指导价值：为各行业的数据资产管理工作的开展提供了清晰的方向指引。

10. 其他政策性文件

主要内容：《中共中央办公厅 国务院办公厅关于加快公共数据资源开发利用的意见》聚焦于加强基础设施建设、促进数据开放共享、深化数据融合应用及强化安全保障机制，同时通过健全法律法规、加大财政支持、优化营商环境和加强国际合作等政策措施，促进公共数据资源的有效利用。

针对数据要素市场的管理及规范，很多地区都出台了地方性政策文件，以上海市为例，如《上海市数据条例》《上海数据交易所数据交易安全合规指引》《数据交易合规注意事项清单》等都可以进行一定的关注。

3.2 数据资产入表的实施方法与路径

3.2.1 数据资产入表的方法

数据资源的价值多样，对于数据资源的开发利用是我们一直提及的价值挖掘方法，其原始形态与加工后的形态，事实上都具有一定的商业价值，但应用的场景存在差异。对于数据资产入表的方法，当前主要可以分为两大类。

1. 数据资源入表

这类入表方式主要关注企业所持有的、未经深度加工的数据集合。这些数据可能来源于企业的日常运营、用户行为记录、市场调研等业务环节的原始数据。入表时，企业会评估这些数据的潜在价值、存储成本及未来使用的可能性，从而将数据的“原始”形态作为资产在财务报表中予以体现。当前市场中，很多数据资产入表案例提及的数据集，基本属于数据资源。

2. 数据产品入表

与数据资源入表不同，数据产品入表涉及的是对数据资源经过加工、分析、整合后的数据成果，这些成果通常具有更高的价值以及特定场景下的经济价值和使用价值。数据产品可能包括数据分析报告、数据可视化报表、数据预测模型、开放 API 等，它们能够直接应用于企业的决策支持、市场洞察、业务创新等关键业务。在入表时，企业会重点考虑数据产品的市场认可度、盈利能力，以及其为企业带来的竞争优势，从而在财务报表中准确反映其经济价值。这种方式的过程比较复杂，且难度较高，深度依赖企业及数据资产入表服务商的数据应用理解能力。

3.2.2 数据资产入表的实施路径

无论是数据资源入表，还是数据产品入表，整体入表工作涉及多个专业领域，具体操作中跨部门协作非常关键，很多环节的工作依赖专业的知识和技能。而数据问题本身相对烦琐，为了便于读者理解和实施，我们可以将这一过程简化为几个关键步骤，让读者可以更清晰地了解如何快速推进数据资产入表工作（见图 3-1）。

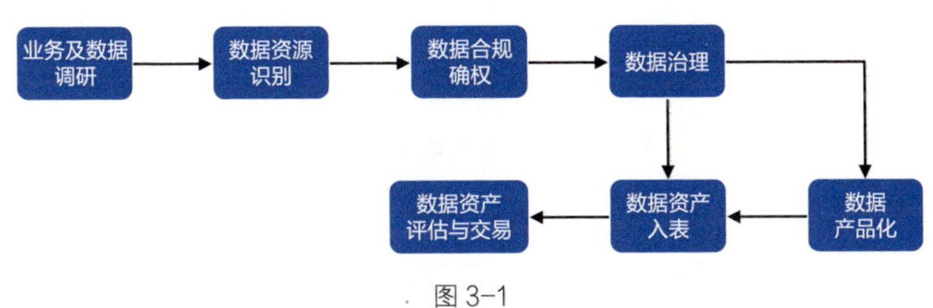

图 3-1

（注意：我们这里讨论的是主要实施路径，包括但不限于此，各家服务商都会有自己的方法论，不应过度并刻板地认为数据资产入表必须遵从本书中提及的实施路径。）

1. 业务及数据调研

调研是数据资产入表的基础工作，是对现有数据资源及相应的业务行为的全面盘点和分析，以确保数据资产入表工作得以顺利进行。

调研工作涉及各业务运营流程、数据来源、规范、治理等现状及内部管理要求，需包括以下几个关键内容。

（1）制订调研计划：调研前要先设定明确的调研目标和计划。计划包括明确要调研的数据类型、调研的业务部门、参与人员、当前数据现状等。

该阶段重点工作

- □ 数据盘点：列出企业内所有的数据来源，可能包括数据库、ERP 系统、CRM 系统、生产管理系统等，具体的系统依据不同的行业而定，例如停车场的数据采集系统与这几个系统都不相同。
- □ 明确项目参与方：参照数据资产入表的相关方，我们发现该项工作已涉及企业内诸多部门，因此在项目初期应当明确具体的牵头部门、参与部门及各部门的项目职责。

（注意：调研计划应根据不同的专业分类进行，如数据类、法务类、会计类，不同角色需要了解的信息不同，调研需求及要求也有所不同。）

调研大纲示例如表 3-3 和表 3-4 所示。

表 3-3

调研分类	相关业务或系统	调研问题	相关信息（来源于客户资料
企业基本情况	……	企业基本情况简介，企业性质、规模、营收等	……
	……	企业主要业务简介，包括传统业务及数字化相关业务	……
	……	企业整体组织架构，集团公司、子公司、参股公司等，以及是否有数据收集、数据服务、数据管理、数据运营相关部门和业务	……
	……	是否有数据管理相关制度及专门的运营团队	……
	……	对于不同类型的数据是否制定过标准规范	……
	……	是否做过专业的第三方数据资源治理相关咨询及实施	……

表 3-4

调研分类	相关业务或系统	调研问题
数据治理 / 数据质量相关	全部信息化系统	涉及每个业务系统数据存放形式是什么样的？（例如：文件、数据库……）
		涉及每个业务系统数据来源是否可靠，是否存在数据伪造或篡改等问题，采用什么方式进行解决
		涉及每个业务系统数据的格式是否有清晰定义及规范描述（包括空值检查、值域检查、重复数据检查、记录缺失检查、引用完整性检查、业务逻辑检查、及时性检查、波动检查、平衡检查、离群值检查、结果集比对等）

（2）数据现状分析：对企业内的数据现状进行全面盘点，涵盖数据来源、数据系统、数据使用场景、数据类型、数据量、数据种类、数据分布、数据的完整性与准确性等内容。

该阶段重点工作

- □ 了解现有的数据类型及格式：分析企业现有数据包括哪些类型，例如文件、纸质文件、数据库文件等内容。
- □ 数据质量分析：数据质量挂钩数据的可用性，需重点关注数据是否存在缺失、冗余或者格式不统一的问题。可用性评估与数据质量评估五要素保持统一，如数据的时效性、准确性、完整性等。

□ 数据应用分析：深入了解各部门对数据的实际使用场景、痛点和未来需求。这有助于判断哪些数据可以形成数据资产，以及形成数据资产后的对外服务价值。

□ 高价值数据识别：对企业内现有的数据进行初步判断（数据质量、数据应用场景），识别可形成数据资产的数据。

（3）数据收集：数据的多源异构特性意味着数据不仅来源于多个不同的渠道，还可能以多种格式存在。具体来说，“多源”指的是数据来源多样化，这些数据可能散落在企业的各个业务部门和系统中，所以在对数据基本情况分析后需进行完整的数据收集，以便开展后续工作。

2. 数据资源识别

数据资源识别是对已经收集的原始数据进行分类和筛选，明确哪些数据可以作为入表的资源。该过程需要结合业务需求、管理要求和数据应用进行全面分析。

（1）数据分类：根据数据格式、类型、用途、来源等进行全面分类，可以结合前面提及的结构化数据、非结构化数据。当然，进一步的分类还可以参照如下内容。

□ 业务数据：如客户数据、订单数据、交易记录等。

□ 外部数据：来自第三方的外部数据，包括市场数据、竞争对手数据、社交媒体数据等。

具体的分类明细可以参照入表的资产内容及目标而定。

（2）“有价”资源识别：前面我们提及数据资产入表工作需要有业务人员参与，而且他们是核心人员，目的就是让他们进行数据资源的价值判断。这里我们可以通过与业务部门的深度沟通，找到对于业务经营发展决策有重要影响的数据，并且明确数据的价值显现在哪些业务场景。同时还要对资产化后的数据资源进行预期的经济收益评估，入表的前提是满足《企业会计准则》对于资产的定义，以及可获得经济利益、可计量。

该阶段重点工作

□ 价值优先级排序：对识别出的数据按照其在企业业务决策中的影响或者贡献进行优先级排序，确保最核心的数据得到最优先的资产化处理。

□ 资产化资源质量评估：对于确定即将形成资产的数据资源进行完整的质量评估，确保所有的数据可用，且足够用。

（3）判断入表资源的合规性：确定哪些数据资源形成资产后，重点工作是确认企业是否有权使用该数据资源，这也就是一直提及的合规确权。

该阶段重点工作

□ 数据所有权分析：确定企业对数据的拥有权，特别是在处理客户数据或第三方数据时，要明确数据的法律归属和使用权限。

□ 数据使用合规性审查：结合行业政策法规，确保数据在使用过程中符合所有适用的法律法规，特别是数据来源、数据使用要符合相关法律规范。（注意：合规性审查应当贯穿企业从数据采集开始的各个环节。）

3. 数据合规确权

数据合规确权是数据资产入表过程中的重要阶段，它涉及对数据资源的权属进行合法、合规的确认和界定，以确保企业在收集、使用、加工、交易数据时符合法律法规的要求。数据合规确权的核心目标是明确企业对数据资源的持有权、数据加工使用权及数据产品经营权，并在此基础上合法地运营数据资产。

数据合规相关工作可参看“数据二十条”，该文件对于数据产权制度、流通交易制度、收益分配制度以及安全治理制度提供了指导性意见。

该阶段重点工作

□ 数据权属确认。

数据权属确认是数据合规确权的基础工作，它涉及对企业所持有的数据资源进行合法性和所有权的界定。数据权属确认是确保数据资产入表能够合法、可操作的前提条件。具体权属包括数据资源持有权、数据加工使用权、数据产品经营权。

数据资源持有权指的是企业是否有权合法持有这些数据资源。

数据加工使用权指的是企业是否有权对所持有的数据资源进行处理、分析和再利用。

数据产品经营权是指企业将数据资源加工为数据产品后，进行对外销售、共享或交易的权利。

□ 数据来源的合规性需重点判断。

企业数据来源非常多样化，有内部数据、第三方采购数据、互联网爬取数据、手工数据等，所以数据权属的确认变得更加复杂。企业在确权时必须对数据来源进行彻底的审查，以确保所有数据的来源合法。

（注意：该项工作其实贯穿整个工作流，并不一定是在这一环节里，具体应交由专业的法律人员来处理。每个数据资产入表项目都异常复杂，实际工作中可能更多。当然，除了参照“数据二十条”，其他的如《中华人民共和国个人信息保护法》《中华人民共和国数据安全法》等法律法规也需要遵守。）

4. 数据治理

数据治理是确保数据资产可以被入表的关键过程。数据治理能够确保数据的高质量、一致性和安全性，为数据资产化提供坚实基础。

该阶段重点工作

□ 制定数据标准和规范：为了确保数据在不同系统、不同部门之间的一致性，企业需要制定严格的数据管理标准和规范，比如，建立数据字典、构建质量评估指标等。

□ 权限管理与安全防护：有些数据资源含有敏感的商业信息，因此企业必须确保数据的安全性。市场上讲的公共数据授权运营对于数据安全性问题有很多规范，很多安全规范源于访问问题，所以安全治理必须作为重点工作，包括访问权限管理、数据脱敏、加密规则、监控方法设置等。

□ 数据质量评估：数据治理的主要目的是确保数据质量，数据质量是数据应用的基础。企业应当建立有效的数据质量评估机制，以及质量监控机制，保证数据的准确性和一致性。

□ 数据清洗：数据清洗是确保数据准确、符合资产化要求的必经步骤。目的是通过清理无效、重复数据等，规范数据格式和补充缺失数据。

其中，数据清洗环节的工作包括以下内容。

清理无效、重复、过期数据：在企业数据系统中，通常存在大量的冗余数据，这些数据既可能来自不同业务系统之间的重复采集，也可能是历史遗留问题，所以必须对原始数据按照一定的要求规范进行清洗，甚至加工。

处理缺失值和异常值：缺失值和异常值是数据质量问题的常见表现，这里需要按照一定的需求和方式、方法对缺失、异常的数据进行补齐或者删除，将格式异常的数据转换为常用格式。

（注意：无论是数据资源入表还是数据产品入表，该阶段都应是必经过程，因为数据资产化的前提是数据资源拥有足够高的数据质量。）

5. 数据产品化

数据产品化是数据资产化的关键步骤，但不一定是数据资产入表的必经步骤，如果仅是对数据资源进行入表，那么数据产品化这一步骤可以忽略。数据产品化是将企业已有的数据资源经过应用场景设计、分析建模，形成具有商业价值的可交易产品。这一阶段不仅是数据资产化的必经环节，也是实现数据价值、推动数据资产运营商业化的核心节点。通过数据产品化，企业能够将数据资源有效转化为可交易、可出售的产品，为公司带来全新的盈利模式。

该阶段重点工作

□ 数据资源匹配业务应用场景。

数据产品化的第一步是将企业内部的数据资源与实际业务应用场景相匹配。这一步非常关键，因为数据的价值在很大程度上取决于其与具体业务需求的紧密结合。单纯的数据在未应用到实际场景前，难以体现其真实的价值，而一旦数据能够有效解决业务中的痛点，就能够从“信息”转化为“资产”。

□ 挖掘数据资源的商业价值。

在完成数据资源的匹配之后，企业需要对数据资源的商业价值进行评估。这里的核心在于如何找到相应的商业价值，然后将数据资源“升华”为数据资产。数据商业价值的重点体现与数据的应用范围、时效性、解决的业务问题能力等相关。

□ 设计成什么样的产品。

一旦明确了数据资源与业务场景的匹配性，也就完成了数据商业价值的评估，接下来就是将这些数据资源打包成什么样的标准化产品供出售或者内部使用。将数据打包成产品不仅是对数据的简单整合，还需要确保产品的标准化、合规性、可用性。

□ 数据产品开发。

明确了产品设计方案之后，接下来的步骤是根据既定的设计方案，采用合理且高效的技术手段进行产品开发。在这个过程中，特别需要注意的是，对于涉及用户隐私或商业机密的敏感信息，必须采取有效的脱敏和加密措施，以确保数据的安全性和合规性。例如，可以通过数据脱敏技术去除或替换敏感信息中的个人标识符，防止非授权访问导致的信息泄露；同时，利用先进的加密算法对数据进行加密处理。

（注意：这个环节中有一项很重要的工作就是数据分析及数据建模，多数的数据产品开发都无法绕开基本的数据分析技术，市场上很多数据分析工具也是在这个环节中发挥着重要的价值和作用，它与产品的场景设计是数据资产价值实现的关键能力。）

在完成产品开发后，产品功能测试也很重要，要保证产品各功能符合使用需求。测试完成后要做好充分的上线准备，最后确保产品如期上线。

6. 数据资产入表

在整个工作流中，数据资产入表指的是将数据资产的价值正式在企业的资产负债表中进行确认，它与第 5 个阶段并不一定具有先后顺序，例如，数据资源在数据规范、价值明确后就可以进行入表的动作。

总体来说，入表是数据资产入表工作的目标之一。简单来说，该项工作是将数据资产正式纳入企业的财务报表体系，使其成为可计量、可管理的资产。入表的核心工作不仅是对数据资产的价值进行财务价值确认，更包括对会计科目进行合理的设置与归类，以符合相关政策法规和会计准则的要求。而通过这一过程，企业能够在财务上反映数据资产的实际价值，也就是将数据资产的价值从无形变为“有形”。

该阶段重点工作

□ 准确的成本归集。

在数据资产入表的过程中，财务人员发挥着关键作用。他们负责将数据资产的价值进行财务化处理，归集数据资产化过程中所有的投入成本，如数据采集成本、数据清洗与加工成本、数据存储与维护成本等。财务人员需要对这些不同来源的成本进行汇总和归集，以便为后续的数据资产入表打下基础。

□ 会计准则与会计暂行规定的遵循。

数据资产入表必须严格遵循现行的会计准则和会计暂行规定，这里不再赘述。

数据资产入表之后，企业可根据会计准则要求与相关规定，自行列报、披露数据资产相关信息。

□ 会计科目设置。

为适应数据资产的特殊性，同时便于后续财务报表统计和分析，企业在进行数据资产入表时，往往会对现有的会计科目进行补充，增设专业的会计科目来对数据资产相关成本与支出进行入账。增设科目如数据资源、数据产品等。

数据资产入表之后，企业应根据自身的实际情况，遵循企业会计准则的要求，进行相关财务信息的列报与披露工作。

（注意：如果是企业内部使用数据资产，数据资产入表工作到此基本完成。）

7. 数据资产评估与交易

在数据资产入表的实施路径中，数据资产评估与交易可以作为整个流程的最终阶段，该阶段不是必需的。如果没有数据资产金融化或交易的需求，那么数据资产入表的工作可以止于第 6 个阶段。但因市场上多数企业都很关注入表后的工作，所以将数据资产评估与交易一并放进数据资产入表的工作流中。

数据资产评估与交易不仅是对数据资产本身的价值进行深入的确认与评估，更是将数据资产推向市场的最后步骤，确保数据要素在市场上顺利流通。

数据资产评估的核心目标在于构建一套科学合理的数据资产评估体系，使数据资产能够具备可量化、可比较的经济价值，进而使数据资产实现资本化，同时为其在市场中提供交易基础。

该阶段重点工作

□ 数据资产质量评估（根据国家标准：GB/T 36344—2018）。

规范性：数据符合数据标准、数据模型、业务规则、元数据或权威参考数据的程度。

完整性：按照数据规则要求，数据元素被赋予数值的程度。

准确性：数据准确表示其所描述的真实实体（实际对象）真实值的程度。

□ 数据资产价值评估。

数据资产的评估方法主要分为 3 种：成本法、收益法和市场法。这 3 种方法各有其适用的场景和特点，企业可以根据数据资产的特性选择合适的评估方法（见图 3-2）。

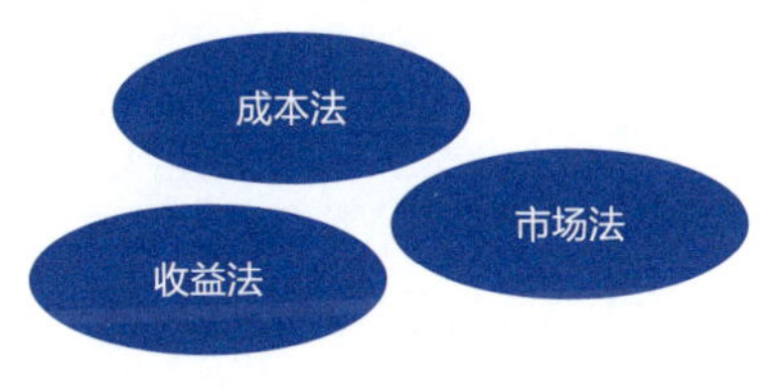

图 3-2

成本法：成本法主要基于数据资产化过程中所投入的所有成本来评估数据资产的价值。这种方法适用于数据尚未产生直接收益，或者企业希望从投入成本的角度对数据进行价值量化的情况。然而，成本法因模型本身的技术性问题，无法完全考虑到数据未来可能带来的潜在收益，因此其评估结果与实际价值存在一定偏差。

收益法：收益法侧重于数据未来可能带来的经济收益。通过预测数据在未来的应用场景和市场表现，评估其可能产生的收益流，从而确定数据资产的价值。收益法更适合那些已经在业务场景中展现出明显商业价值的数据资产，例如客户洞察数据。

市场法：市场法基于市场中类似数据资产的交易价格，来对目标数据资产进行估值，并在实际操作中加入一定的调整系数进行偏差调优。这种方法适用于数据市场活跃、数据交易所已有相似数据产品的情况。但是当前数据资产的应用比较多元，很多时候并不一定能够找到类似的数据产品，所以也存在一定的局限性。

（注意：这 3 种评估方法都具有相应的测算模型，针对不同的数据资产具体采用哪种评估方法来操作需视情况而定，具体测算工作应当交由专业的数据资产评估机构操作。）

□ 数据产品的定价与市场交易。

数据资产在评估后可以进入各地区数据交易所进行交易，当然也要遵守交易所的产品上架流程，如数据资产登记等步骤必不可少。这个阶段需注重市场交易的安全性和持续性，其中如何对数据产品进行公正的市场定价是一个比较困难的问题，数据资产评估的价值只是参考，最终的市场交易价受供、需双方及数据产品的应用价值所影响。

3.2.3 数据资产入表的重点及难点

在了解了数据资产入表的具体实施路径后，可以看到每个阶段虽然看似简单，实则有诸多挑战。数据分析师、律师、会计师等人员跨领域的工作如何衔接是首要难题。每个专业领域都有其独特的语言体系，整个入表工作能否在不同专业体系间实现无缝对接，决定了数据资产入表工作是否可以顺利实施。

此外，还有一些容易被忽视但至关重要的难点，这些要素在很大程度上决定了数据资产入表项目能否顺利启动和实施。

1. 难点一：如何找到有价值的数据

对于大多数企业而言，数据繁多的问题本身就是最大的挑战之一。企业的业务流程和系统通常随着业务的发展逐渐增多，各种业务活动的产生、处理与存储最终会累积大量的原始数据。这些数据既包括结构化数据，也包括大量的非结构化数据，随着时间的推移，公共数据领域及企业的数据会越来越多，维度越来越繁杂。

但是需要注意，企业内部的数据并非都具有相同的价值。很多时候，数据的沉淀与业务的深度并无直接关联。部分数据可能是历史遗留问题，或只是临时需求沉淀的，未必能带来长期的使用价值。

这就要求企业在数据资产入表的过程中，必须精准识别哪些数据是关键数据，哪些数据可以被剔除。比如，某些过时的客户行为数据，虽然看似有用，但对于企业未来的决策应用并不具备直接价值。在这种情况下，如何找到有价值的数据，成为实施数据资产入表的第一大难题。

我们以停车场数据为例。

停车场数据通常涵盖了车辆停靠、停车时长、车位占用情况、车流量等多个方面，可能涵盖的维度如下（这里列举部分）。

（1）停车场基本信息。

- 停车场 ID：每个停车场的唯一标识。
- 停车场名称：停车场的名称。
- 地理位置：停车场的地址或坐标，有助于分析地理分布和车流情况。
- 容量：停车场的总车位数。
- 停车场类型：地面停车场、地下停车场、路边停车位等。
- 停车场运营时间：停车场的开放和关闭时间。

（2）车辆停靠数据。

- 车辆 ID：每辆入场车的唯一标识。
- 停车时长：车辆停留在停车场的时间。
- 停车时段：车辆在停车场停靠的时间段，例如早高峰、晚高峰等。
- 停车频次：单位时间内车辆在停车场的进出次数。
- 停车持续时间：每次停靠的具体时长。
- 车型：如小型车、中型车、轿车、电动车等。

（3）车位使用情况。

- 车位占用率：停车场中被占用的车位比例。
- 空闲车位数：停车场中当前空闲的车位数。
- 车位类型占用情况：不同类型的车位被占用的情况（如专用车位、临时车位的使用情况）。
- 车位闲置时长：每个车位的空闲时间。
- 车位占用时段：各车位在不同时间段内的占用情况。

停车场数据涉及的维度众多且复杂，这些维度及指标的价值并不是固定的，而是高度依赖具体的业务背景和分析目的。例如，停车时长和车位占用率这两个看似简单的指标，在不同的停车时段和不同的停车场类型下，其意义大相径庭。

在市中心的地下停车场：市中心由于人口密集，车辆较为集中，停车时长对于停车场的运营尤为重要，因为它直接影响停车场的周转率和后续车辆的进入。

同时，车位占用率在高峰时段可能非常高，但由于是地下停车场，车位布局紧凑，这并不一定代表车位的高效利用。某些车位可能被没有完全停入车位的车辆占用，或存在空车位等情况，影响停车资源的实际利用率。因此，对于高峰期的市中心的地下停车场，停车时长这一指标具有明确的运营价值，而车位占用率在这个情景下分析意义不大。

在郊区的地面停车场：此类地区的车辆通常在非高峰时段停靠，较难出现密集的情况，对于停车场的运营管理影响较小，这时，停车时长这一指标的分析价值较低，车位占用率的变化更能反映停车场的利用效率。在郊区停车场，车位占用率可能在工作日的白天较低，而晚上或周末会显著上升。这种占用率的波动通常反映了区域特征和人流量的变化，而不一定反映停车场的运营效率。

因此，在这个情景下的车位占用率比停车时长具有更高的分析价值。

总体而言，识别数据的价值需要结合具体的业务问题和解决目标。

2. 难点二：数据产品（包括数据集及资产化产品）的应用价值在哪

如前文所述，企业内部的数据如果不能正确理解其价值，将可能导致错误的决策或资源浪费。但难点一所说的价值主要聚焦的是从庞杂的数据资源中找到有价值的颗粒数据，而难点二的价值聚焦的是数据的整体应用价值。

对数据价值的认知是数据资产入表实施中的又一大难点。问题的核心在于，数据本身并不是天然具有价值的，它的应用价值取决于如何被使用，以及被哪些人使用。不同的业务部门对同一数据的需求和理解可能存在差异。

首先，从企业的角度来看，数据的价值不仅是数量上的积累，更多在于其能够支持的业务目标和战略决策。如何正确评估和认知数据的潜在价值，需要各业务部门与数据团队紧密合作。以销售数据为例，销售团队可能关心的是客户的购买频率、偏好及区域分布，这些信息对于制定个性化销售策略至关重要。而数据团队则需要从更高层次来看待这些数据，探讨如何通过数据挖掘和分析，发现销售趋势和潜在机会预测。因此，数据的价值在于能够帮助企业达到什么样的业务目标，而不仅仅是业务展示。

其次，项目参与人员是否能够正确认识数据的价值，也是数据资产入表的关键问题。在很多企业中，项目团队和数据团队之间的沟通往往存在障碍。一方面，项目参与人员可能对数据的价值认识较为肤浅，缺乏足够的商业敏感性，因此无法充分理解数据背后的商业逻辑。另一方面，数据团队可能也面临着技术与业务需求之间的脱节，他们更多地关注数据的存储和处理，却忽视了数据在实际业务中的应用场景。

仍然以上述的停车场数据为例，我们可以从停车时长和车位占用率两个指标进行分析。

如果一个停车场的平均停车时长为 1 小时，那么在这段时间内，车位被该车辆占用，无法为其他车辆提供服务，导致周转率下降。在这种情况下，停车时长的价值显而易见：它可以帮助我们识别那些占用停车位时间过长的车辆，进而优化停车管理策略，以提升停车位的利用效率。

但是，如果业务需求转换为提升车主的停车体验，停车时长数据的价值可能就没有那么明确了。比如在高峰时段，某辆车的停留时间较长，可能是因为车主需要在附近处理事情的时间较长，或有其他合理原因导致停车时间延长。这类停车时长虽然较长，但实际上有效满足了车主的需求，并不代表资源的浪费。

如果简单地将停车时长过长等同于停车位资源浪费，可能会使管理者采取限制停车时长的措施，从而影响车主体验。因此，对停车时长这一指标的应用需要结合实际业务需求，以免误解数据含义，做出无效的运营管理措施。

找到有价值的数据以及数据的价值在哪，这两项工作不仅是数据资产入表工作的重点，也是难点，更是企业数据资产运营中不可回避的挑战。它们的复杂性和重要性，贯穿了数据资产化的整个生命周期。

无论是数据资产入表还是数据产品入表，都存在价值问题。没有价值就意味着无法为企业带来经济利益，也就不符合入表的前提条件。

3. 为什么会存在这样的难点

（1）企业数据自身的多样性及复杂性

这里以企业数据为例，公共事业单位的数据同理。企业内的数据种类繁多、来源复杂，往往横跨多个部门和业务流程。每个部门、每个团队的需求和目标不同，数据的生成和记录方式也各异。比如，财务部门关注的是资金流动和成本控制，而运营部门则关注的是运营效率和效益产出。这些数据表面上看似独立，实际上与业务关联紧密。总体而言，企业的业务链只有一条主线。

另外，很多企业的数据都是逐步沉淀下来的，尤其是历史数据，经常会存在冗余、重复或缺失的情况。很多看似有价值的数据，因数据质量的问题而使其最终可用性并不强。因此，从庞大的数据池中筛选出“有价值的数据”变得既重要又异常复杂。

（2）数据价值的识别依赖于深度的业务理解

企业的业务目标随着市场环境、行业变化、客户需求等因素的不断变化而调整。数据的价值会随着这些目标的变化而改变。一个月前看似无关紧要的数据，随着业务调整或市场环境变化，可能又变成了关键数据。

而不同的业务人员或技术团队对数据的理解往往不同。例如，运营人员可能关注的是实时数据、业务数据，而技术团队关注的是系统性能和稳定性，财务团队关注的是资金流动。如何将这些不同视角的数据结合起来,形成统一的、有价值的洞察，也是数据资产入表的重大挑战。

（3）数据的横、纵向关联关系

数据的真正价值往往隐藏在其与其他数据的关系中。比如，停车时长和车位占用率的数据，只有通过结合停车时段、停车场类型等其他数据，才能分析出有价值的结论。如果缺少上下游数据的联动，数据的价值就会大打折扣。

很多时候，与当前数据有强关联的其他数据并不容易被发现。尤其是在数据源非常多样化的情况下,理解这些数据之间的联系需要投入大量时间与精力。而且，数据的上下游依赖往往不局限于内部数据，外部数据（如市场信息、行业趋势等）也可能对数据的价值产生影响。

（注意：数据资产入表工作涉及专业领域较多，这里提及的两大难点属于核心，但不代表整个数据资产入表工作只有这两个是难点，因为数据资产入表首要的基础是数据，所以本书重点提及数据领域的内容。）

3.3 数据资产入表的商业意义

前面内容中，我们深入探讨了数据资产入表所面临的核心难点，尤其是如何从海量的企业数据中识别出真正有价值的信息，以及如何确保企业内部和项目参与人员能够正确认识这些数据的价值。这一过程充满了挑战及困难，但对企业来说，其潜在的商业价值是不可忽视的。通过将数据正式纳入资产管理范畴，不仅可以有效解决长期以来存在的数据混乱与碎片化问题，而且还能成为推动企业数字化转型的重要动力。

进一步说，数据资产入表不仅是一项技术层面的操作需求，更是企业对数据应用进行战略性规划的关键。通过对数据资产进行体系化的运营管理，企业能够建立起一套完整的数据资产运营管理机制，从原始数据中产生有价值的洞察，最终助力决策。所以，我们必须重视数据资产入表这一举措在企业进行数字化、数智化转型过程中所产生的深远价值。

3.3.1 企业的数据流：从静态到动态

当数据资产入表正式成为企业的一项战略性工作时，数据的管理和流动性经历着从静态到动态的根本转变。过去，数据在企业内部属于一种静态资源，它们堆积在数据库、数据仓库或者其他存储系统中，“沉睡”在各业务系统里。数据变成“数据垃圾”，不仅占用了大量的存储资源，导致系统的负担加重，还因为没有被充分利用，无法产生实际的商业价值而变成一项消耗信息化资源的“杀手”。

过去，数据的积累与企业发展之间几乎没有任何关系，当然也因为对数据价值的认知存在一定的不足，所以多数企业对这些数据采取了“置之不理”的态度，放任其在系统里堆砌。

互联网企业由于天然的数据基因，这种问题较少，但一些传统企业及公共设施企业，对于数据的管理一直存在缺失与不足。数据资产入表工作的兴起，让原本忽视数据的企业看到了数据的“价值”。这些企业开始将原本杂乱无章、形态各异的数据进行标准化、结构化的处理，赋予数据明确的价值和形态，使数据不再仅仅是堆积在硬盘中的“垃圾”，而是变成了能流动、能创造价值的核心资产。

当然，更重要的是，要实现数据资产入表，企业必须建立起有序的数据流动体系。各类数据需要按照统一的标准和格式进行管理和流通，从而实现数据的共享和再利用。数据不再是孤立的个体，而是成为流动的信息源，可以在不同部门、不同业务系统之间传递、交换与分析。

同时，企业也可以将部分数据对外开放，企业让自身的数据进入更广阔的市场，帮助企业创造更高的经济收益。

这种外部流动使数据不再是企业孤立的资源，而是成为可以通过交易、共享或合作来创造价值的资产。例如，零售企业可以将其客户行为数据对外输出给广告公司，帮助广告公司提供个性化广告服务。这种数据的市场流动性，打破了原本企业内外部数据的边界，赋予数据更多的商业价值。

总而言之，数据资产入表让企业的数据从沉睡中觉醒，变成了活跃的、流动的、有价值的资源，它打破了过去“死水”般的数据状态，使“垃圾数据”得以转化为可以为企业创造实际价值的资产。企业通过这一过程，提升了数据的利用效率，实现了从静态到动态的转型，最终推动了业务的优化、创新和增长。

3.3.2 数据管理：从无人问津到精细化运营

在传统的企业数据管理中，数据往往面临着“无人问津”的尴尬局面。许多企业在数据的收集、存储、管理等环节，往往缺乏系统的规划和精细的管理。数据一旦产生，便可能被遗忘或忽视，成为系统中的“死数据”，长时间沉睡在数据库中，无法为企业提供任何商业价值。这种“无人管理”的局面使数据长期处于无序杂乱的状态，不同系统之间的数据孤立、重复，甚至错误。企业的数据管理往往表现为一种混乱的数据团，缺乏清晰的结构和使用功能，极大地削弱了数据的价值。

然而，随着数据资产入表工作的推进，从数据资产长效运营的角度，企业必须转变管理模式。让企业数据从过去的“无人照料”状态，向一个完整、系统的数据资产运营体系管理演变。

首先，数据采集环节要确保信息来源的准确性和完整性。企业需要建立标准的数据采集规范，确保从各类业务系统、用户端等途径收集的数据具有一致性和高质量，避免出现“数据碎片化”或“数据失真”的问题。此时，需要专门的岗位人员负责数据采集的监控和质量审核，确保数据的有效性。

其次，数据存储的环节需要合理规划。企业需要根据不同类型的数据，选择合适的存储方案，保证数据的安全性和可访问性。数据存储的设计不仅要考虑到存储容量的需求，更要考虑到数据的检索效率和存取速度。因此，建立数据仓库或数据湖等专门的存储系统，以便高效处理海量数据，成为必要的基础设施。

在数据治理方面，企业必须确保数据的一致性、准确性和可靠性。数据治理涵盖了数据质量管理、数据标准化、数据治理组织等多方面内容，需要明确责任和权限，定期进行数据清洗和校验，消除重复数据、冗余数据和错误数据。此外，随着数据的流动和使用，企业需要定期对数据进行更新、整合，确保它可以被各种分析、挖掘技术使用。

最重要的是，数据应用环节要充分发挥数据的商业价值。企业要通过数据分析、人工智能等技术手段，对数据进行深入挖掘，提取出有价值的洞察。例如，零售企业可以通过客户数据分析预测消费者需求，物流公司可以通过运输数据优化配送路线，制造企业可以通过分析生产数据提升生产效率。这一切都要求企业在数据的每个环节配备专业的人员，以确保数据的价值可以得到准确释放。

从无人管理到精细化运营，企业数据的管理模式经历了质的飞跃，让数据不再是一个散乱、孤立的资源，而是变成了能够流动、共享、价值创造的核心资产。通过建立完备的数据资产运营管理体系，企业可以确保每项数据都能得到高效、准确的管理和利用，从而最大化其商业价值。这一切都表明，数据资产的管理不可能是“随意”的操作，而是系统性、精细化的全方位管理，从而帮助企业具备良好的数据资产转化基础。

对于很多企业而言，这种规范、有序、系统的管理，有益于数据资产入表工作的推进。

3.3.3 企业价值：走向市场化、金融资本化

在传统的经济模式中，企业的数据主要作为内部决策支持和运营优化的工具，较少涉及外部市场或资本的流动。然而，随着数据资产入表工作的启动，这一工作也发生了质的转变，数据资产不再局限于内部使用，它逐渐成为可以交换、交易和增值的资产类别。这种转变为企业开辟了新的经济模式，让数据不仅是“沉睡”的资源，而是成为可以交易的产品，进入外部市场，创造实际的经济收益。

企业通过使数据资产市场化，将自身的数据资源转化为市场需要的产品，提供给其他企业或平台使用。例如，一家交通管理公司可以将实时的路况数据、

车辆流量数据、停车数据等打包成数据产品出售，供城市、商圈或物流公司使用。一家医疗机构可以通过数据平台，将患者就诊记录、药物使用情况、疾病信息等匿名化的数据出售给药品研发公司或科研机构。这种数据产品的出售不仅为企业创造了新的收入来源，帮助数据使用方找到客观的业务决策依据，也为整个行业带来新的商业机会，推动数据价值的市场化进程。

数据的市场化不仅使企业获得了新的商业模式，也为企业的融资和贷款提供了新的途径。在传统融资模式中，企业主要依赖固定资产、股权等进行抵押或质押，从而获得资本市场的支持。然而，随着数据资产被各行业认可，企业开始将其持有的数据作为金融资产进行融资。这一过程中，数据本身成为可评估、可定价的资本基础，为企业提供了更加灵活和创新的融资方式。目前市场中不乏这样的案例，如神州数码数据资产入表与融资获得 3000 万元，数字孪生行业全国首单城市部件三维模型数据资产入表融资获得 200 万元。

同时，数据的市场化还催生了数据资产证券化的可能性。企业持有的大量数据可以通过数据证券化的方式进行包装、拆分并推向资本市场，成为投资者可购买的金融产品。这种模式不仅拓宽了融资渠道，也为企业开辟了更为灵活的资金来源和资本运作路径。

数据的金融化不仅给企业带来了新的融资方式，还通过贷款这一途径为企业提供了更加灵活的资金支持。传统的贷款方式通常基于固定资产和信用评估，但随着数据作为新兴资产的崛起，银行和金融机构也开始接受基于数据的贷款申请。对于企业而言，数据贷款意味着可以通过持有的海量数据直接向金融机构申请资金，而无须依赖传统的抵押品。这种方式不仅提升了资金的获取效率，还能更好地满足企业在数字化转型过程中的资金需求。

数据资产的市场化和金融资本化，正以前所未有的方式改变着企业的商业模式、融资方式和市场定位。从数据产品的出售到通过数据贷款获得融资，企业的数据已不再是沉睡的资源，而是可以创造价值、获得资金、推动创新的核心资产。这一过程不仅带来了新的经济模式，也为企业开辟了更多的发展机会，推动了数字经济的发展。在未来，数据的资本化应用将成为企业战略的关键一环，其重要性和商业潜力将愈发凸显。

3.4 本章小结

本章主要围绕数据资产入表的全过程展开，深入探讨了其相关的基础知识、政策法规、实施路径、面临的重点难点以及商业意义，系统地为读者呈现了数据资产入表工作涉及的工作框架和实施路径。

在数据资产入表的基础部分，对于如何理解数据资产入表进行了详细介绍，并清晰列出整个工作链路中涉及的相关方，其中业务人员的参与是整个数据资产入表工作的核心，也是容易被忽略的部分。

数据资产入表因其涉及市场流通，也是响应国家数据要素流通的政策，所以需要遵循相关的法律法规，涉及财务处理指南的《企业会计准则》《企业数据资源相关会计处理暂行规定》，以及数据安全方面的相关法律法规，其中，“数据二十条”对于数据合规确权工作的指导意义不容忽视。

在实施路径的部分，我们深入分析了数据资产入表的各个关键环节。我们提出了实施数据资产化的具体步骤，并强调了建立健全数据管理体系和流程的重要性。通过梳理数据资产入表的关键环节，可以让企业快速开展数据资产入表工作。

在数据资产入表的重点与难点部分，我们深入探讨了如何找到有价值的数据和如何识别数据的价值，并通过具体案例分析了这两大难点的具体体现。无论是在繁多和杂乱的数据中识别出有价值的数据，还是对数据价值在不同业务场景中应用的理解，都成为企业实现数据资产化的主要障碍。

最后，从商业意义的角度，探讨了数据资产入表对企业的深远影响。数据资产化不仅帮助企业提升了内部管理和运营效率，还为企业开辟了新的商业模式和融资途径。数据资产是一个新兴的概念，明确其对于企业深远的商业价值，可以帮助市场对于数据资产入表有更深的理解和更高的接受度。

总体而言，本章通过对数据资产入表的多维度分析，不仅为企业如何有效实施数据资产入表提供了实用的框架和路径，也为决策者提供了深入的战略思考。数据资产入表是数字经济时代的新产物，不同的企业可以根据自身的需求开启不同的数据资产管理运营工作，数据资产入表具有可选择性，但是数据资产运营管理却势在必行。

第4章

数据资产运营关键实施路径

在数字经济时代，企业可以不实行数据资产入表，但数据资产运营势在必行。数据资产运营是对企业数据价值的一种系统性运营及管理，它关系到企业如何利用数据获得更高的生产能力，从而在市场中获得更强的竞争力。

但需要看到，数据资产运营的实施并非一项简单的任务。它涉及从数据采集、存储、治理到应用的每个环节，涵盖了复杂的技术架构、规范流程及精细化的管理机制。在数据量庞大、来源及格式多样的情况下，如何有效组织和管理这些数据，确保其质量、合规性与可用性，是数据资产运营中必须面对的首要挑战。再者，数据的价值并不是自动显现的，在第2章中我们提到找到有价值的数据是一大难点，对于数据价值的挖掘更是复杂之甚，它需要专业的分析挖掘技术，以及深刻的业务理解力、商业洞察力。

当我们将数据定义为一种新型的生产要素、一种新质生产力时，企业如何设计并实施一套高效的数据资产运营体系显得尤为重要，不仅是商业环境中所有企业面临的挑战，也是每个企业在数字化转型过程中都需要解决的核心问题。

因此，数据资产运营的实施很复杂，但是不得不实行。本章我们将深入探讨数据资产运营的整体框架与实施步骤，通过全面梳理从数据采集、清洗、存储到治理、应用的完整链条，帮助企业明确如何在动态变化的市场环境中，实现数据资产的有效管理与精细化运营，为企业真正实现数字经济。

4.1 数据资产运营关键要素

4.1.1 实施关键：长效机制

企业对于数据价值的高度应用并不是通过一次或者几次的数据资产入表就可以实现的，第 3 章我们提及数据资产入表对于企业具有一定的商业价值，也是数据资产运营的价值变革，但我们需看到，短期的数据资产管理对于企业而言意义不大。数据来源于业务，只要业务没有停止，数据就如水流般不断涌入，所以对于数据长期的运营与管理非常重要。企业必然要在数据资产入表后建立持续的运营机制，以保证数据要素价值能被长久释放。

所以我们构建数据资产运营体系，秉持的是长效运营的理念与目标，而长效运营的关键在于使数据资产不断适应业务需求的变化，通过持续性的数据管理、治理和价值挖掘，以确保数据资产能够为企业带来持续性的战略价值。

长效运营的核心在于对数据资产进行持续性、策略性的动态管理。数据的持续应用与优化不仅需要技术支持，更需要业务的驱动与协调。企业必须将数据资产视作战略资源，通过持续投入和精细化管理，保证其价值稳定、持续释放。因此，企业从认知、规划到行动都必须朝着长期主义的运营目标发展。

如何理解长效运营这一工作？我们举例说明一下。

以城市停车场的数据管理为例，长效运营的核心在于构建一个完整且稳定的数据管理及应用体系，从数据采集、存储管理到数据治理，再到最终的数据产品化，确保从数据中可以找到一定的价值帮助解决具体的业务问题，如停车场运营优化和市场交易需求。这里的停车场运营优化代表数据价值的内部应用，而市场交易需求代表数据资产化后的市场价值。

1. 数据采集

数据采集是整个数据资产的基础环节，首要工作是进行数据采集。例如，对于普通停车场而言，数据采集的维度可包括但不限于如下几个。

（1）车辆数据

- □ 车辆进出时间：进出具体时间。
- □ 停留时长：车辆在停车场停车时间。

□ 车牌号：车辆标识。

□ 车辆类型：轿车、SUV、货车等。

□ 车主信息：包括姓名、联系方式等（个人信息注意加密）。

□ 高峰时段信息：早高峰、晚高峰。

（2）车位数据

□ 车位占用：车位的占用状态（空闲或已占用）。

□ 车位类型：车位的类型（VIP 车位、普通车位、残障车位等）。

□ 停车位编号：车辆停放的具体车位编号。

□ 停车区域：如地面层、地下一层、VIP 区等。

（3）其他数据

□ 容量数据：总车位数、可用车位数的动态变化。

□ 支付与收费：停车费用计算、支付方式（现金、信用卡、移动支付）。

□ 优惠券 / 折扣码应用：如果有优惠活动，记录使用的优惠信息。

□ 节假日标志：是否为工作日、周末或公共假期。

如上所述，首先需要明确所需数据的维度并确定需要哪些采集设备来支持，如传感器、摄像头、智能停车系统等设备。按需求采购专业设备后，为确保数据的全面性和准确性，可定期校准这些设备，并采用一定的数据备份机制，保证基础数据完整。

2. 数据存储管理

数据存储管理在数据运营中至关重要，尤其是面对海量的实时数据流。停车场的数据存储需要按照不同的数据类型进行分类管理，以确保高效的存取和成本控制。

（1）实时数据存储

高优先级数据：如车辆进出记录、支付记录和车位占用情况，这些数据需要实时存储，以支持停车场的日常运营。

性能要求：由于很多数据属于实时数据，停车场运营系统应部署高性能的数据库或缓存技术，以确保数据查询和写入的低延迟。

（2）历史数据处理

归档：停车场的历史数据（如过去几个月的车流量和使用率数据）可以归

档到成本更低的存储系统中，以节省当前高性能的存储资源。

（3）数据备份与恢复

灾备机制：停车场数据具有长期价值，因此必须定期进行数据备份，确保在设备故障或数据丢失时可以快速恢复。

3. 数据治理

数据治理是长效运营的核心，决定了数据的质量、可用性和分析价值。例如，停车场的多维度数据需要经过有效治理，才能为业务运营提供稳定的数据基础。

（1）数据质量管理

- 完整性：确保所有关键数据（如支付记录、设备状态等）在采集和存储过程中没有遗漏。
- 准确性：确保每条记录（如车辆进出时间、车位占用状态）都准确无误。
- 一致性：同一维度的数据（如车位占用状态）需要在系统的各个部分保持一致，防止“数据孤岛”或冗余数据的产生。
- 统一标准：为不同数据维度（如车辆信息、车位信息等）制定统一的标准格式，方便数据的使用。
- 元数据管理：为每个数据集定义明确的元数据，使不同业务部门或外部合作伙伴在使用数据时，能够快速理解数据的含义和用途。

（2）数据安全与合规

- 数据权限管理：根据用户角色（如停车场管理员、财务人员等），设置不同的数据访问权限，确保数据隐私和安全。
- 合规性：遵守相关法律法规，特别是在涉及车主个人信息的场景中，必须进行一定的加密或脱敏。

4. 数据产品化

数据产品化是数据资产长效运营中最具商业价值的一环。例如，通过将停车场的多维度数据转化为可销售或内部使用的产品，最终将数据资源升华为数据资产。数据产品化的过程包括业务场景设计和产品开发。

数据产品分为对内产品和对外产品，如图 4-1 所示。下面还是以停车场数据举例说明。

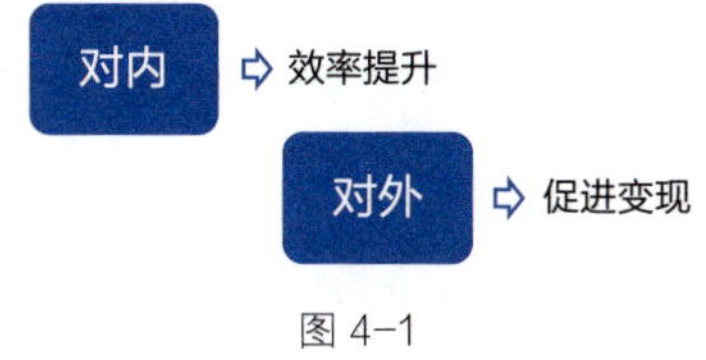

图 4-1

（1）对内产品

服务于停车场自身的运营和管理需求。

①停车场优化：根据车位占用率和使用率数据，优化车位分配，提高停车场的使用效率。

②设备维护：基于设备运行和故障历史数据，预测停车场设备的维护需求，减少设备停机时间。

（2）对外产品

服务于市场的产品，以创造新的收入来源。

①服务城市管理者：在将停车场数据服务于城市管理者时，我们可以构建一个智慧停车管理平台产品，主要提供停车场车位的实时状况查询及车位使用预测功能。

该产品可解决问题如下。

- □ 停车资源分配不均：在高峰时段，某些区域的停车场可能爆满，而其他区域则有大量空闲车位。
- □ 交通拥堵：因寻找停车位而导致车辆在道路上徘徊，增加了交通拥堵。
- □ 市民满意度低：停车难的问题降低了市民对城市管理的满意度。

②服务商业客户：将停车场数据服务于商业客户时，我们可以对停车场数据进行深入分析，形成一份商业区停车数据分析报告。可以将商业的客户群定位于停车场周边商场，内容可以基于详细的停车行为分析、客户流动模式及潜在的营销机会预测。

该产品可解决问题如下。

- □ 减少客户流失：由于停车不便，停车场旁边的商场会流失部分客户。
- □ 提升营销效果：帮助商场找到精准的目标客户定位，提升营销活动效果。

□ 提升客户购物体验：复杂的停车流程和长时间等待降低了客户对于商场购物的整体体验。

在本例中，停车场的数据资产运营管理经历了从数据采集、数据存储、数据治理到数据产品化的完整运营流程。这一系列环节不仅是数据资产化的基础，也是保障数据价值持续释放的关键。同时，在数据资产化过程中，企业还需要完成一系列与数据确权、成本归集、资产评估等相关的工作。

从整体上看，数据从采集到产品化的过程，基本完成了数据资产化的核心步骤。企业在每个环节中都必须建立长期稳定的机制，才能保证数据资产管理的高效和可持续性。比如，数据采集不仅要具备实时性和精准性，还必须通过长期、持续的机制来保障数据采集的完整性和历史连续性。

在这样一个良性的数据管理体系中，数据价值才有机会被长期挖掘，而企业在未来还需要不断迭代，根据市场和业务的变化进行迭代优化，以保证数据被应用的可持续性。

4.1.2 运营目标：数据资产增值

长效运营的成功实施离不开对运营成本的持续投入，而判断这种投入是否值得的关键，在于运营目标与数据价值实现是否清晰。在长效运营的框架下，企业应将数据资产的增值作为核心目标。随着时间的推移，企业数据量将不断增长，对数据资源的开发和利用投入也将随之加大。因此，数据资产能否带来长期价值的持续增长，便成为衡量其投资回报率（ROI）的重要指标。

1. 如何衡量数据资产的增值

随着数据资源质量的不断提升，以及数据产品种类和数量的持续增加，应重点关注数据产品所带来的价值增长。当数据产品的数量和质量均得到显著提升时，企业需评估这些数据资产的 ROI。ROI 的体现不仅在于数据本身的增值，更在于数据驱动的业务运营是否有所提升。具体而言，就是企业内部在利用数据优化运营效率、推动决策制定和创新方面是否取得了实际成效或者是否从外部运营中获得经济收益。

2. 数据资产增值运营的关键点

在整个数据资产化的过程中，数据治理与数据资产场景化应用是两个至关重要的环节。数据治理不仅是确保数据质量的基础，还会对数据的可用性、准确性与合规性产生深远影响。数据资产的场景化应用则是将数据与实际业务场景紧密结合，使数据不仅仅停留在技术层面，而是能够深入支持实际的业务决策。因此，数据治理和数据资产场景化应用是推动数据资产增值的关键所在，而财务、法律和评估等后勤支持工作则更多地扮演着客观保障的角色。

在数据资产化进程中，企业需通过构建系统化的数据治理框架，为数据质量提供坚实保障；同时，需借助数据资产场景化应用，将数据转化为具体的商业应用，进而为企业带来可持续的竞争优势。通过这两项核心工作，企业不仅能够提升数据资源本身的价值，还能实现数据资产在长期运营中的增值目标。

4.2 数据资产运营关键实施

4.2.1 关键实施参与方

第 3 章已对数据资产入表的实施路径进行了详细说明。本质上，数据资产入表与数据资产运营这两项工作内容存在诸多重合之处，因为数据资产入表是数据资产运营中的一个重要环节。然而，企业开展数据资产运营并不一定要入表，也不一定要进行资产评估和市场交易。

前面已对数据合规确权、财务成本归集以及数据资产评估等内容进行了阐述。这些内容固然重要，但它们都是围绕“数据”价值这一基础而展开的工作，而且这些产业本身已较为成熟，存在许多相关的指导性文件。然而，对于如何挖掘数据价值并进行良好的价值管理，却缺乏相应的行业标准，而这恰恰是数据资产运营中最关键且最具挑战性的部分。

因此，在探讨数据资产运营的实施路径时，我们的重点将放在那些无论是对内还是对外的数据资产服务中都必不可少的环节上，这些环节也正是整个数据资产化工作中最为核心的部分。

在这些关键环节中，有哪些专业角色参与其中，以及他们的主要工作职能是什么（见表 4-1）？（以下仅供参考，包括但不限于以下内容）。

表 4-1

角　色	主要工作职能
数据工程师 / 数据治理服务商	收集数据；数据类型与格式梳理；数据存储与访问评估；数据质量评估；数据资源字典化；参与定义数据标准
数据分析师 / 商业分析师 / 数据运营官 / 数据应用服务商	收集数据需求；参与定义数据标准；参与数据价值评估；参与关键指标识别；数据产品化方案；数据产品化落地
业务人员	收集数据；参与定义数据标准；收集数据需求；参与数据价值评估；参与关键指标识别；数据产品化方案
数据安全人员	数据安全策略制定；安全风险评估；参与存储方案设计

1. 数据工程师 / 数据治理服务商

□ 收集数据：确定所有数据源（如数据库、API、文件系统等），并收集企业内部各类数据，包括结构化、半结构化和非结构化数据。

□ 数据类型与格式梳理：对收集的数据进行类型和格式（如 CSV、JSON、XLSX 等）的分类，并根据不同的数据类型选择合适的存储方式（如本地存储、云存储等）。

□ 数据存储与访问评估：评估数据存储架构（如数据湖、数据仓库等），并设计数据访问权限管控方案。

□ 数据质量评估：检查数据的完整性，判断是否存在缺失或冗余数据；检查数据的一致性和准确性；评估数据的时效性。

□ 数据资源字典化：编制数据资源清单，创建数据字典。

□ 数据清洗：处理冗余、重复、缺失或错误的数据，确保数据的准确性和完整性。

□ 参与定义数据标准：制定数据命名、格式、编码规则等标准，确保数据在全公司范围内的一致性。

2. 数据分析师 / 商业分析师 / 数据运营官 / 数据应用服务商

□ 收集数据需求：与业务人员紧密合作，收集和了解业务需求，确保所收集的数据具备基础价值。

□ 参与定义数据标准：协同制定数据命名、格式、编码规则等标准，以维护数据在全公司范围内的一致性。

- □ 参与数据价值评估：评估数据是否具备潜在的数据资产化价值。
- □ 参与关键指标识别：基于业务目标，与业务人员共同探讨并识别有用的关键指标。
- □ 数据产品化方案：基于特定的应用场景，参与设计数据产品化方案。
- □ 数据产品化落地：参与对内应用产品或对外应用产品的设计与落地工作。

3. 业务人员（企业内部人员）

- □ 收集数据：协助确定所有数据源，并收集企业内部各类数据。
- □ 参与定义数据标准：协同制定数据标准，以确保数据的一致性。
- □ 收集数据需求：与分析人员合作，共同收集和了解业务需求。
- □ 参与数据价值评估：评估数据的潜在资产化价值。
- □ 参与关键指标识别：基于业务目标，共同识别关键指标。
- □ 数据产品化方案：基于应用场景，参与设计数据产品化方案。

4. 数据安全人员

- □ 数据安全策略制定：开发和维护组织的数据安全策略及标准。
- □ 安全风险评估：识别、分析与数据相关的安全风险。
- □ 参与存储方案设计：从数据安全角度出发，为存储方案提供敏感点建议。

在数据资产运营的过程中，会计和法务人员也会在相关环节参与其中。由于他们的工作职能相对固定，因此不再赘述。值得注意的是，由于不同行业、企业和场景应用的数据资产存在较大差异，因此上述 4 类人员的具体职责和工作内容也需根据具体情况进行相应调整，这在一定程度上增加了工作的复杂性。

4.2.2 关键实施路径“五步走”

数据资产运营是一项体系化、系统化的工作。在第 2 章中，我们已对数据资产运营体系框架进行了详细阐述。本章重点探讨具体的实施路径。尽管数据资产运营链路中涉及诸多工作环节，但对于一些保障性、非必要的环节，如入表和数据资产评估等，我们已在第 3 章中进行了详细介绍，因此这里将主要聚焦数据资产运营体系中的关键实施环节。同时需要强调的是，在整体运营过程中，各环节之间的紧密衔接至关重要，应予以重点关注（见图 4-2）。

图 4-2

1. 数据资源盘点

数据资源盘点是数据资产化的第一步，也是最关键的一环。无论是后续的数据治理、管理还是应用，都是建立在企业拥有充足、可靠且具备一定规模的数据资源的基础上，因此，数据资源盘点在整个数据资产化工作中至关重要。

简单来说，数据资源盘点就是对企业所拥有的数据进行全面的识别和梳理。这一过程不仅帮助企业了解现有的数据资源状况，还为数据资产化奠定了可操作的基础。

数据采集是数据资源盘点的前置工作，它为后续的管理和治理提供了基础数据。对于大多数企业而言，数据资源盘点不仅是一次操作，更是一个促使数据采集工作规范化的重要手段。对于特定的、明确的业务场景，比如停车场管理，可以从数据采集着手，直接推动数据资产化进程。但对于企业整体的数据资产运营来说，企业数据丰富多样，最好的方式是进行全面的数据资源盘点，以了解数据资产规模和现状，然后可着手进行下一步的规划与实施。

因此，数据资源盘点不仅是数据资产化的起点，也是确保数据资产运营成功的前提。只有通过全面的资源梳理，企业才能清晰掌握自身的数据基础，并在此基础上进行有效的治理、管理和应用。

所以，接下来的问题是：数据资源盘点什么？如何盘点？

（1）明确当前数据都有哪些来源（以下为部分示例）

□ 内部业务系统：例如 ERP 系统、CRM 系统、财务系统等，这些系统记录了企业运营中的各类核心数据，包括生产、销售、客户、财务等多方面的信息。当然，这里提及的属于企业通用数据，不同行业的不同企业有不同的系统，需要具体企业具体分析。例如，前述停车场数据采集设备和工具与我们当前所述的 ERP 系统和 CRM 系统都不一致。

- □ 外部数据：很多时候，企业还会从外部合作伙伴处获取数据。例如，通过第三方咨询公司购买竞品数据、市场数据等。
- □ 社交数据：例如客户评论、社交媒体上的讨论、产品评价等，企业可以从这些信息中获取更深入的消费者偏好、市场趋势等信息。
- □ 公共数据：政府或公共机构公开的数据（如交通、天气、人口数据等）也是企业决策时的重要参考。这类数据往往不直接与企业运营相关，但通过与内部数据的结合，可以为业务分析提供额外的洞察力。

通过明确数据的这些来源和格式类型，企业不仅能够清楚了解自己有哪些数据，还能深入理解数据背后的来源路径，为后续数据治理、管理打下基础。

（2）明确各数据的类型及格式

- □ 结构化数据：存储在关系型数据库中的二维数据，如数据库中的记录。
- □ 半结构化数据：具有一定的结构但不完全符合传统数据库模式的数据，如 JSON、XML 文件。
- □ 非结构化数据:没有固定格式的数据,如文本文件、图片、视频、音频等。
- □ 数据格式:PDF 文件、电子化文档、数据库数据、纸质文件、系统格式等。
- □ 业务类型：财务类数据、订单数据、客户数据等。

（3）盘点现有数据体量

数据体量是评估数据资产化过程中至关重要的因素，它直接影响数据存储和管理的需求，也决定了数据开发与挖掘的潜力。100 条数据与 1000 条数据的价值大小显而易见，一定程度而言，越具有规模的数据越具有商业价值，可以从数据中获取到的商业洞见越强，但也对存储、处理和管理的要求更高。

数据体量盘点内容主要如下。

- □ 当前数据体量：明确当前企业所拥有的总体数据量，了解不同系统和业务流程中数据的总量和分布情况。例如，销售系统中有多少历史交易记录，CRM 系统中有多少客户档案。
- □ 业务类型数据体量：明确不同业务类型的数据体量，比如销售数据、客户数据、生产数据等各自的规模情况，这有助于了解各类数据对企业核心业务的支撑能力。

□ 数据预计增量：盘点时不仅要评估现有数据体量，还需要预估未来的数据增量。随着业务扩展，某些业务场景的数据量可能大幅增长。例如，随着客户量的增加，CRM 系统中的数据会持续增长，而销售数据在促销活动或市场扩展时可能会迅速膨胀。

这一工作中，明确数据体量不仅可以帮助企业优化当前的存储和管理方案，还能为未来的扩展和数据应用提供规划依据。通过精准掌握数据的现有体量和增量趋势，企业能够更好地预测数据处理需求，避免资源浪费，确保数据资源的高效利用。

（4）明确数据资源存储位置

数据资源的存储位置与数据访问的便利性、存储的安全性和管理成本息息相关。合理规划和管理数据存储位置，是确保数据资源可以被高效存取和使用的前提。

需要考虑的数据存储相关要素如下。

□ 数据库选择：了解企业现有的数据存储解决方案，如使用了哪些数据库（如 Oracle、MySQL、PostgreSQL 等）、数据库的类型（关系型数据库、NoSQL 数据库）等。

□ 数据库归属：确认是本地化存储还是云服务器存储。

□ 机房位置：数据存储位置的选择不仅影响数据的可用性，还直接关系到数据安全和管理成本。

□ 自建机房：企业自建数据中心，掌控全部数据存储硬件和设施。

□ 外部服务商机房：通过与第三方机房服务商合作，将数据存储在外部机房。

（5）明确不同数据的时效性

数据的时效性指的是数据在一些特定的场景具有实时性或增量更新的需求，不同业务场景对数据时效性的要求往往不同。

时效性分类

□ 实时数据：实时反映业务状态的数据。例如，停车场的实时车位使用情况、客户 / 实时交易数据等。

- □ 增量数据:相较于实时数据，增量数据是指定期更新的业务数据。例如，客户数据库中每日新增的客户记录、每日的销售数据增长等。
- □ 历史数据：一些业务场景中需要存储和处理大量的历史数据。例如，财务报表、历史销售记录等。

（6）明确不同数据的权属关系

数据权属关系指的是企业对不同数据的控制和使用权限，它直接影响数据的资产化价值及其商业应用能力。企业需要区分不同类型的数据资源持有权、数据加工使用权和数据产品经营权的权属，确保在合法合规的前提下，最大化数据的价值。

数据权属分类

- □ 数据资源持有权：指企业是否拥有合法持有这些数据资源的权利。
- □ 数据加工使用权：指企业是否拥有对所持有的数据资源进行处理、分析及再利用的权利。
- □ 数据产品经营权：指企业将数据资源加工为数据产品后，所享有的对外销售、共享或交易的权利。

（7）数据质量状况

- □ 完整性:数据记录齐全和完整，确保所有必要的数据项都被收集和保存。例如，客户数据是否存在遗漏，是否所有必要的指标和维度数据都已记录。
- □ 一致性：数据在不同系统、平台的口径、逻辑是否保持相同，是否准确反映业务逻辑，包括跨系统的一致性、时序数据的一致性、数据定义的一致性、数据格式的一致性、数据来源的一致性等。

数据质量评估除了考虑完整性、一致性外，还需考虑准确性、时效性、可访问性、规范性。

明确了盘点的内容和范围后，企业可以根据盘点的不同格式和类型的数据资源编制相应的资源盘点模板，然后组织相关方进行模板的填写和数据的收集。

数据资源盘点模板示例如图 4-3 所示（以数据库的客户数据资源盘点为例）。

盘点日期：××××-××-××
盘点负责人：王 ××
部门 / 团队：所属部门或团队
联系方式：电话 / 邮箱
数据源：涉及系统
来源类型：内部 / 外部
采集方式：自动 / 手动
更新频率：每日 / 每周 / 每月 / 每年 / 不定期
存储位置：本地 / 云
字段：具体数据字段（含其格式）
数据量：当前数据量
访问权：部门 / 团队 / 个人
第三方授权：有 / 无
预期增长量：xxGB
数据质量状况：可用 / 不可用
……

图 4-3

2. 数据资源价值识别

我们一直在强调数据具有很高的商业价值，但需要看到，并非所有数据都具有同等的商业价值。

在数据资源盘点的过程中，企业通常会面对大量多样化的信息，仅了解数据的数量并不足以创造实际价值。因此，数据资源的价值识别成为一个至关重要的环节。这一环节不仅要求企业评估每个数据集的实际应用价值，还需对数据进行分类，以识别出那些对业务决策、战略制定和运营优化有直接影响的“核心”数据。

通过了解不同数据具体的应用场景、对关键业务指标的影响程度，以及过往对于企业经营决策的影响力而对数据资源进行进一步筛选，企业能够更有效地分配资源，将精力集中在能够产生最大价值的“核心”数据上。

如果企业要推行数据资产入表工作，那么企业在确定数据价值后，需要明确是将数据资源入表，还是将数据产品入表。数据资源入表注重对数据的记录和存储，确保合规性和透明性，而数据产品入表则关注如何将数据转化为符合市场需求的产品或服务。无论选择哪一类“产品”进行入表，“产品”的价值是前提，所以数据价值识别是必经阶段。

数据价值识别过程如何理解？我们继续以停车场数据为例进行讲解。

通常，停车场数据信息包括如下几个方面（以下为部分示例）。

（1）车辆数据

□ 车辆进出时间：进出具体时间。

□ 停留时长：车辆在停车场停车时间。

□ 车牌号：车辆标识。

□ 车辆类型：轿车、SUV、货车等。

□ 车主信息：包括姓名、联系方式等（个人信息注意加密）。

□ 高峰时段信息：早高峰、晚高峰。

（2）车位数据

□ 车位占用：车位的占用状态（空闲或已占用）。

□ 车位类型：车位的类型（VIP车位、普通车位、残障车位等）。

□ 停车位编号：车辆停放的具体车位编号。

□ 停车区域：如地面层、地下一层、VIP区等。

（3）其他数据

□ 容量数据：总车位数、可用车位数的动态变化。

□ 支付与收费：停车费用计算、支付方式（现金、信用卡、移动支付）和支付时间。

□ 优惠券/折扣码应用：如果有优惠活动，记录使用的优惠信息。

□ 节假日标志：是否为工作日、周末或公共假期。

以上示例中采用的数据维度有限，我们在实际工作中可以采集到的信息通常会更加丰富。每一个信息单元实际上都蕴含着特定的业务信息，但如何识别这些信息中真正有价值的数据，往往并非易事，因为它们的价值无法通过直观方式进行判断。

因此，在识别有价值的数据时，引入业务目标的概念显得尤为重要。如果某一数据能够与多个业务目标紧密贴合，其价值便会相应提高。这意味着，数据的应用潜力与其在业务目标中的相关性成正比。如果某些数据无法与任何业务目标关联，这些数据便可以被标记为低价值或无价值。通过这样的评估框架，企业能够有效筛选出那些真正推动业务发展的数据，从而集中资源投入到更具战略意义的数据上。

回到该停车场数据的示例，我们以一个业务目标（优化停车场运营效率）为例。

高价值数据如下。

- 车辆进出时间：用于分析高峰时段和低谷时段。
- 停留时长：了解平均停留时间，预测车位需求，优化调度。
- 车位占用：实时监控车位状态，优化车位分配。
- 容量数据：实时监控车位容量，优化资源分配。
- 节假日标志：用于预测节假日的车位需求，优化资源配置。

中价值数据如下。

- 车牌号：用于识别车辆，适用于部分场景分析。
- 车辆类型：了解不同类型车辆的需求，对停车场优化几乎无影响。
- 车位类型：区分不同类型的车位需求，对停车场优化几乎无影响。
- 停车位编号：定位车辆位置，便于管理和查找。
- 停车区域：分区管理，对停车场优化几乎无影响。
- 支付与收费：用于财务管理和费用统计，对停车场优化几乎无影响。

低价值数据如下。

- 车主信息：主要用于客户服务，停车场优化中基本不使用。

该示例中有部分数据的维度为中价值和低价值，主要在于是否匹配当前解决的业务问题。例如，将业务目标转换为停车场每日收益分析，那么该示例被列入中价值数据的支付与收费则转换为高价值数据，并且为核心指标。

除了从数据本身的价值属性进行判断，还需要综合总体数据可以应用的价值进行识别并规划（参看本书第6章，这里就不展开细述），为后续数据资产运营提供良好的价值基础。

3. 数据治理

找到有价值的数据意味着我们已经明确了如何通过数据来实现具体的业务目标。有了明确的业务目标后，接下来的重点工作是数据治理。

我们必须看到，在形成数据资产的“基础数据”过程中，基础数据的质量状况将直接影响其可用性，从而决定数据是否可以实现资产化，以及是否可以从数据中发掘有效的商业价值。高质量的基础数据不仅是实现数据资产化的基础，也是一切数据应用的基础。因此，确保基础数据的质量和合规性的工作至关重要。

数据治理的工作内容异常庞杂，远比大家想象得更加艰难，其涉及的业务范围及内容范围都非常广泛，但是我们必须看到数据治理工作的长远价值，良好的数据治理不仅能提升数据质量，还能确保数据在整个生命周期中的安全性和合规性。

数据治理不仅是技术层面的问题，更是一个组织文化的问题。它需要企业内部各个层级的支持与参与，包括高层领导的决心、中层管理者对流程的理解和支持，以及基层员工的具体执行。通过建立健全的数据治理体系，企业可以更好地整合内外部数据，促进跨部门间的协作与沟通，提高工作效率，并最终转化为更强的市场竞争力。此外，随着 AI 大模型技术的发展，高效的数据治理是这些高科技、新质生产工具发挥生产能力的必要基础。

总之，通过对数据进行全面而系统的管理，企业不仅能确保信息的安全可靠，还可以更好地使用数据。在这个过程中，持续改进和完善数据治理策略，是每个企业都必须开展的工作。

因其工作的复杂性，第 5 章我们会对数据治理的实施路径进行细述，这里重点优先关注数据质量评价、数据安全治理，以及数据分类与分级。

（1）数据质量评价

数据质量的高低直接影响数据的可用性及效果，因此对其进行质量状况评估尤为重要。

通常，数据质量评价的常见要素包括完整性、一致性、时效性、准确性、可访问性和规范性。

- 完整性：完整性是指数据记录是否齐全，确保所需的所有数据都已被收集并无遗漏。例如，在客户数据管理中，确保每位客户的联系方式、地址及其他关键字段都被完整记录。数据的不完整性可能导致信息失真，影响后续分析和决策。
- 一致性：一致性是指同一数据在不同系统或时间点上的一致性，确保数据的定义和格式在不同的数据源中保持一致。若数据在多个地方存在不同的记录，可能导致分析结果的混乱和错误。

□ 时效性：时效性是指数据能否在需要的时间范围内及时获取和使用，以满足业务需求。这包括数据更新的频率和延迟时间是否与实际业务需求相匹配。

□ 准确性：准确性是指数据的真实反映程度，确保数据没有错误。企业应采取措施进行数据校验和清洗，以提高数据的准确性。需要注意，准确性与完整性是数据质量评估的基础，如果这两个要素不具备，数据资产化将无从谈起。

□ 可访问性：可访问性是指数据能否在需要时被顺利访问以及使用。这涉及数据存储的便捷性、访问权限的合理设置以及系统的稳定性和响应速度。

□ 规范性：规范性是指数据是否符合预定的格式和标准，例如，日期格式是否统一、数据类型是否匹配等。规范的数据结构不仅便于存储和检索，也提高了数据的可开发性。

在这些评价要素中，每个要素都是对数据质量及数据可用性的有力保障。面对数据质量不佳的数据资源，企业需要采取相应的数据治理措施，如数据清洗、核查与更新，以确保数据的高质量。

（2）数据安全治理

前文我们提及了数据安全涉及的相关法律法规，例如《中华人民共和国个人信息保护法》和《中华人民共和国数据安全法》。数据资产化的过程必然要遵守这些法律法规，严格遵循这些法律框架。因此，数据安全治理衍生出一些必须要做的工作。

首先，控制数据访问权限，确保只有经过授权的用户才能访问特定数据。企业根据角色和职责设定相应的权限,可以避免数据滥用或未授权访问。例如，销售人员可能需要访问客户的联系信息，而财务人员则需要处理与交易相关的数据。定期审查和更新访问权限，确保用户的权限与其职责相符，可以降低潜在的安全风险。

其次，数据加密与脱敏，确保敏感信息在存储和传输过程中的安全性。特别是当企业处理个人客户信息时，例如身份证、银行卡号等，这些信息在对外服务或内部共享时必须进行加密与脱敏，以保护客户隐私。

数据的重要性不言而喻，为了避免数据的丢失，我们还需要进行数据备份与恢复，当前网络环境非常复杂，网络安全已成为一个社会性问题。很多企业的数据服务开始上云，意味着企业的业务高度依赖互联网，一旦发生网络安全事故，后果不堪设想。

面对网络安全威胁，建立完备的数据备份与恢复机制至关重要。定期备份重要数据，确保在发生意外情况（如数据丢失或系统崩溃）时能够迅速恢复业务。企业应测试备份和恢复流程，确保其有效性，降低因数据被破坏而带来的潜在损失。

（3）数据分类与分级

这部分可参照国家标准 GB/T 43697—2024《数据安全技术 数据分类分级规则》，该标准明确了数据分类与分级的基本原则，包括业务相关性、数据敏感性和风险可控性等。具体而言，数据分类应根据业务特点和数据属性进行划分，如个人信息、商业秘密和国家秘密等；数据分级则应根据数据的敏感性、重要性和潜在风险进行划分，如一般数据、重要数据和核心数据等。

数据分类与分级的实施不仅能帮助企业识别和管理敏感数据，还能有效降低数据泄露的风险。通过将数据划分为不同的类别和级别，企业可以根据数据的敏感性和重要性制定相应的管控措施。例如，对于核心数据，应实施更严格的安全控制和监控机制；对于一般数据，可采取相对宽松的管理策略。这样的分类与分级不仅提高了数据治理的效率，也确保了数据安全的全面性。

数据分类与分级的相关标准要求如表 4-2~ 表 4-4 所示，供参考（来源于《数据安全技术 数据分类分级规则》）。

表 4-2

数据级别确定规则表			
影响对象	影响程度		
	特别严重危害	严重危害	一般危害
国家安全	核心数据	核心数据	重要数据
经济运行	核心数据	重要数据	一般数据
社会秩序	核心数据	重要数据	一般数据
公共利益	核心数据	重要数据	一般数据
组织权益、个人权益	一般数据	一般数据	一般数据
注：如果影响大规模的个人或组织权益，影响对象可能不只包括个人权益或组织权益，也可能对国家安全、经济运行、社会秩序或公共利益造成影响			

表 4–3

基于描述对象的数据分类参考示例		
数据类别	类别定义	示例
用户数据	在开展业务服务过程中，从个人用户或组织用户处收集的数据，以及在业务服务过程中产生的归属于用户的数据	如个人信息、组织用户信息（如组织基本信息、组织账号信息、组织信用信息等）
业务数据	在业务的研发、生产、运营过程中收集和产生的非用户类数据	参考业务所属的行业数据分类与分级，结合自身业务特点进行细分，如产品数据、合同协议等
经营管理数据	数据处理者在单位经营和内部管理过程中收集和产生的数据	如经营战略、财务数据、并购融资信息、人力资源数据、市场营销数据等
系统运维数据	网络和信息系统运行维护、日志记录及网络安全数据	如网络设备和信息系统的配置数据、日志数据、安全监测数据、安全漏洞数据、安全事件数据等

表 4–4

加工程度维度的数据分类		
数据类别	类别定义	数据示例
原始数据	是指数据的原本形式和内容，未做任何加工处理	如采集的原始数据等
脱敏数据	对敏感数据（如个人信息）采取技术手段进行数据变形处理后的新数据，降低数据敏感性	如去标识化的个人信息等
标签数据	对用户行业进行画像分析，生成用户标签数据，描述用户属性特征	偏好标签、关系标签等
统计数据	是由多个个人或实体对象的数据进行统计或分析后形成的数据	如群体用户位置轨迹统计信息、群体统计指数、交易统计数据、统计数据报表、分析报告方案等
融合数据	对不同业务目的或群体、区域、领域的数据进行挖掘或聚合	如多个业务、多个区域、多个领域的数据整合、汇聚等

数据的分类与分级管理都有明确的标准可供参考执行，在实际操作中要严格参照以上标准，对具体的数据进行细致评估，完成相关工作。

总而言之，数据治理是一项复杂而系统的工作，涵盖了数据质量评价、数据安全治理、数据分类与分级等多个方面。只有通过对数据的全面治理，企业才能有效提高数据的可用性和安全性，从而真正实现数据驱动决策。

4. 数据产品化

当企业掌握了质量可靠、具备应用潜力的数据后，如何对这些数据进行价值发现和进一步开发便成为关键工作之一。在数据资产化的过程中，数据的原始形态只是基础，数据的真正价值体现在其能否通过有效的加工和应用，转化为对企业经营有帮助的业务洞见和实用的商业结果。因此，数据价值的包装不再仅仅是对数据进行简单的整理或呈现，而是一种系统化的过程，目的在于挖掘数据背后的深层次信息，以满足企业不同的业务需求。

（1）数据产品的形式

在数据资产的概念中，数据产品的形式是多样化的。数据通过一定的技术加工、转化可以被打造成内部运营优化的工具，或外部市场交易的载体。这意味着，数据产品不仅要符合企业的业务目标，还需要具备灵活的适应性，能够在不同应用场景中帮助企业解决不同的业务问题。因此，企业在数据产品化的过程中，必须结合自身的业务逻辑、行业特点和市场需求，将数据转化为能够直接驱动业务增长和创新的数据资产。

当前数据资产市场，常见的数据产品形式较为多元，这里的产品并不特定指软件开发产品，形态比较灵活，市场上常见的产品形式如图 4-4 所示（这里阐述的更多是面向企业外部的，面向企业内部的还包括 BI 分析系统、指标、标签等）。

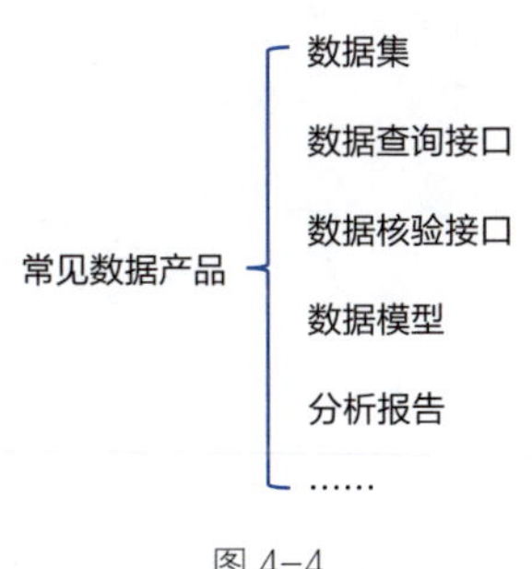

图 4-4

①数据集。

数据集是一组具有相关性的数据的集合，通常是经过一定的处理、整理后，用于分析、建模或应用的基础数据集。数据集形成的过程包括从多个数据源中抽取、清理、整合数据，最终呈现的是具有一定数据质量并可加工的数据集合。

常见的数据集产品如下。

- □ 停车场数据集：车辆运行状况、车位使用情况、容量数据等。
- □ 客户数据集：包含客户的基本信息、购买数据、活动交互数据等，该数据集可用于指导企业获客、提高商品复购率。
- □ 财务数据集：包括企业收入、支出、现金流等信息，该数据集可用于财务报表分析或现金流预测。
- □ 生产数据集：生产线的设备运行数据、生产数据、设备故障数据等信息，该数据集可帮助企业进行生产管理优化。

②数据查询接口。

数据查询接口是一种技术手段，允许外部系统或第三方应用程序从特定的数据源接口中根据一定的要求获取和检索数据。它通常以 API（应用程序编程接口）的形式提供，可以供内部系统或第三方系统进行交互使用。这类产品形式主要应用于需要实时或定期获取数据的场景，确保用户能够按需获取数据。

常见的数据查询接口产品如下。

- □ 零售实时库存查询接口：通过该接口可以实时查询特定商品的库存数据，用于指导商品库存优化和采购计划。
- □ 天气数据查询接口：可以通过第三方 API 获取实时天气信息，该数据可以应用于物流、出行服务等领域，尤其对于出行类的服务需求具有一定的指导价值。

③数据核验接口。

数据核验接口是用于验证数据真实性、准确性和一致性的产品。它通过比对和核实输入数据与现有数据库中的记录，确保输入数据是合法和符合预期的。这类接口常用于防止数据错误、杜绝数据造假及提升数据质量。

常见的数据核验接口产品如下。

- □ 身份验证接口：银行在开户或贷款过程中使用身份验证接口，又或者用人脸识别等形式核验客户提交的身份证、电话号码等信息是否真实有效。
- □ 地址核验接口：物流公司在下单时通过地址核验接口核查客户输入的地址是否存在，用于指导物流的上门配送。

④数据模型。

这里所说的数据模型包括数学模型及AI大模型，二者具体形式有所不同：数学模型通常指通过机器学习、深度学习算法用于指导企业运营预测的业务；AI大模型采用生成式大模型，并“喂养”一定的基础数据用于问答场景使用。

常见的数据模型产品如下。

- 风险评估模型：银行或金融机构使用风险评估模型来计算贷款客户的违约风险，该模型如果准确性较高，可以实现资产化并将其投入数据交易市场进行交易，帮助同类企业进行风险管控。
- 公司规章制度AI问答系统：该系统可将企业的规章制度、流程作为基础数据，将其投入AI大模型，供员工进行快速并即时的知识了解。

⑤分析报告。

分析报告是基于对企业数据的分析和解读后生成的正式文件或可视化展示。它将对数据进行分析挖掘得出的结果转化为易于理解的信息，为决策者提供商业决策指导。分析报告通常包含关键指标、趋势分析、预测结果等。

常见的分析报告产品如下。

- 销售分析报告：关于公司销售数据的详细分析，包括销售额、利润、各产品的销售表现，以及市场趋势。此报告可以帮助营销和销售团队制定未来的销售策略，该报告因其富含商业信息，具有一定的企业专属性，常用于企业内部使用。
- 市场分析报告：通过分析市场需求、竞争对手和客户行为生成的报告，帮助企业发现潜在的市场机会，该报告可作为数据资产对外进行出售。

从这些数据产品的形式，我们可以发现，无论是对于企业内部还是外部，数据产品化都具有很强的商业价值和意义。

（2）数据产品的形成

数据产品的形成是一个复杂且精细的过程，而设计成何种形式的数据产品也与数据资产的最终应用无法脱离关系，它不仅依赖前期的基础工作（如数据采集、数据存储和数据治理这些关键环节），还依赖实现的技术、工具。

数据采集和存储只是确保了原始数据的可用性，数据治理则保障了数据的质量和一致性。然而，这些环节只是为数据产品的构建奠定了基础，要想真正将数据转化为可应用的产品，就必须重视对数据的加工和开发。

数据产品的形成不仅是技术层面的操作，它还要求企业将业务需求、数据特性和技术手段相结合，通过模型构建、分析挖掘、数据可视化等多种手段，使数据资源形成能够真正服务于业务决策的内容。在这个过程中，数据需要被深度清洗、加工、分类和重组，以形成最终的数据产品。

所以，数据产品到底如何形成？其中涉及哪些技术、工具？我们以最为常见的数据产品为例进行简要说明（在实际工作中，数据产品开发涉及的技术较多，是一项非常专业的工作）。

①数据集。

□ 通过 ETL 从多个系统数据源进行数据采集。

□ 数据清洗（去重、空值处理、格式规范），目的是确保数据的完整性和一致性。

□ 利用数据库或数据仓库，按业务需求分类存储数据，形成结构化、可分析的数据集。

②数据查询接口。

□ 开发应用程序编程接口供实时请求调取，该接口接收查询请求后，系统自动进行数据处理，并将结果转化成半结构化数据（如 JSON 格式）返回请求。

③ BI 分析报告。

□ 准备要分析的数据集。

□ 明确分析的主题和需求。

□ 使用数据可视化工具（如 Tableau、Power BI 等）实现数据可视化。

④分析报告文档。

□ 准备要分析的数据集。

□ 使用专业的分析工具对数据进行分析。

□ 将分析结果写入 PPT 或者 Word 文档，形成最终的文档报告。

以上为可供对外输出的数据产品，第 2 章我们讨论过，数据资产运营体系分为对内和对外两套体系，其中要注意的是，面向内部和外部的数据产品并不一致，例如常见的指标、标签等。

指标和标签由于其强大的商业价值属性，往往不适合对外输出，但在企业内部，它们是业务决策的重要依据。如果一定要对外，不能够直接将指标值和标签值这样的商业数据输出，具有一定的商业信息风险。

目前，许多企业已经将指标和标签纳入其数据资产范畴中，这二者为内部管理、运营策略制定和业务优化提供了重要支持。然而，虽然它们在企业内部具备巨大的决策价值，但如何正确构建并有效应用这些数据资产是一个非常复杂的问题。

从技术层面来看，指标和标签的实现并不复杂，最基本的数据库语言就可以实现。但技术实现简单并不代表价值实现也很简单。

总体而言，指标和标签的构建难点不在于技术，而在于其高度依赖规划人员对业务逻辑的深刻理解与精准应用。设计良好的指标和标签能够反映业务关键问题并推动优化决策，而设计不当的指标和标签可能反而成为数据资产体系中的“累赘”，最终既占用了资源，又无法带来实际价值。

要真正将指标和标签转化为具有实际意义的数据资产，企业需要具备强大的数据运营能力。这里的数据运营并不是指数据的管理与维护，而是从业务场景出发，对数据进行合理的解读与应用。运营人员必须深入理解业务需求，确保构建的指标和标签能够反映业务的核心逻辑，辅助决策人员解决决策难题。

（3）数据产品入表示例

接下来介绍当前数据资产市场已经入表的示例，以帮助读者更好地理解数据产品这一概念。

对内服务数据产品示例如下。

- 销售绩效达成报表系统：对销售的目标绩效达成情况进行实时分析，并支持销售绩效达成情况的查询。
- 客户标签体系：对客户行为、偏好和历史交易数据进行分析，并打上精细化标签，供企业个性化营销活动使用。

对外服务数据产品示例如表 4-5 所示（基于全国公开数据资产入表示例整理）。

表 4-5

公　　司	入表产品名
浙江五疆科技发展有限公司	化纤制造质量分析数据资产
国网浙江新兴科技有限公司	双碳绿色信用评价数据产品
巴渝数智公司	智慧停车数据
江苏钟吾大数据发展集团有限公司	行政处罚可视化分析数据

这里的数据产品分类较为清晰，其中，化纤制造质量分析数据资产和智慧停车数据大部分为经过一定清洗后的数据集，而双碳绿色信用评价数据产品和行政处罚可视化分析数据则是经过加工和分析后形成的数据产品。

行政处罚可视化分析数据与前面提到的 BI 分析报告相对应，必须通过专业的 BI 工具进行开发和实现。

我们再看上海数据交易所上架的数据产品形态，目前交易所上架的产品较多，不同的产品都是根据场景应用设计了不同的形态，以下随机选择两款产品供参考（截图均来自上海数据交易所官网）。

①企业信用评价指数：经过分析加工后的数据产品（见图 4-5）。

基本信息

产品名称：云融衍数-企业信用评价指数

供方名称：云南云投融资租赁有限公司

应用板块：金融服务

数据主题：企业数据 / 投融资数据

产品类型：数据服务

产品描述：通过分析企业的历史信用记录、财务报表、还款能力、违约风险等多维数据，综合评估企业的信用状况，为在金融交易中通过数字化决策机制评估企业信用风险提供支撑。针对同类型企业进行归一化处理，生成0-100的分值，分值越高表明企业信用越好。

关键词：企业信用，信用评价

图 4-5

②乳腺癌超声图像分析数据：数据集（见图 4-6）。

（4）通用产品实现步骤。

实现数据产品的过程通常并不是简单的数据整理与分析，要经历的工作节点需要包括以下几个关键步骤（见图 4-7）。

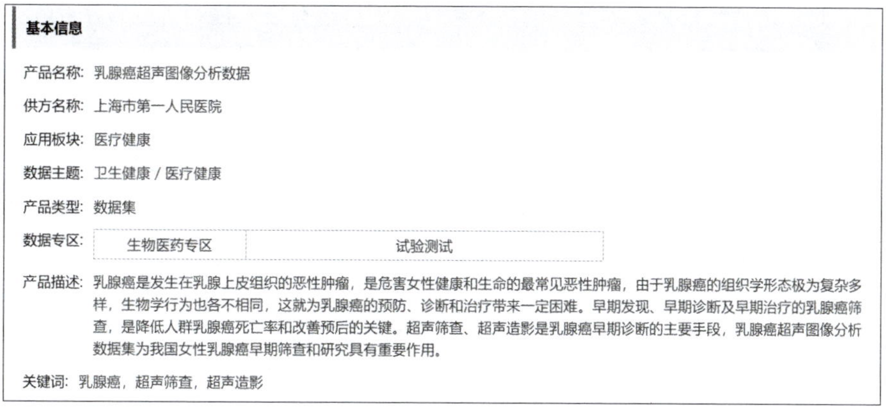

基本信息

产品名称：乳腺癌超声图像分析数据

供方名称：上海市第一人民医院

应用板块：医疗健康

数据主题：卫生健康 / 医疗健康

产品类型：数据集

数据专区：生物医药专区 | 试验测试

产品描述：乳腺癌是发生在乳腺上皮组织的恶性肿瘤，是危害女性健康和生命的最常见恶性肿瘤，由于乳腺癌的组织学形态极为复杂多样，生物学行为也各不相同，这就为乳腺癌的预防、诊断和治疗带来一定困难。早期发现、早期诊断及早期治疗的乳腺癌筛查，是降低人群乳腺癌死亡率和改善预后的关键。超声筛查、超声造影是乳腺癌早期诊断的主要手段，乳腺癌超声图像分析数据集为我国女性乳腺癌早期筛查和研究具有重要作用。

关键词：乳腺癌，超声筛查，超声造影

图 4-6

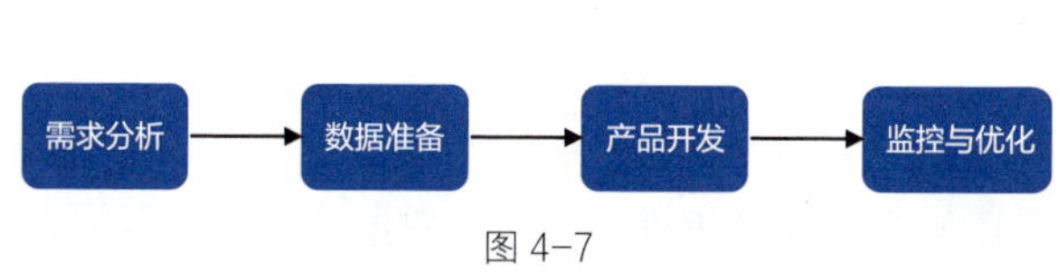

图 4-7

①需求分析。

在数据产品开发的起始阶段，需求分析扮演着举足轻重的角色。它不仅为数据产品指明了方向，还深刻影响着后续的设计、开发及实施流程。需求分析的核心在于对业务场景和业务需求的深刻把握，明确数据产品需解决的具体问题及预期达成的目标。此阶段的工作，既需要敏锐细致的观察力，又离不开深刻的行业洞察与前瞻性思维。

首先，与业务部门的关键人员进行深度访谈，深入了解其日常工作流程、遭遇的问题及期望通过数据产品达成的具体需求。同时，细致审阅现有的业务报告、流程图及相关文档，以全面掌握当前业务流程的全貌及其存在的问题。

随后，系统整理了访谈与讨论中获取的信息，归纳出明确的业务需求列表。依据业务的重要性、紧迫性及可行性等因素，对收集到的需求进行优先级排序，确保资源的合理分配。针对每项需求，详细界定其功能规格，涵盖输入 / 输出的要求、处理逻辑及预期结果的展示形式等。

同时，从日常业务活动中提炼出典型的应用场景，明确数据产品在这些场景下的具体展现形式。并从用户视角出发，精心考虑数据产品的交互设计，确保产品既贴合业务需求，又便于用户操作。

此外，初步规划数据产品的技术架构，评估现有技术栈对新产品开发的支撑能力，并确认数据源的可用性及其质量。深入分析数据采集、处理及存储的可行性和成本效益。需求分析不仅要求具备细致入微的观察力，还需具备深刻的行业洞察与前瞻性思维，通过综合运用多种方法论，确保产品设计既能满足当前需求，又能灵活适应未来的业务变化与发展趋势。

②数据准备。

依据需求分析的结果，明确所需的数据来源及数据明细，并开展数据清洗、整合等工作，以确保数据的质量与一致性。此步骤是数据产品可靠性的基石，需投入大量精力进行数据治理。数据准备阶段的重点在于数据治理，确保数据的结构化和标准化。

产品设计阶段需精心构建数据产品的架构，包括数据处理流程、可视化界面等，确保产品能够直观展现关键信息，有效解决核心业务问题，便于用户理解和使用。同时，还需考虑数据产品的可扩展性和灵活性，以便未来根据业务需求进行调整。在产品设计过程中，应充分重视用户体验，确保数据产品不仅功能强大，而且操作便捷。

③产品开发。

在数据产品开发的过程中，数据分析是连接原始数据与业务洞察的关键纽带。统计学、机器学习、自然语言处理等技术的运用，为挖掘数据中的潜在价值提供了坚实基础。这些技术的实施离不开强大的数据分析工具的支持，如Python、R语言、SQL数据库、BI工具等，它们不仅简化了数据处理的复杂度，还显著提升了数据分析师的工作效率。数据分析工作涵盖描述性分析、预测性分析及规范性分析等多个方面，每种类型都有其特定的目标与应用场景，共同构成了完整的数据洞察体系。

然而，仅掌握技术和工具并不足以保证成功的产品化。数据分析必须紧密结合具体的业务需求，深入理解企业面临的挑战及行业特点，以确保分析结果能够直接服务于企业的战略目标。同时，数据分析还需紧密贴合业务场景，根据不同应用场景定制解决方案，使数据洞察能够转化为具体的行动指导。无论是优化客户体验、提升运营效率，还是发掘新市场机会，数据分析都应作为实现这些目标的有效手段。

因此，在数据产品的开发过程中，应平衡技术层面的创新与工具的选择，注重业务需求的匹配度及应用场景的具体性。通过将数据分析嵌入业务流程，形成闭环的数据驱动决策机制，企业能够更精准地把握市场动态，快速响应变化，最终实现数据价值的最大化。这种以业务为导向的数据分析策略，将成为企业持续创新和竞争优势的重要源泉。

④ 监控与优化。

数据产品上线或发布后，需持续监控其使用情况，收集用户反馈，并根据反馈进行优化升级，不断提升产品的实用性和用户体验。同时，定期评估数据产品的效益，确保其持续为企业创造价值。在监控与优化阶段，还需关注技术发展趋势，及时引入新技术，保持数据产品的先进性。

经过上述工作节点，数据产品得以从概念转化为实际应用，为企业内部的决策支持和业务改进提供强有力的数据支撑。内部数据资产运营的核心在于通过数据产品化，将数据转化为可操作的洞察和行动指南，从而推动企业的持续发展和创新。例如，在客户服务部门，通过分析客户互动数据，可提升客户满意度；在人力资源管理部门，利用员工绩效数据，可优化人才管理策略。

综上所述，数据产品化不仅是数据资产管理的重要环节，更是企业实现数字化转型的关键步骤。通过针对具体业务应用场景精心设计和研发数据产品，企业不仅能够提升内部运营效率，还能更好地服务客户，最终推动企业的数字化转型和可持续发展。

5. 数据交易

数据资产运营实施的最后一个环节，严格意义上应当是数据应用。正如我们在第 2 章所提到的数据资产运营体系中，数据应用同样可以分为对内和对外两大类。

对内的数据应用已经广为人知，很多数据分析、数据运营的内容介绍也主要集中在这一领域，不再赘述。这里选择数据交易作为数据应用的代表，以终结数据资产运营的工作，是因为数据交易不仅是数据应用的一种创新形式，也代表了一种变革。

入表、数据合规确权、数据资产评估以及数据资产金融化等环节，虽然在数据资产运营中并非必需，但鉴于其重要性，依然应当给予充分的关注。关于这些具体工作，我们已在第3章中进行了详尽的阐述，故在此不再重复。接下来，我们将把焦点放在数据交易这一核心环节上。需要注意的是，此处将数据交易视为数据资产运营的终端环节，实际上是指数据应用，即数据资产价值的实现。

数据交易指的是数据持有方将数据资产化的数据产品投入数据交易所上架进行交易，等同于生活中常见的商品交易，此时，“商品”等同于数据产品。

数据交易是实现数据资产价值变现的关键步骤，是数据资产对外运营流程中的最后一环。然而，这一环节并非企业数据资产运营的必要组成部分。当企业或组织选择将数据资产的价值保留在其内部体系，专注于将数据资产用于提升内部决策能力和运营效率时，数据交易可以被视为可选环节。然而，一旦企业决定将数据资产进行市场化，希望通过数据资产实现更高的经济回报，数据交易便成为一个必要环节。

进入数据交易的阶段，也就意味着数据资产化中的一系列工作：数据资源盘点、数据治理、数据确权、数据产品化、数据资产评估、数据资产登记、数据资产合规评估等工作悉数完成，并在各地数据交易所上架等待交易。

该阶段的工作只要按照各地数据交易所要求进行上架即可，但需要看到的是，数据资产进入市场进行交易时，企业面临着许多挑战和机遇，其中两个问题尤其重要，直接决定了交易的成功与否。

首先，数据产品的定价至关重要。定价不仅取决于数据的质量、数据价值的稀缺性和数据的完整性，还与市场需求、数据产品的应用场景及其潜在的商业价值等多元化因素密切相关。

其次，数据产品如何应用也是衡量交易成功与否的关键。企业在交易数据时，必须清楚数据的应用场景及买方用户如何利用这些数据来解决具体问题或实现商业目标。

（1）数据产品的定价。

数据产品的定价源自商品经济的基本原理。当商品被投放到市场进行交易时，买卖双方的关系便随之建立。在数据产品的交易过程中，这一模式同样适用，也形成了供需双方的买卖关系（见图4-8）。

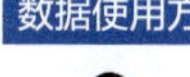

买方

1. 商品质量好
2. 符合我的需求
3. 价格合适
4. 交易安全合法
5. 你所提供的商品比别人的好

图 4-8

买方可能是商业企业或个人，他们寻求通过数据来提升决策效率或获取市场洞察；而卖方则可能是数据产品的持有者，或是那些拥有数据产品经营权的数据服务商（这一角色是在当前市场环境下新兴的商业中介之一）。因此，数据交易的本质与传统商品交易在供需关系上并没有发生根本性变化。

在商品交易市场，为了确保交易的顺利进行，商品本身需要具备以下几个基本特征。

首先，商品的质量必须达标，这意味着它需要满足一定的标准和规范，以满足消费者需求，前期的数据治理环节便是为了确保其基本的质量标准得以满足。

其次，商品需要符合买方的需求，买方在购买商品时，是为了满足特定的需求或解决特定的问题。前面内容我们一直提及业务需求、业务目标，正是为了让数据产品符合“用户”的需求。这里的用户可以是内部业务方，也可以是市场交易的买方。

最后，价格合适是所有商品交易中亘古不变的要素，这个特征在任何交易环境中都不可或缺。因此，在数据产品交易市场中，尽管“商品”的形式从实物转变为数据资产，但基本的交易原则依然适用。无论是传统商品还是数据资产，买卖双方都会对价格进行评估，以确定其交易的可行性。

数据资产评估虽然重要，但需要明确的是，数据资产评估的价格并不一定直接挂钩数据资产交易的价格。在商品市场中，商品定价往往具有一定的自由性，卖方可以根据自身的成本、市场需求和竞争环境来设定价格，而买方则根据自身的需求和预算来决定是否成交。因此，如何客观、合理地定价且可被买方接受成为数据交易成功的关键要素之一。

我们需要看到，影响交易定价的因素非常多（如市场的供需关系、数据独特性和市场竞争程度，以及它的可用性等）。买方在评估数据产品的价值时，除了关注数据的质量和适用性，还会考虑市场上同类数据的价格、数据的获取难度，以及潜在的应用价值。

当前，数据产品定价还处于摸索阶段，建议可以先上架然后了解用户反馈，由此反向促进定价的调整，这可能是一个相对可取的方法。

（2）数据产品具体的使用场景

数据产品的使用场景是数据交易定价之外的另一个核心难点，也是一个更加复杂的工作领域。许多情况下，买方在数据交易中的犹豫与数据产品的具体使用价值不明息息相关。大多数数据产品的买方群体是商业企业，而这些企业的首要目标是通过购买数据来获得商业价值，而数据产品仅仅是实现这一目标的载体。因此，明确数据产品的价值以及其价值的具体大小，成为影响成交的重要因素。

在讨论这一问题时，许多人可能会认为在数据产品设计阶段，卖方企业已经考虑了数据产品的使用场景。然而，实际上，数据产品的设计过程往往面临诸多挑战。卖方企业在设计数据产品时，不仅需要具备利他性的商业思想，还需要具备一定的商业洞见，这无疑是一项艰难的挑战，需要深刻理解市场需求和买方的具体业务痛点，而这往往超出了传统数据产品设计人员的能力范围。

此外，数据服务商通常在数据开发技术上拥有优势，然而，他们匮乏且迫切需要的是数据运营能力，而非单纯的数据开发技术能力。数据产品的具体使用场景及其价值体现，实际上是一种商业数据运营能力的体现。这种能力体现在如何有效地将数据应用于业务场景、如何根据市场需求灵活调整数据策略，以及如何将数据转化为可实际利用的商业价值。数据的技术能力虽然重要，但仅靠技术无法确保数据产品的成功交易。

为了便于理解这一问题，我们以上海数据交易所上架的数据产品为例进行介绍。（注意：以下数据截图均来源于上海数据交易所官网。）

图 4-9 所示为一份北京西单的商圈画像数据。虽然是画像，但维度偏少，仅有年龄结构，按照公开信息，应属于已经划分好年龄结构的商圈数据。

基本信息

产品名称：商圈访客年龄结构占比

供方名称：智慧足迹数据科技有限公司

应用板块：商贸流通,文化旅游

数据主题：客流信息

产品类型：数据集

产品描述：针对商圈访客，按照年龄段：16-24、25-34、35-44、45-54、55岁以上，分段统计。丰富商圈客群画像，有助于商家开展精细化营销。

关键词：商圈，手机信令，文旅

更新频率：动态(每月更新)

覆盖范围：中国大陆地区

图 4-9

此前，我们已经详细介绍了数据产品的不同形式，从中可以判断这是一份经过简单加工的数据产品。尽管交易上架的基本信息相对全面，但该数据产品的具体用途仍然不够明确。

图 4-10 所示为其官方展示的使用案例，从介绍中可以看出，该数据产品的具体用途依然不够清晰。因此，我们需要深入了解该数据产品具体包含的字段，以便从数据字段的角度分析其潜在的业务价值。

使用案例

为某市商务部门提供基于线下消费场景的大数据洞察分析服务，融合联通手机信令数据、线下消费数据、集聚区周边线下业态数据等，深入挖掘大数据智能化，打造独有指数模型，实现线下消费场景大数据可视化。根据月度数据更新，基于报告模板，自动生成月度报告，形成文字、图表分析内容。针对重点节假日期间，提供节假日专题大数据分析报告，助力政府第一时间了解节假日经济对线下消费场景的拉动作用。

图 4-10

通过内容说明（见图 4-11），我们可以清楚地了解到该数据产品包括统计时间和商圈名称（西单），并依次展示了年龄和商圈客流量的示例值。从使用角度来看，时间字段代表了该数据产品的时效性，而“价”的体现字段为年龄和商圈客流量。

内容说明

输出字段 ?:

序号	字段名称	字段描述	示例值
1	时间	时间账期	202304
2	商圈名称	商圈名称	西单
3	商圈编码	商圈编码	C_22343
4	年龄	年龄	18-24
5	商圈客流量	商圈客流量	3085

图 4–11

在这里，有一个问题显而易见：年龄字段已划分好且为离散值，离散值是数据专业领域里的术语，与之相对的是连续值。如果年龄字段是连续的，示例值将表现为 10、11、12 等。然而，离散值相较于连续值，其分析空间受限，因此对于已划分的年龄段而言，适用的场景仅限于对应的既定分段值。

虽然年龄分段分析可以在特定业务场景中发挥一定作用，但关键在于这种细分业务场景的应用范围是否足够广泛。如果适用场景不够多样化，就会阻碍数据交易的达成。反之，如果数据呈现为连续值，其价值将远超当前的离散值形式，因为连续值能够为多种业务场景提供更广泛的适用性和更广阔的分析维度。

回到我们讨论的数据产品的适用场景，这里展示的商圈访客年龄结构占比数据产品并不属于一份理想的数据产品。其使用场景在数据产品上架的相关页面并未得到清晰展示，数据产品的出售方并未清晰列明这些用途，产品设计也缺乏足够的灵活性，这样并不容易促成数据产品的交易。

在数据产品的实际应用中，如何充分利用这些产品是数据交易市场面临的一大挑战。

在数据交易环节，除了前面提到的数据产品定价和使用问题外，市场还面临诸多其他挑战，例如数据资产评估、合规确权等。然而，数据资产入表、交易和运营的核心在于数据资产的价值。如果能够有效解决与价值相关的问题，其他支撑性和保障性的问题也将迎刃而解。

4.3 本章小结

本章是本书的核心章节，数据资产运营实施对于数字经济时代的企业而言非常重要。在当前经济环境中，数据被作为一种生产要素，参与企业的经营活动与商业市场的发展，企业应秉持长效运营的理念，构建一套完善的数据资产运营体系。在这一体系中，每个环节都需建立稳定的运行和监控机制，以确保数据资产运营的常态化与稳定化。

我们将数据资产运营分解为几个关键环节：数据资源盘点、数据资源价值识别、数据治理、数据产品化和数据交易。虽然财务工作与法律工作同样重要，但数据资产的核心在于发现和实现数据的价值。若核心问题无法解决，合规确权与财务入账的工作将失去基础。因此，找到数据的真正价值并进行资产化是实现数据资产运营的重点及核心。

从数据资源盘点到数据交易，这是一套完整的数据资产运营体系。这个过程中涉及的细节非常复杂，尤其是数据产品化本身就已属社会性难题。本书主要关注关键环节的内容阐述，以便读者能够更好地理解每个环节的重点工作。

为了进一步帮助读者理解一些工作的复杂性，我们以公共数据领域停车场这一贴近生活的例子为切入点进行阐述。需要注意的是，数据资产运营作为一个新兴领域，其执行操作会因不同人士的思路与想法而有所差异。因此，我们应重点关注整体方法论，而不必严格遵循书中所提及的每种方法或步骤。

同时，值得注意的是，一旦数据资产进入不同行业与企业，复杂性将显著增加。相同的数据集在面对不同的业务场景时，必然需要采用不同的处理方式，并可能会面临不同的问题。因此，实际工作往往远比本书所述复杂得多，执行过程中更需结合具体情况进行深入思考。

第5章 增值运营重点：从数据治理到数据资产管理

数据治理是企业数据应用的基础，也是数据资产长效运营中的重点和难点，它贯穿了企业从基础的数据分析需求到复杂的AI大模型商业化应用的整个过程，所有的数据应用都高度依赖数据治理后的高质量数据。

数据质量评价中数据的完整性、准确性以及其在各个应用系统的一致性，决定了企业能否有效地管理数据、使用数据，从而真正走向数据资产化。因为低质量的数据，无论是面向数据分析还是模型应用，最终都可能导致错误的结果，所以如果数据质量不过关，数据应用就失去了最基本的条件。因此，我们需要认识到数据治理对于企业而言，它不只是一项伴随系统应用的技术工作，而应该纳入企业数据战略工作，是数字经济时代科技新质生产力发挥价值的基础。

数据治理的工作异常复杂，它涉及整个企业的业务流程、数据流转以及跨部门协同。从工作范围来说，涵盖了从数据采集、存储、治理、应用到最终的商业化输出等多个环节，且每个环节都涉及多个部门的流程、系统操作、业务应用等工作。因此，数据治理实际落地时很难由企业某一个部门独立完成，它除了需要多部门协同。同时，还是一项需要企业高层，尤其是“一把手”亲自推动的战略性工作。只有在全企业范围内对数据治理工作形成统一的认知和行动，数据治理才能真正践行。

5.1 理解数据治理

谈到数据治理就不得不谈数据管理。很多时候，数据治理和数据管理是两个极其容易混淆的概念。许多企业会误认为数据管理等同于数据治理，但实际上二者有着明显的区别。从字面上来看，数据管理重在“管”，而数据治理重在“治”，管与治对应的工作方式和目的完全不同。企业若想有效开展数据治理工作，必须破除认知上的误区。

二者的区别主要体现在工作职责及具体执行上。数据治理侧重于制定标准规范、流程和制度，目的是确保数据的质量、安全和合规性，属于全局规划和战略性工作；而数据管理则专注于执行这些规则，负责日常数据的采集、存储、处理和数据维护，属于技术层面即执行层的操作。简而言之，数据治理注重宏观、长远，而数据管理更注重微观及当前。在实际工作中，只有先“治”才能有效地“管”。

5.1.1 数据的分类

在理解数据治理之前，我们需要先对数据的分类有清晰的认识。数据是一个广泛的概念，其分类方式可以基于不同的维度划分出不同的类别。正确理解这些分类有助于深入理解数据治理，且不同类型的数据对应的治理手段也有所区别。

（1）按数据格式分类

- 结构化数据：格式固定，如常见的 Excel 表格数据。
- 半结构化数据：格式不固定，例如 JSON、XML 文件。这类文件一般由技术人员处理，相对麻烦。
- 非结构化数据：如视频、音频、文本、图片等，在处理分析时必须通过特定的工具和方法。

（2）按数据类型分类

- 主数据：这是企业的基础数据，例如客户、产品、供应商等。
- 交易数据：如订单、销售记录、支付信息等。
- 参考数据：通常是通用且常用标准化的数据，如货币代码、国家代码等。
- 指标数据：依据一定规则、口径进行加工后的数据，如销售额、车位使用率等。

（3）按数据存储方式分类

□ 本地存储数据：存储在企业自有的服务器或数据中心。

□ 云存储数据：存储在云服务提供商的平台。

（4）按业务主题分类（示例）

□ 销售数据：包括商品销售、发货、订单数量、退货等与销售过程直接相关的数据。

□ 财务数据：包括现金流量、利润报表、资产负债表等与财务相关的数据。

□ 市场数据：包括行业趋势、市场增长、竞争对手分析、消费者需求和偏好等数据。

上述诸多分类为日常工作中常见的数据分类，不同分类对应的治理方式、管理方式及应用方式不同，所以了解数据分类是理解数据治理的基础。

5.1.2 数据治理的概念

数据治理的重点在于理解“治”和“理”，需要注意的是，其面向的对象不是只有数据。

“治”指的是对数据的混乱状态进行整治，解决无序和不一致、异常等各种导致数据不可用的问题。“治”的过程是将分散、冗余的数据通过清洗、整合，转化为能够高效利用的有序数据。

而“理”则是在整治的基础上，进一步对现有的数据建立标准化的数据模型、流程和规则，确保数据管理和应用在未来能够保持高质量和可用性。这不仅是为了当前数据的使用，更是为了企业长远的数字化运营。

数据治理面向的对象绝不仅仅是数据本身，前面章节中提到过，数据是业务场景的产物，如果脱离了业务场景，数据不过是毫无意义的数字堆积。因此，数据治理不仅要关注数据的质量和管理，还必须涵盖数据周边的“生态”，包括业务流程、管理组织，以及与数据相关的人、事、物。只有将数据与业务、流程、管理紧密结合起来，才能确保数据治理真正服务于业务目标，真正能够落地。

如何理解数据治理？下面举例说明。

我们可以将数据治理类比为“修建道路”。如果一座城市中，道路规划混乱，不同的路段宽度、路标和交通规则都不统一，城市交通就会变得混乱，还可能引发交通事故。如果现在要对这座城市混乱的交通情况进行治理，那么它的工作就类似我们讨论的数据治理，只是这里的“数据”换成了道路。

其中，数据治理中的“治”，相当于修复这些混乱的道路，使其变得通畅、连贯。而“理”则是为这些道路制定一定的交通规则和运行维护机制，以保证后续的交通状况可以长期“有序”。

5.1.3 数据治理的内容

数据治理范围广泛，贯穿了数据的采集、存储、应用的整个过程。那么数据治理到底有哪些内容？我们参照国际数据治理 DAMA 的知识体系内容进行更深入的说明（见图 5-1），仍以停车场数据为例作为辅助说明。

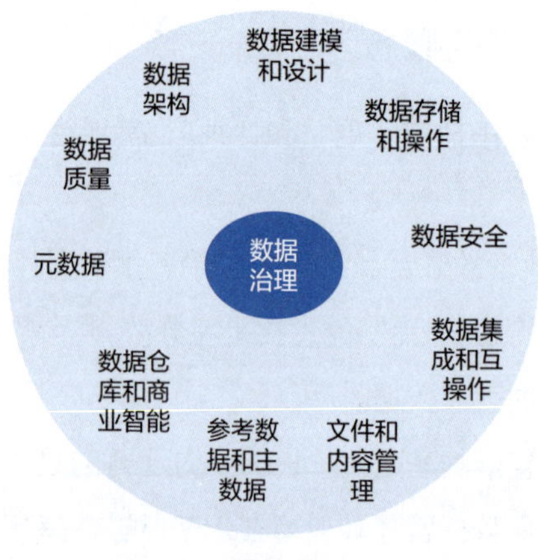

图 5-1

1. 数据建模和设计

数据模型是对数据结构化、规范化的描述，能够便于大家更好地理解和使用数据，同时保证数据具有一定的规范性。需要注意的是，这里说的数据模型是面向数据本身的结构，而非日常所说的数学模型。有了规范化的数据模型，数据治理才得以稳定、持久。

数据模型通常包括概念模型、逻辑模型和物理模型。

以停车场数据为例，包括车牌号码、入场时间、出场时间等字段，我们可以预先设置好固定的数据库表结构，该表结构会对这些字段的名称、长度、数据类型进行约束，确保所有数据都在约束的范围内，以便后续可以更好地分析停车场的停车时长和车位使用率。这里的数据库表结构就是数据模型的一种。

2. 数据质量

数据治理的核心目标之一就是提升数据质量。数据质量管理包括数据的准确性、完整性、一致性、时效性、规范性、可访问性。一个有效的质量管理机制和流程能够帮助企业及时发现和纠正数据管理中的错误，确保数据是准确的、完整的、规范的。

以停车场数据为例，每次车辆进出时间都必须记录完整、无遗漏，且记录的数据都是准确无误的，这样可确保后续的数据应用有效。

3. 数据安全

数据安全是数据治理中不可忽视的重要内容。当前网络环境日益复杂，而沉淀在网络中的数据越来越多（例如很多企业选择数据上云），数据是一定业务特征的反映，保证数据安全，一定程度上指的是保证商业安全。所以，对于具有一定敏感性的商业信息，如客户数据中的个人信息，企业必须通过数据加密、访问控制等技术手段保证敏感数据不会被非法访问或泄露。

以停车场数据为例，我们在进行停车场数据存储时可以对存储车牌号码及对应的车主信息进行加密，以防止未经授权的人员访问这些涉及个人隐私的敏感信息。

4. 数据架构

数据架构简单而言是对企业数据资源管理的整体蓝图设计，旨在支持企业数据的高效管理与流通，以确保业务稳定运行。数据架构主要包括数据的存储结构、数据流设计、系统集成、数据安全及权限控制等多个方面。

以停车场数据为例，数据架构会定义如何在系统中存储和管理车辆信息、停车位信息等。例如，将车牌号码、车辆进入时间、车辆离场时间等字段设计成标准的数据库表结构，以保证不同部门和系统能够统一使用和共享数据。

5. 元数据

元数据是用于描述数据属性的信息。例如，在停车场的车辆进出数据中，元数据可以包括数据的来源系统、采集方式、数据条数等。这些数据有助于提升数据的检索效率和访问速度，并支持更有效的数据管理。

6. 参考数据和主数据

主数据指企业内稳定且可高度被共享的数据，这些数据在不同业务流程和系统中可以被共享并需要保持一致性。例如，客户、产品、员工等基本信息，这些信息是各系统运行及数据应用的基础。

在停车场系统中，主数据为每辆车的基本信息（如车牌号码、车主信息），以及停车位的编号等。这些主数据需要在各系统中保持一致，有助于保障车辆进出管理和停车位得到高效利用。

参考数据是指提供标准化分类和定义的数据，通用性非常强。例如，一些相对固定的类别或代码，常见的参考数据如行政代码、国家、货币等。

7. 数据存储和操作

数据存储和操作是指将数据以适当的结构存储并确保其高效、安全。数据存储和操作包括数据库的选择、存储方式、备份与恢复机制等，以确保数据在生命周期内的可用性、完整性和可访问性。

以停车场系统为例，数据存储可以通过数据库保存车辆的入场时间、出场时间、车牌号码和停车位信息等。数据操作则包括实时更新停车位的状态（如占用或空闲）、快速查询车辆的进出记录、查询特定时段的车辆进出数据，并定期备份数据。

8. 数据仓库和商业智能

数据仓库是指集中式的数据存储平台，它将源自多个渠道的数据整合至统一的平台中进行存储，以支持复杂的查询和数据分析活动。

在停车场数据管理中，停车场产生的所有数据通常会集中存储，并经过清洗、加工和整合等流程，最终存放在数据仓库中。数据内容可以涵盖每日的停车位使用情况、收费记录、客户反馈等各种相关信息。

商业智能（BI）指利用数据分析技术从数据中提取有价值的信息，以支持业务决策。这些技术具有广泛的适用性，可以应用于所有业务数据。

例如，在停车场数据管理中，利用商业智能技术可以分析每日客流数据，可以识别停车场的高峰期和低谷期等，从而帮助运营人员更好地管理停车场。

9. 数据集成和互操作

数据集成是将不同来源、格式和性质的数据在逻辑或物理层面有机地整合，从而为企业提供全面的数据共享。

在停车场数据管理中，数据集成可以包括将不同停车场的实时停车记录、支付信息、客户反馈等数据整合到统一的数据库中，这样，所有数据都可以用于进一步的分析和挖掘。

10. 文件和内容管理

文件和内容管理是指对各类文档及其他形式的信息进行系统性的组织和管理，以实现高效的访问和使用。这类信息不仅包括文本文件，还涵盖图像、视频、音频等非结构化数据。

5.1.4 数据治理的数据范围

在数据治理的过程中，虽然面向的对象是围绕数据的整个生态，但核心依然是数据本身。数据可以依据不同的划分方式分为多个类别，而其中尤为重要的是按数据类型分类的数据，这是当前市场主流的数据治理面向的数据类别。

在数据治理的过程中，主数据、交易数据、参考数据和指标数据与企业业务密不可分，它们会直接或间接影响着企业的系统运行、运营效率及数据应用。然而，每种数据类型在业务场景中的应用都可能面临特定的问题，因此，数据治理工作尤为重要。下面我们分别探讨这些数据分类与业务的关系、常见问题及相应的治理重点。

1. 主数据

主数据是企业最基础且具有稳定性、共享性的数据，包括但不限于客户、产品、供应商等业务域（见图 5-2）。对于主数据的理解可将其视为稳定不变、组织内通用的数据名称，例如，财务部这一名称最为典型，提及财务部，任何人都可以将其准确定位到具体的工作职能。

图 5-2

主数据为各部门提供了一致的、规范的业务参考。例如，商品主数据的准确性会影响到销售和市场对于同一商品的分类理解及分析使用。

因为主数据的通用性、共享性，所以很多部门都需要使用这类数据，但主数据往往存在以下问题。

- 数据冗余和重复：不同部门可能各自维护着不同版本的主数据，导致数据不一致或冗余。
- 数据孤岛：主数据不一致无法在各部门之间有效共享，造成各部门的数据自成“孤岛”。

主数据的治理重点如下。

- 建立主数据管理规范，统一标准和规则。
- 搭建主数据的集中化管理平台，确保各系统对于主数据使用的一致性。
- 明确不同的主数据责任人，对主数据的贯标工作负责到底。

2. 交易数据

交易数据记录了企业日常业务运营中的动态数据（见图 5-3），例如订单数据、销售数据、业务活动数据，主要反映企业的业务活动和运营成果。交易数据的实时性和准确性决定了企业能否很好地使用数据并用于决策，该类数据也是数据资产形成的主要数据基础。

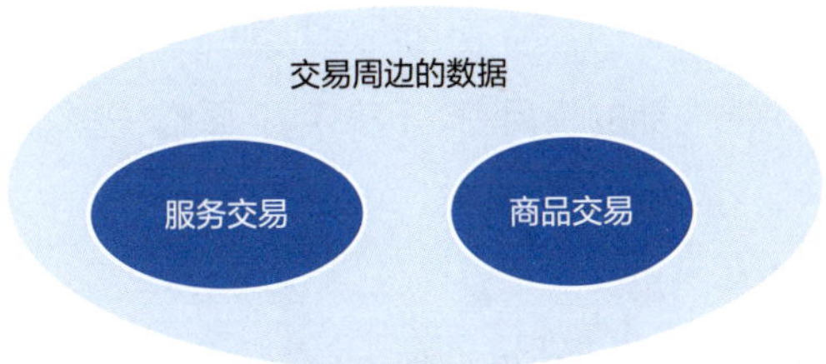

图 5-3

交易数据是企业业务经营的最完整反映，数据纷繁复杂，往往存在以下问题。

- 数据不准确：数据往往来源于多个业务系统，且部分数据存在手工输入的情况，容易产生错误。
- 数据更新滞后：因为一些客观因素导致数据更新不及时会影响数据的最终可使用性。
- 数据不完整：因为业务操作、系统等因素，致使数据记录不够完整。

交易数据的治理重点如下。

- 采用自动化的数据采集工具，减少人为采集带来的错误。
- 统一数据标准，制定校验规则并进行异常监控，确保数据符合既定的业务规范。
- 建立数据质量检查机制，以确保数据可使用。

3. 参考数据

参考数据是业务运行中常见的标准化数据，通常用于多个场景，如货币、语言、行业分类、国家 / 地区等（见图 5-4）。它在跨系统和跨部门的数据应用中扮演着关键角色，确保不同系统之间的数据能够一致对接和顺利应用。例如，在 SAP 系统（一款国际性业务管理系统）中，货币和国家 / 地区的代码对于财务报表的统一至关重要。

图 5-4

参考数据通常是规范化的，并遵循既定的规则，往往与国家标准和行业标准相关。然而，在企业内部的应用中，仍然可能面临一些问题。

- 数据不一致：在不同系统或部门中，参考数据的值可能不一致，导致系统间数据交换时出现冲突。
- 数据更新不及时：虽然参考数据变动频率较低，但一旦发生变更，若未及时更新，将直接影响相关业务的正常运行。

参考数据的治理重点如下。

- 建立统一的参考数据标准库，确保各系统使用相同的标准。
- 明确参考数据的更新和维护责任人，可以及时更新维护流程。

4. 指标数据

指标数据是企业用于衡量绩效和业务运营状况的数据元素，通常通过对基础数据的加工和分析得出，如销售额、净利润、活动响应率、库存周转率等（见图 5-5）。这些指标为管理层提供决策依据，帮助企业评估运营效率和辅助经营决策。

图 5-5

指标数据并不像交易数据一样具有很强的客观性，指标的设计往往带有一定的主观性，且指标的设计直接影响决策，所以问题较多。

- 计算规则不统一：不同部门使用不同的计算口径，因此，不同部门看到的数据结果经常不一致。
- 数据口径不明确：指标数据的定义和口径不清晰，更改频率过于频繁。
- 指标名称不统一：不同部门对于同一计算口径的数据名称定义不一致，导致跨部门协作效率低下。

指标数据的治理重点如下。

- 制定统一的指标计算规则，确保各部门使用一致的标准。

□ 明确指标定义和口径，确保各部门、各决策层对于指标的理解一致。

□ 定期检查指标的设计逻辑、指标口径、指标值的准确性。

在数据治理中，主数据、交易数据、参考数据和指标数据各自扮演着不同的角色，但都与业务紧密相连。它们与业务连接的紧密性决定了治理工作的必要性。无论是哪类数据，都必须制定有效的统一标准、规范化的规则及清晰的管理流程，以保证数据质量。

5.2 数据治理落地实施

5.2.1 数据治理实施路径

数据治理主要面向 4 类核心数据：主数据、交易数据、参考数据和指标数据。每类数据的应用场景和数据格式各不相同，因此在具体治理过程中，针对不同类型数据的治理方法往往存在细微差异。尽管治理方法因数据类型而异，但这些核心数据共同构成了企业的整体数据资产。要使数据治理有效落地，必须制定一套切实可行的方法论，确保每类数据在符合其特性的治理框架内得到规范和管理，从而实现全面、系统的数据治理。

前面多次强调，数据治理如果脱离了业务目标，往往会沦为“数字治理”，即纯粹的数字堆砌。因此，针对主数据、交易数据、参考数据和指标数据的治理，必须紧密结合业务场景，在业务应用框架内制定相应的治理策略。这些策略会因数据量、数据质量、业务需求及管理要求的不同而有所差异。即使是同一类数据，不同场景下的治理方法也可能大相径庭，因此，确保数据治理推进的关键在于，拥有一套切实有效的方法论。

总体的方法论不仅要适用于不同的数据类型，还要具备高度的业务适应性。找到这样的方法论后，无论业务场景或数据类型如何变化，都能在框架内高效展开数据治理工作。反之，缺乏清晰且可落地的治理方法论，在面对不同数据类型和复杂业务需求时，往往容易出现治理混乱的情况。

关于数据治理的落地实施，这里介绍数据治理五步法（见图 5-6）。

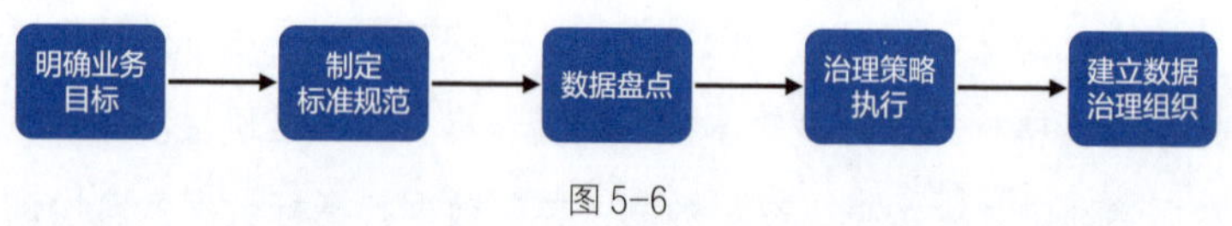

图 5-6

第一步：明确业务目标

所有数据均源于业务的沉淀，因此，在数据管理生命周期的任何阶段，数据治理的核心始终应与业务紧密关联，不能脱离业务目标。

明确的业务目标不仅可以为数据治理指明方向，也可以为后续的治理策略的制定和执行提供清晰的操作框架，因此，要深入分析和明确数据治理的业务目标、战略规划或具体业务需求。

- 业务目标：例如，对于销售类指标的数据治理，其核心在于销售部与财务部要对指标统一口径，以便财务部门可以很好地计算营收，销售部门也能准确分析销售达成情况。
- 战略规划：例如，在企业全面启动数字化/数智化转型时，数据治理工作作为数字化应用的基础支撑，通常也应被纳入战略规划的重要组成部分。
- 业务需求：是指特定部门或业务流程中需要解决的实际数据问题。例如，市场部门可能需要对客户数据进行清洗和整合，以确保数据的完整性与准确性，便于后续深入分析，从而获得更精准的客户洞察。

调研是数据治理的起点，主要涵盖数据现状和业务需求的全面评估。调研可以分为如下 3 种类型。

- 业务调研：了解各业务部门的核心流程和数据需求，明确各环节涉及的数据类型及治理的潜在影响，以确保数据治理能切实支撑业务发展。
- 数据调研：系统梳理现有数据资产，分析数据质量和元数据管理现状，评估当前数据的可用性，并识别是否存在数据缺口或是否需要新增采集需求等。
- 需求调研：通过深度访谈和需求分析，确定各部门在数据治理方面的具体需求，特别是对数据质量、标准规范、管理模式等方面的实际需求。

具体执行调研时，可通过预先编制调研模板，以提高调研效率。调研模板如图 5-7 所示（示例）。

一、基本信息

1. 调研部门：销售部

2. 调研人员：

3. 调研时间：

二、业务应用情况

1. 在你们部门中，通常有哪些业务场景？需要使用到哪些数据？

2. 在日常业务开展中，遇见哪些与数据问题相关的业务问题或难题？

3. 你们部门需要出具哪些报表？在报表的编制上是否存在哪些问题需要解决？

……

三、数据质量

1. 你们是否遇到数据质量问题？（如准确性、是否完整、定义不明等）。

2. 对于销售类数据，你们部门对于数据的规范标准具有哪些建议？

……

图 5-7

涉及人员：业务、职能部门（如市场、销售、人力资源、财务等部门）、IT 部门等。

第二步：制定标准规范

明确业务需求后，数据治理的范围也会逐步清晰。数据治理的核心首先在于建立清晰的参照标准，包括国家标准、行业规范，或企业内部的统一标准。只有在标准明确的前提下，数据治理才能有的放矢，真正落地执行。缺乏统一治理的标准，就如"盲人摸象"，治理方向不明，也难以确定治理的深度。因此，对于不同类型的数据，在这个步骤中必须制定统一的标准规范。

例如，在销售收入指标的计算口径确认过程中，由于销售部门和财务部门的职能不同，可能对同一指标的统计口径存在不同的理解和要求。此时，明确销售收入的统计口径至关重要。通过制定统一的标准，能够确保各部门在数据应用上的高度一致，从而提升数据的可信度和有效性。

这个步骤是整个数据治理过程中最核心、最关键且最具挑战性的环节。主数据和参考数据直接影响业务系统的稳定运行，而指标数据的质量则直接影响管理层的决策质量。因此，确保统一的标准和规范，不仅能提升数据质量，还能促进跨部门之间的协作，为企业的数据应用打下良好的数据基础。

具体的规范包括但不限于如下几个方面。

- □ 命名规范：如各部门间统一将采购单定义为“采购单”，不得出现其他名称。
- □ 计算口径规范：如“月销售收入”需剔除当月退货金额。
- □ 编码规范：如停车场的车位编码统一为“PK0000××”。
- □ 单位:对标国标单位，对于未存在于国标的单位，需寻找“替代”单位。

涉及人员：业务、职能部门（如市场、销售、人力资源等部门）、IT 部门。

第三步：数据盘点

在明确业务目标并完成标准制定后，接下来的关键步骤是，对数据进行全面的盘点。这个步骤至关重要,因为企业通常面临来自多个系统和渠道的数据。只有通过系统化的收集和整合，才能确保从全局角度进行治理，避免遗漏任何关键数据。

在这个步骤中，主要关注以下 4 个关键事项。

- □ 数据不一致：数据不一致问题在企业数据治理中非常普遍，主要体现在不同系统或数据来源之间的相同数据存在差异。这不仅涉及数据内容的不同，如在不同系统中相同指标的计算口径、单位和格式差异，还包括不同部门或组织间对同一数据的不同命名。这种不一致性会导致数据分析和决策时的混乱，从而影响业务决策的准确性和有效性。
- □ 数据分类与筛选：在数据盘点过程中，首先需要对数据进行分类，例如划分为主数据、交易数据、参考数据和指标数据，并筛选掉无效数据。通过这种分类整理，企业能够更清晰地梳理数据资源，提高数据治理效率，确保后续的数据处理工作聚焦于有效数据，避免因冗余和无效数据带来的时间浪费。
- □ 需求识别:在完成数据调研后，需要对当前数据治理状况进行全面评估。通过分析数据治理中的瓶颈和业务流程中的痛点，明确需要解决的关键问题。例如，哪些指标口径需要统一，哪些数据采集方式需要优化，哪些数据目前不可用等。这一步骤有助于确保治理措施具备针对性，并可以解决实际问题。

- 治理策略制定：数据治理的关键工作之一是数据清洗。针对数据不完整的问题，需要改进现有数据采集方案或进行系统改造；对于重复或冗余数据，需要按照规则进行剔除；对于不一致的数据，必须根据标准进行调整。此外，治理策略还包括标准优化、系统集成等，具体治理方案应根据实际问题进行定制，确保最终能够切实解决现有数据问题。

通过对数据的全面收集和盘点，一定程度上可以缓解“数据孤岛”的问题，同时，这一过程也为识别企业潜在的管理问题提供了改进的基础。

涉及人员：业务、职能部门（如市场、销售、人力资源等部门）、IT 部门。

第四步：治理策略执行

在确立了清晰的数据治理策略后，接下来的关键步骤是根据该策略对已收集的数据进行治理。这个步骤的核心任务是数据清洗和标准化。这些工作不仅能提升数据的质量，还能确保数据在不同系统之间的一致性和可用性。需要特别注意的是，若治理过程中涉及多个系统的联动调整，那么系统集成与开发工作将成为一个重要任务，可能会占用一定的时间和资源。因此，在执行过程中，要合理分配项目资源和进度时间，确保各项工作顺利推进。

1. 数据清洗工作

数据清洗是指通过一系列技术和流程，对数据进行问题修正，以提高数据的准确性、一致性和可用性。

数据清洗工作通常包括（但不限于）以下 6 个关键步骤。

- 数据去重：识别并删除重复的数据条目，以避免数据冗余和分析偏差。重复数据常常会影响决策的准确性，因此去重是数据清洗的首要任务。
- 无效数据剔除：对于存在质量问题的数据，其已不具备可用性，因此，在数据清洗中要将其进行删除或者替换。
- 格式统一：对不同来源的数据进行格式标准化，以确保数据在类型、单位和格式上的一致性。包括日期格式、数字单位等，格式统一可以避免因为格式不一致导致的数据分析混乱问题。
- 异常值处理：识别和处理异常值，即那些显著偏离其他观测值的数据点。异常值可能是数据输入错误或真实存在的极端情况，但在进行数据分析时都需要进行仔细的甄别和处理。

- □ 缺失值补全：对不可缺少或短缺的数值进行补充，相关方法和技术由技术人员确定。
- □ 数据整合：如果数据来源较多，但都属于同一类数据或同一应用场景，那么数据清洗阶段需对这些数据进行整合，并注意删除重复数据集。

2. 贯标工作

贯标工作是指依据既定的标准规范，对数据进行统一的处理和操作。其主要目的是确保不同系统和部门遵循既定的数据管理规范。

贯标工作主要包括如下 4 个方面。

- □ 标准落地：再次明确数据录入、处理和存储的标准，包括数据的定义、格式、单位和使用规则等，并将涉及的系统数据按照既定的标准规范进行调整、优化。
- □ 标准的宣传贯彻：对相关人员进行标准化培训，确保每个团队成员都能理解并遵循这些标准。这不仅可以提高数据处理的效率，也可以减少后续因操作人员不熟悉标准而产生的数据问题。另外，贯标工作需要稳定持续地推进。
- □ 执行跟进：建立标准执行的监控机制，定期检查数据是否按照标准进行处理。这个过程可以通过自动化工具来实现，主要目的是，及时发现并调整不符合标准的数据。
- □ 优化迭代：随着业务的发展和变化，原有的标准可能需要调整。因此，建立一个反馈机制，收集各部门在实施标准过程中遇到的问题和建议，后续进行优化和改进。

通过以上步骤的有效执行，企业不仅能够提升数据质量，还能确保数据在不同业务场景中的可用性和可靠性。

涉及人员：主要为技术工程师、业务部门操作人员。

第五步：建立数据治理保障组织

在完成了数据治理的主体工作后，接下来的重点是回归到数据资产的运营和应用层面。我们提倡数据资产的增值运营，这意味着在数据资产管理的每个阶段都应当以长期价值为导向，其中数据治理作为将数据资源从不可用转化为可用的基础性工作，这个步骤的工作至关重要。

无论是面向外部的数据资产运营，还是内部应用，数据质量问题始终无法避免。而这种问题并非短期内能够彻底解决，对于企业而言，它是一个持续性的挑战。因此，数据治理策略必须考虑可持续性，不能只考虑一次性的投入或短期的解决方案。为了确保数据治理的长期有效性，企业必须建立强有力的保障组织，确保数据治理能够长效执行。

一个有效的数据治理组织（通常称为数据治理委员会）是确保数据治理机制持续运行的关键。数据治理组织必须具备清晰的层级划分，各个层级人员的工作职责不同，但相辅相成，共同构建起完备的数据治理组织（见图 5-8）。

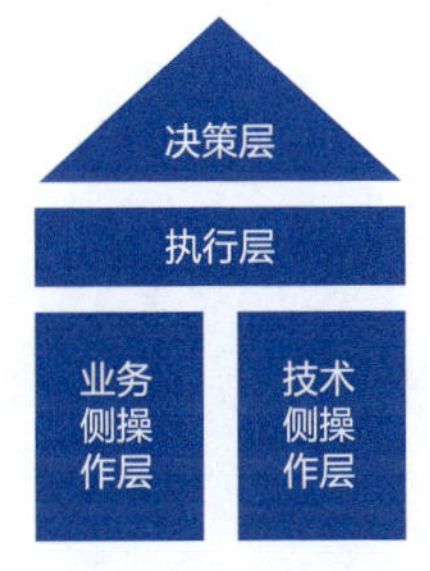

图 5-8

数据治理组织具体分为以下 3 个主要层级。

- 决策层：决策层由企业的高层管理人员组成，是数据治理的核心推动力量。必须特别强调，数据治理是一项“一把手工程”，其重要性决定了决策层的人选应该是具备全公司推动力和资源调配力的高层管理者，甚至是 CEO 级别的管理者。只有这样的高层管理者参与，才能确保数据治理在全公司层面得到战略性的推进，并获得足够的资源支持。这一层级的决策者不仅负责确定数据治理的战略方向，还要负责资源的整合与跨部门协同工作的统筹。
- 执行层：执行层主要由各部门的负责人组成，他们的职责是将决策层制定的数据治理战略具体落实为可执行的计划和行动。由于数据治理涉及广泛的业务人员，因此执行层必须涵盖所有主要的业务部门负责人。每个部门在使用数据时有着不同的需求和标准，只有他们的参与，才能确保数据治理策略的制定和执行能够反映真实的业务需求。同时，执行层也是承上启下的关键环节，可以确保数据治理战略能够有效传递到操作层，并及时反馈实施中的问题。

- 操作层：操作层是数据治理的具体执行者，主要包括 IT 人员、数据管理人员和业务人员。IT 人员负责系统配置、数据管理平台的维护和技术层面的支持，而业务侧的操作人员则负责数据的录入，以及业务规则的维护。需要注意的是，数据治理不仅是技术层面的工作，业务人员的参与同样重要，因为他们才是真正使用和产生数据的人。只有业务与技术紧密结合，才能确保数据治理从实际业务出发，达到增值运营的目标。

通过构建这样一个多层次的数据治理组织，企业可以长期保持数据治理的持续执行力。不同层级之间的有效协作，不仅能保证数据治理的标准化和规范性，还能确保各个业务部门在数据应用上达成高度一致，共同推动企业的数据资产化进程。

涉及人员：业务、职能部门（如市场、销售、人力资源等部门）、IT 部门、高层决策者。

5.2.2 数据治理落地难点

从数据治理的内容及数据范围来看，数据治理工作内容涵盖非常广泛。首先，从内容角度讲，数据治理涉及数据标准的制定、数据模型的设计、数据架构的搭建，以及数据治理组织的管理。这不仅涉及技术工作，还涉及大量的业务工作，企业必须构建一套适应企业运作的整体治理框架，以确保数据治理工作的切实落地。

而从数据范围来看，数据治理的对象包括主数据、交易数据、参考数据和指标数据。

- 主数据是贯穿整个企业经营活动的基础信息，其准确性和一致性对各个业务部门至关重要。
- 交易数据涉及企业日常运营的方方面面，是动态的业务记录，它的问题通常来源于缺乏统一标准或者业务操作的失误。
- 参考数据作为标准化且具有可高度共享的信息，为跨部门协作和各系统协同提供了基本的运行基础。

□ 指标数据的设计来源于设计者对于业务及数据应用的理解深度，直接影响企业的经营决策。

这 4 类数据的治理不仅关乎数据本身，还延伸至企业的整个业务流程、内部管理和数据流管理。可以说，数据治理几乎已覆盖企业的所有方面。

随着数据治理覆盖范围的扩大，其复杂性也会大幅增加。因为一旦涉及业务的多个方面，就会涉及跨部门沟通、跨系统整合，致使数据治理面临技术、业务流程和人员管理等多重挑战。从具体工作执行层面看，由于数据在企业内外流动，涉及的部门和系统众多，容易引发数据标准与系统使用、业务应用之间的矛盾。

当数据治理的工作跳脱于“事”时，最大的挑战往往是“人”。数据治理往往涉及企业内外的多个利益相关方，包括业务部门、IT 部门、管理层和外部合作方。这些利益相关者有各自的需求优先级和利益诉求，如何协调他们的目标和行动往往是数据治理中最难的部分。部门之间的目标不一致可能会导致推行数据标准困难重重，而人员的不配合和认知差异则会使治理工作进展更加受阻。比如，业务人员可能更关注业务结果，而数据治理技术人员更关注技术结果。因此，数据治理的难点更多体现在对“人”的管理上。

当然，一旦上升到“人”的问题，随之而来的是企业的文化认知变革、文化建设、利益分配等问题。要实现高效的治理，企业必须具备从上到下的数据文化认同，尤其是高层管理者的强有力支持，这也是为何我们始终强调数据治理乃是一把手工程的主要原因。

对于数据治理具体实施中会遇到的难点，总结如下。（注：为了便于理解，我们仍以停车场数据为例进行说明。）

1. 最大的挑战：数据质量

数据质量直接关系到企业在运营决策中的数据使用能力，而影响数据质量的因素非常复杂。首先，企业内部的数据来源通常非常多样，来自不同系统，如 ERP 系统、CRM 系统、财务系统等，这些系统会产生大量数据。

每个系统都有其独特的运行逻辑，数据格式、结构和定义存在较大差异。不同来源渠道和系统之间通常存在数据口径不一致的问题。例如，销售部门和财务部门使用的客户数据在字段定义和存储格式上可能不同，甚至在同一业务流程中，不同系统对相同业务数据的名称和定义也可能存在差异。这使数据整合变得困难。每个系统的数据都是根据其特定业务逻辑设计的，要将这些数据统一管理并确保口径一致，是一项艰巨的任务。

数据从生产到消费的整个过程中，涉及多个环节和系统，因此容易受到各种因素的影响，从而影响数据质量。例如，业务人员手工录入错误、系统升级导致的数据丢失，甚至不同版本系统间的兼容性问题，都会影响数据的完整性或准确性。此外，数据应用允许的数据质量容错率非常低，结果一旦出现错误，所有的工作都将失去意义。因此，数据质量在数据资产化和数据应用过程中无疑是最大的挑战和难题。

案例展示：在停车场数据管理中，常见的质量问题之一是，某段时间内部分停车位的停车数据缺失，对应的是前面内容中我们提到的数据质量的完整性问题，最终导致停车场数据的可分析性变弱。

2. 数据治理难以为继的根源：数据责任和权属不清

数据治理的第二大挑战是数据责任和权属不清。数据的产生通常源于各个业务部门的操作或管理流程。例如，销售部门负责生成客户数据，采购部门负责生成供应商数据，财务部门负责生成财务数据。然而，尽管这些数据由不同部门产生，但多数数据是需要跨部门使用的，同时部分数据源头不明确，再加上外部数据的加入，最终会导致数据的责任和权属模糊不清。在实际工作中，我们常常会发现，数据的生产和管理职责被分割得支离破碎，缺乏统一的治理规范。

从数据的采集、清洗、存储到最终应用，每个环节都需要业务部门的深度参与。由于多数实施过程短期集中，各部门在实施阶段的参与度较高，但数据资产的增值运营需要各环节朝着长远目标执行，其中包括数据治理。然而，许多业务部门并不愿意长期承担复杂的治理责任，特别是在数据出现错误或缺失时，大家往往不愿意承担数据质量问题的责任。因此，数据治理常常无法持续推进，最终成为企业内部难以解决的棘手问题。

这些问题的根源主要在于数据治理缺乏明确的责任分配机制，导致许多部门在面对数据治理和管理工作时表现得懈怠。没有清晰的责任归属，数据治理工作便无法真正落地，数据质量和管理问题日积月累，最终导致数据价值无法充分释放。

案例展示：停车位占用数据既是运营部门管理车位的重要数据，也影响着财务部门的收费核算。运营部门需要实时更新数据来帮助优化车位管理，而财务部门则需要依赖这些数据确保收费准确。当停车位占用出现问题时，运营部门可能认为应由财务部门负责数据维护，财务部门可能认为实时数据应由运营部门负责，由此产生到底谁担责的冲突。

3. 跨部门协作的瓶颈：缺乏高层管理者支持

数据治理不仅是一个技术问题，还是一个涉及企业内部多个业务部门和管理层的复杂项目。当协作跨越多个部门时，容易出现“各自为政”“扯皮”等问题。在这种情况下，高层管理者的支持是数据治理成功的关键。然而，许多企业的高层管理者对数据治理的重视程度不足，往往将其视为技术团队的职责，导致在推动过程中困难重重。

在缺乏高层管理者支持时，数据治理面临的最大困难是跨部门的协作问题。数据治理需要各个部门的协同，尤其是在数据逻辑、标准、项目需求等方面发生冲突时，没有高层管理者决策的支持，问题往往难以快速解决。高层管理者的参与不仅能确保各部门对数据治理的重视，还能在遇到突发问题时迅速协调资源，推动数据治理工作的前进。因此，数据治理的成功不仅依赖技术团队的努力，还需要管理层的全力支持。

案例展示：停车场数据的治理需要技术、运营和财务等部门的协作，如果没有高层管理者的充分支持，当各方对于数据问题产生冲突时就难以协调各方。例如，运营部门需要停车位使用的实时数据，而技术部门只关心系统维护和数据安全，没有高层管理者的协调，两个部门一旦出现冲突便会影响最终的数据采集工作。

4. 数据治理严重脱离业务目标，最终成了“数字治理”

当数据治理脱离业务目标时，它便成为“数字治理”，与数据治理的本质目标背道而驰。数据源于业务，而我们需要看到，所有数据项目最终的目标都是服务于业务的，因此，数据治理必须紧扣业务需求。如果忽视了这一点，数据治理就会失去实际价值，从而沦为技术人员简单的“数字堆砌”，这不仅浪费了企业资源，“服务于业务”更无从谈起。

数据治理的根本目的是通过整理、管理和优化数据，确保其能够在业务场景中发挥作用。

不同的业务部门有不同的业务和管理需求，因此对数据治理的要求也不尽相同。例如，销售部门重点关注客户数据，财务部门重点关注财务数据。这意味着，数据治理不能采用“一刀切”的方法，而是必须根据各个业务部门的具体需求进行定制化设计。一旦脱离了业务场景，任何数据治理都只是表面上的修修补补，无法带来实际的价值增长。

因此，数据治理不应仅被视为一个技术项目，而应由业务部门主导。技术团队的职责是提供支持，确保数据的质量与安全，但最终数据如何使用、数据治理如何服务于业务，必须由业务部门来主导。对于那些将数据治理视为纯技术项目的企业，需要纠正这一认知误区：即使是数据治理，也不能脱离业务，不能只由技术团队单独执行。

而从数据资产化的角度来看，数据治理是企业将数据转化为战略资源的必经之路。它不仅能维护数据的准确性和安全性，还能让数据从不可用转为可用，将数据资源从无价转为有价。

案例展示：在停车场数据的治理中，技术部门要求实时更新空停车位数据，并严格按照数据标准规定的格式执行。然而，运营部门的关注点在于，提升车位利用率和车主体验，对于是否达到秒级精度的空停车位数据并不十分看重。这种仅关注技术标准的治理虽然在数据层面达到了要求，但未能有效对接实际业务需求和运营目标，最终导致数据治理缺乏实际意义并难以取得业务部门的配合。

5. 内部多部门协作难

数据治理中一个常见的难题是各部门之间的协作。数据治理的实施需要多部门共同参与，包括 IT、数字化等技术部门，以及市场、营销等业务部门。然而，各部门的专业领域和关注重点不同，往往使数据治理过程充满冲突和分歧。例如，业务部门更关注数据如何助力运营，而 IT 部门则关注数据的安全性、技术实现及治理责任归属。尤其是部分数据的具体操作，业务部门和 IT 部门也会存在多重分歧，因为有些权属实则难以厘清。不同部门对于数据治理的认知差异往往也容易引发“各自为政”的问题，导致数据治理效率低下。

在缺乏高层管理者支持的情况下，统一各部门的目标更加困难。各部门倾向于自行管理数据，导致整体治理工作无法推进。数据治理中有一项工作非常关键，即跨部门沟通，但这并非易事。尤其当各部门存在分歧、矛盾时，高层管理者的介入至关重要，只有高层管理者的参与才能让各部门在治理工作推进时形成共识，从而实现数据治理的目标。

案例展示：在停车场的数据治理中，技术部门关注各系统稳定，财务部门关注停车计费是否准确，而运营部门关注停车位使用率是否达到最大值。这些部门的需求可能都会涉及主数据管理的问题，如果停车位主数据出现问题，应该由哪个部门负责维护成为一项难题，这种分歧和矛盾往往会使项目进度拖延。

5.3 数据管理能力成熟度评估

在数据治理的实施过程中，经历繁杂的任务和重重的挑战后，许多企业常常会想要评估自己在数据治理方面的实施水平，了解哪些方面存在不足，以及与行业标杆之间的差距。此时，一个标准化的评估体系尤为重要，而这正是DCMM（数据管理能力成熟度评估模型）能够发挥作用的地方。

DCMM是我国首个正式发布的权威数据管理领域标准。它结合国内企业的实际需求，特别适用于中国企业在数字化转型过程中的应用。该模型通过将数据治理工作划分为八大能力域，构建了一套全面的评估体系，涵盖了从战略规划到具体执行的完整数据治理流程。

通过该模型，企业可以明确各项具体工作的执行目标，从而量化并快速评估自身数据治理能力水平，及时发现并解决当前数据治理中的问题，进而进行改进。同时，DCMM也为企业数据资产的长期运营提供了切实可行的指导策略，确保数据治理能够持续有效地推动企业的发展。

5.3.1 DCMM评估八大能力域

DCMM定义了数据战略、数据治理、数据架构、数据应用、数据安全、数据质量、数据标准和数据生存周期八大能力域，细分为28个能力项和445条能力等级标准（见表 5-1）。

（以下内容定义、解释来源于 DCMM 官方内容及简要解读。）

表 5-1

能力域	能力项
数据战略	数据战略规划
	数据战略实施
	数据战略评估
数据治理	数据治理组织
	数据制度建设
	数据治理沟通
数据架构	数据模型
	数据分布
	数据集成与共享
	元数据管理
数据应用	数据分析
	数据开放共享
	数据服务
数据安全	数据安全策略
	数据安全管理
	数据安全审计
数据质量	数据质量需求
	数据质量检查
	数据质量分析
	数据质量提升
数据标准	业务术语
	参考数据和主数据
	数据元
	指标数据
数据生存周期	数据需求
	数据设计和开发
	数据运维
	数据退役

□ 数据战略：组织开展数据工作的愿景、目的、目标和原则。简而言之，对企业数据资产运营进行战略性规划，涵盖企业数据管理方向、方案。

□ 数据治理：对数据进行处置、格式化和规范化的过程。简而言之，对企业数据按照一定标准、规范进行治理。

- □ 数据架构：通过组织级数据模型定义数据需求，指导对数据资产的分布控制和整合，部署数据的共享和应用环境，制定元数据管理的规范。
- □ 数据应用：通过对数据进行存储、整理、分析、加工，从数据中获取业务特征及规律，以指导业务运营、管理优化、流程变革等企业经营决策。
- □ 数据安全：数据的机密性、完整性和可用性。简而言之，在数据分类与分级的基础上，保证数据访问安全、存储安全、访问安全等。
- □ 数据质量：在指定条件下使用时，数据的特性是否满足明确的和隐含的要求。简而言之，指数据是否准确、是否完整、各系统数据是否一致等情况。
- □ 数据标准：数据的命名、定义、结构和取值的规则。
- □ 数据生命周期:将原始数据转化为可用于行动的知识的过程。简而言之，指数据从生产开始到应用结束的整个管理阶段。

八大能力域的价值如下。

（1）构建一套系统化的评估框架：为企业数据治理提供了系统化的评估框架，使数据治理工作有章可循。通过这个框架，企业可以深入了解数据治理的核心内容，清晰掌握各领域的关键内容。框架的系统性使数据治理的评估工作变得可操作和可量化。

（2）帮助企业明确责任分工：为企业在各个领域的职责划分提供了清晰指导。通过这种分解，企业可以在各能力域内明确不同角色的责任，确保治理工作在组织内部得到高效分配和推进。

（3）细化评估标准：DCMM 通过为数据治理的各个能力域设定具体、量化的评估标准，帮助企业理解数据治理。这些细化的指标使企业能够基于各项标准进行评分，对各模块的具体工作进行量化。这种标准量化不仅为数据治理工作提供了统一的衡量标准，还为企业制订有针对性的改进计划提供了指导方向，使数据治理工作可以更加规范。

5.3.2 DCMM 成熟度评估等级

DCMM 在将数据治理划分为八大能力域后，进一步明确了成熟度等级的定义和划分。为了便于理解，以下是对 DCMM 官方各等级主要特征的简要总结（见图 5-9）。

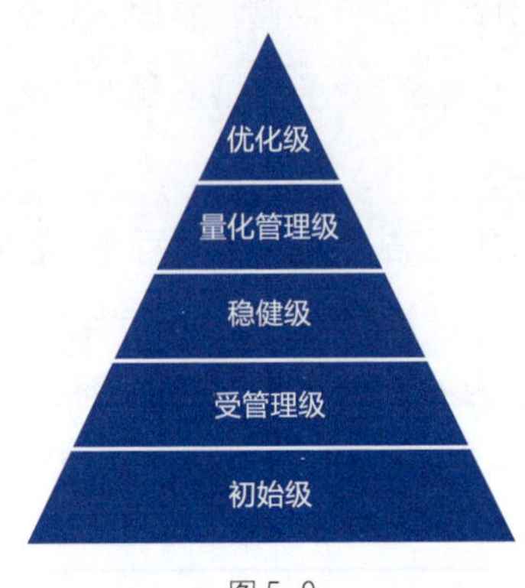

图 5-9

1. 初始级

数据需求的管理主要是在项目级体现，没有统一的管理流程，主要是被动式管理。

主要特征：企业在制定战略决策时缺乏充分的数据支持，通常没有正式的数据规划、架构设计和管理流程，导致各业务系统独立管理数据，出现不一致现象。同时，企业未意识到数据管理和数据质量的重要性，且数据管理仅根据项目周期进行，无法有效核算数据维护和管理的成本。

2. 受管理级

企业已意识到数据是资产，根据管理策略的要求制定了管理流程，指定了相关人员进行初步管理。

主要特征：企业逐渐意识到数据的重要性，制定了一部分数据管理规范并设置了相关岗位。尽管认识到数据质量和“数据孤岛”是重要的管理问题，但尚未找到有效的解决办法。企业还进行了初步的数据集成工作，尝试整合各业务系统的数据，设计了相关的数据模型和管理岗位。

3. 稳健级

数据已被当作实现企业绩效目标的重要资产，在企业层面制定了系列的标准化管理流程，促进数据管理的规范化。

主要特征：企业逐渐意识到数据的价值，建立了内部数据管理的规章和制度，使数据管理和应用能够与业务战略、经营管理需求及外部监管需求相结合。同时，建立了相关的数据管理机构和流程，并参与行业数据管理培训，推动各部门按流程开展工作。

4. 量化管理级

数据被认为是获取竞争优势的重要资源，数据管理的效率可以量化分析和监控。

主要特征：企业的管理层认识到数据是战略资产，了解其在流程优化和绩效提升中的重要作用，能够在制定业务战略时获得数据支持。同时，企业建立了可量化的评估指标体系，能够准确测量数据管理流程的效率，并及时进行优化。此外，组织参与国家和行业相关标准的制定，并定期开展数据管理和应用的培训工作。

5. 优化级

数据被认为是企业生存和发展的基础，相关管理流程能实时优化，能在行业内进行最佳实践分享。

主要特征：企业将数据视为核心竞争力，利用数据创造更大价值并提升效率。同时，企业能够主导国家和行业相关标准的制定，并将自身在数据管理能力建设方面的经验推广为行业最佳案例。

5.3.3 DCMM 评估方法

在八大能力域中，每个能力域内容都很广泛，如数据战略，如果笼统地衡量数据战略，可能会无从下手。因此，在 DCMM 的官方文件中，将数据战略进一步细分为 3 个部分：数据战略规划、数据战略实施和数据战略评估。通过这样的细分，能够更具体地衡量和提升数据战略的各个方面。

数据战略规划、数据战略实施和数据战略评估在 DCMM 中属于能力域细分后的能力项，也就是 DCMM 要评估的具体能力内容。

对于数据治理工作，DCMM 具体如何评估?

DCMM 对每个能力项的工作、能力目标进行了详细描述，再依次按照成熟度评估等级进行交叉划分出具体的能力等级标准。下面以数据战略规划能力为例进行介绍。

1. 对数据战略规划进行详细的定义解释

数据战略规划是在所有利益相关者之间达成共识的结果。从宏观及微观两个层面确定开展数据管理及应用的动因，并综合反映数据提供方和消费方的需求。

2. 对数据战略规划具体的工作内容进行描述

（1）识别利益相关者，明确利益相关者的需求。

（2）数据战略需求评估，组织对业务和信息化现状进行评估，了解业务和信息化对数据的需求。

（3）数据战略的制定，包括但不限于如下几个方面。

□ 愿景陈述，其中包含数据管理原则、目的和目标。

□ 规划范围，其中包含重要业务领域、数据范围和数据管理优先权。

□ 所选择的数据管理模型和建设方法。

□ 当前数据管理存在的主要差距。

□ 管理层及其责任，以及利益相关者名单。

□ 编制数据管理规划的管理方法。

□ 持续优化路线图。

（4）数据战略发布，以文件、网站、邮件等方式正式发布审批后的数据战略。

（5）数据战略修订，根据业务战略、信息化发展等方面的要求，定期进行数据战略的修订。

（注意：DCMM 中，数据战略规划的具体工作内容非常清晰，涵盖了战略发展愿景、业务领域、数据范围、数据管理模型和建设方法、数据管理规划、利益相关者，企业可以按照这几个维度进行数据战略规划的开展。）

3. 对该项工作的目标进行说明

（1）建立、维护数据管理战略。

（2）针对所有业务领域，在整个数据治理过程中维护数据管理战略（目标、目的、优先权和范围）。

（3）基于数据的业务价值和数据管理目标，识别利益相关者，分析各项数据管理工作的优先权。

（4）制订、监控和评估后续计划，用于指导数据管理规划实施。

4. 能力等级标准如下

（1）第 1 级：初始级。

□ 在项目建设过程中反映了数据管理的目标和范围。

（2）第 2 级：受管理级。

□ 识别与数据战略相关的利益相关者。

□ 数据战略的制定遵循相关管理流程。

□ 维护数据战略和业务战略之间的关联关系。

（3）第 3 级：稳健级。

□ 制定能反映企业业务发展需求的数据战略。

□ 制定数据战略的管理制度和流程，明确利益相关者的职责，规范数据战略的管理过程。

□ 根据企业制定的数据战略提供资源保障。

□ 将企业的数据管理战略形成文件并按企业定义的标准过程进行维护、审查和公告。

□ 编制数据战略的优化路线图，指导数据工作的开展。

□ 定期修订已发布的数据战略。

（4）第 4 级：量化管理级。

□ 对企业数据战略的管理过程进行量化分析并及时优化。

□ 能量化分析数据战略路线图的落实情况，并持续优化数据战略。

（5）第 5 级：优化级。

□ 数据战略可有效提升企业竞争力。

□ 在业界分享最佳实践，成为行业标杆。

从工作目标及能力等级来看，每项工作需达成的目标能力非常清晰，在 DCMM 中，八大能力域细分出 28 个能力项，28 个能力项与成熟度评估等级进行交叉细分出 445 条能力等级标准，每个能力项的标准确定与前面对于数据战略规划标准的划分方式保持一致，对于企业具体的数据治理过程进行精细化拆分后，企业整体的数据治理工作从战略规划到落地执行都有了细致的方法论指导及能力评估标准。

5.3.4 DCMM 使用价值

DCMM（数据管理能力成熟度评估模型）旨在系统评估企业数据治理工作的成熟度和规范性，帮助企业精准判断其数据治理实践的能力水平。通过 DCMM 的结构化框架，企业能够从战略层面规划全面的数据治理体系。

DCMM 划分为八大能力域、28 个能力项及 445 条能力等级标准，每个维度都代表了企业在数据治理中应该关注的要点。这些细分模块不仅展示了数据治理工作的全景视图，也可以引导企业逐步实施可操作的细化流程。具体来说，八大能力域构成了数据治理的核心模块，明确了企业在各个方面需要规划的治理内容。而每个能力域下的多个能力项则是企业在该领域需要落实的工作内容。

在 DCMM 中，每项工作内容都被分解为具体的过程和过程目标，为企业提供了清晰的实施路径和目标导向。这种细分不仅让企业可以清晰理解数据治理工作“如何做”，更能够帮助企业知道数据治理的每项过程工作做到什么程度才算成熟。对于没有完善数据治理框架的企业而言，DCMM 提供了一个标准化的实施模板，在这个模型的指导下，企业可以进行系统化设计并逐步建立起符合自身需求的数据治理架构，从而全面提高企业数据管理水平。

所以，对于企业来说，DCMM 有以下价值。

（1）提供全面的数据治理工作框架：DCMM 为企业建立了一个从数据战略、数据治理、数据架构到数据应用的完整框架，涵盖了安全管理、质量管理、标准管理和战略规划等关键环节。该工作框架具备系统性、体系性，可以帮助企业有效提升数据治理工作的规范性与持续性。

（2）拥有数据治理工作实施质量的评估框架：DCMM 不仅提供了完整的评估框架，还覆盖了从数据战略到数据生命周期管理在内的八大核心能力域，并进一步细化为具体过程工作。通过这一框架，企业可以对各个数据治理模块进行详细评估，清楚了解自身数据治理工作实施的优势与不足，更好地改善工作。

（3）为企业数据资产运营提供高质量的数据基础：在 DCMM 的指导下，如果企业数据治理工作朝更好的成熟度等级标准发展，便可使数据从“不可用”

转化为“可用”的资源。这种“可用性”是数据资源成为数据资产的前提，意味着数据资源已具备可运营的价值潜力。那么，在此基础上，企业便能够对此数据资源进行价值开发，以支持业务决策，实现数据的内部及外部应用，从而实现对数据资产的增值运营。

5.4 增值的基础：数据资产化管理

在前面的内容中，我们讨论了数据治理，它是企业将原始数据转化为可用资源的过程，是所有数据应用的前提工作，也是数据资产化管理中的核心工作。

数据治理的重点在于制定和执行数据标准，因此它更像是执行层的工作，解决的是数据“治”与“理”的问题，让数据从不可用到可用。但是当我们谈及企业数据资产的整体运营时，就需要跳出数据治理单一的工作框架，我们需要从更长远、更完整的视角思考这项工作的价值和战略意义。在数据资产运营体系下，我们需要的是数据资产化管理。

数据资产化管理不仅仅是数据治理，而是将数据作为一项资产来管理，以最大化数据价值为目标。数据治理的定义前面已有内容介绍，这里不再赘述。

数据治理与数据资产化管理很容易被混淆，其实二者存在显著的差异。

目标上的差异：数据治理的目标是将不可用的数据转化为可用的数据资源，与数据资产化管理相比，它的工作更偏执行层，强调的是数据质量、规范性和一致性。而数据资产化管理则将数据视为一种重要的企业资产，以更加体系化、系统化的方式进行管理，最终目标是通过系统化的管理实现数据的更高价值，为企业创造更大的收益，思考的起点是整个企业的数据价值管理。

归属不同：数据治理与数据资产化管理之间存在某种归属关系。数据治理本身是企业数据工作中的一个基础的独立环节，与数据分析类似，属于独立的职能领域。但在数据资产运营的体系框架下，数据治理是数据资产运营体系中的一个基础环节。当前，许多企业将数据治理、数据管理，甚至数据资产化管理混为一谈，这反映了大家对于其狭义和广义理解上的差异。狭义上，数据治理主要专注于数据标准化和规范化，广义上如将数据治理等同于数据资产化管理，则需要涵盖数据价值的识别和规划等内容，而且这两个环节还要做好，否则增值便无从谈起。（关于数据价值的识别与规划，我们在第 4 章中已有说明，此处不再赘述。）

为了实现企业数据资产的增值运营，我们需要从数据治理的视角转变为数据资产化管理的视角。这种转变要求我们用更长远、更广阔的视角来看待数据资产的管理。

所以，更加成体系地进行管理，里面还包括了对于数据资产价值的管理，该部分需充分结合本书第 6 章的内容。只有通过这样的转换，才能为后续数据资源的开发利用奠定基础，实现数据资产增值的目标。

5.5 本章小结

随着新兴科技的迅速发展与广泛应用，数据已成为众多产品和工具的核心支撑。例如，大模型的诞生为各行各业带来了深刻的变革，而这种技术的基础依赖高质量的数据。如果没有高质量的数据来支撑大模型的商业化应用，大模型就无法实现规模化效用。因此，在未来，数据作为企业生产要素的关键性和重要性会不断增强，而数据治理将成为企业发展的重中之重，也成为各行各业普遍面临的一大挑战。

在数据资产的增值运营中，数据治理既是重点，也是难点。数据治理不仅涉及大量复杂、烦琐的工作内容，更面临系统化落地的难题。因此，本章从数据分类入手，深入探讨数据治理的概念、关键内容及其核心难点，并重点关注数据治理的实施路径。尽管数据治理规划相对容易，但其有效落地及如何长期成功执行对各行业来说都是难题。因此，数据治理落地必须要有有效的实施路径，它将成为数据治理落地的重要指导，这也是本章的核心内容。

此外，数据治理效果如何评估，是企业开展数据治理工作后面临的一大问题，具有明确工作的里程碑和实施目标，有助于企业更好地开展工作。为此，本章对 DCMM 进行了内容介绍，可以帮助企业更好地理解 DCMM 的适用价值。但该模型内容繁多且专业性较强，对于很多企业而言，理解难度较大，所以本章以数据战略规划工作为例进行了详细的内容介绍及解读，帮助企业快速掌握该模型，以便更有效地应用于实际的数据治理工作。

而部分不具备数据治理基础的企业，通过阅读本章内容，也可清晰理解数据治理的核心价值与实施路径，找到适合自身企业的实施方案并开展数据治理工作。

第6章

增值运营难点：数据资产场景化

数据资产运营表面看起来简单，但深入探讨会发现每个环节都很复杂。从战略到执行，随着数据资产运营的深入，挑战只会加剧。前面我们提到，数据治理作为数据资产长效运营的重点环节，不仅是核心工作，更是整个流程中的难点。数据领域包含两项主要工作：数据治理、数据分析。严格来说，相较于数据分析，数据治理的难度主要体现在其繁复的细节上；而数据分析的难点更多体现在方案设计上。这两个层面的难度显然不在同一量级。然而，数据治理作为数据分析的上游工作，其重要性更为突出，尤其是大模型兴起后，对于数据资源的数据质量具有更高的要求，一旦数据质量有问题，大模型的应用便无从谈起。

谈到数据资产的长效运营，有一个不可忽视的前提：数据必须有“价值”。这个“价值”也是数据治理与数据分析要实现的目标，试想，如果一堆数据是毫无价值的，我们是否还需要花费时间和资源去运营它？显然不需要！因为无论如何管理、治理，这些数据都不会带来任何实际的商业价值，那么再多的管理和治理工作，最终的运营也毫无意义。所以数据资产运营、长效运营，其本质是价值运营。数据有价值，是企业实行数据资产运营的基础和前提。

这一前提，我们在前面章节已多次提及：当数据脱离了业务时，它就只是一堆毫无意义的数字。纯粹的数字并无任何价值，只有当它与特定的业务场景相结合时，数据才有意义。例如，当这些数字与销售业务结合时，销售额或订单量是有价值的；当它们与支付场景结合时，支付人数与支付金额是有价值的。这种“场景化”是数据价值的表现载体。因此，回到数据资产的层面，数据资产的价值一定在于它与业务场景的紧密结合。简而言之，数据资产的价值在于它反映和解决问题的能力。

数据脱离了业务场景,就失去了其原本的意义和作用。数据资产运营的核心，就是对数据在具体业务场景中展现的价值进行运营，只是价值的实现需要经历一个完整的工作链路，也就是前面章节我们说的数据资产运营关键实施路径。

6.1 理解数据资产场景化

6.1.1 理解场景化

理解数据资产场景化的第一个关键点，需要从行业和企业的特性入手。行业和企业的业务本质不同，直接决定了其具体的数据场景不同。我们以销售场景为例，例如，网络教育行业和快消品零售行业的销售业务场景具有很大差异。网络教育销售的“商品”是课程，不具有实际的形态，而快消品零售销售的是有形的商品。由于商品形态的差异，其生成和数据应用的重点也不相同。网络教育的数据多数集中在用户注册、课程学习时间和课程完成率等指标上，而快消品零售的数据则涉及库存、销量、消费者行为等。因此，在讨论数据的价值时，必须基于具体的行业和企业背景，不能脱离特定的业务场景，否则数据的应用价值就会变得模糊甚至无效。

当我们进一步探讨数据与业务结合的场景时，场景化的第二个关键点是，找到具体的问题场景。数据的真正价值体现在帮助业务发现问题、解决问题，或辅助决策的能力上。如果数据只是笼统地用于宏观业务决策或运营分析，而没有针对特定问题进行深入应用，那么数据的价值也会被削弱。例如，销售本身是一个广泛的业务场景，但它可以根据不同的维度被拆分成更细化的问题场景，如售前的用户获取、售中的订单转化率以及售后的用户满意度。如果不将这些广泛的业务场景细分为具体的问题场景，数据的价值便会停留在表面，难以在实际的业务中发挥作用。

如何理解具体的问题场景，我们通过两个例子来进一步理解它。

场景一：某电商平台在促销季发现用户流失率上升，尽管网站访问量显著增加，而用户实际下单量大幅下降。为了找出问题的根源，电商团队开始分析用户行为数据，收集了用户点击路径、页面停留时间、购物车中商品未销售（即未转化）等数据进行分析。

这属于典型的问题场景，因为它清楚地展示了业务中的问题：用户流失率上升和订单量下降。通过对收集的数据进行深入分析，企业能够发现潜在问题，例如，页面加载速度慢、支付流程复杂或促销活动吸引力不足等。这些发现能够为企业提供明确的决策方向，如优化用户体验或调整促销策略，从而解决问题。

因此，场景一对于用户行为数据集的价值非常明确，不仅对于平台内部运营管理具有一定价值，也可以将其开放给平台的商户，所以这里的用户行为数据集的场景化非常精确。

场景二：该电商平台的销售部门每月固定收集商品销售数量、销量分布、浏览量和注册人数等数据，并自动生成报表发给各部门。

虽然销售部每月收集的这些数据能够提供企业整体运营的状态信息，但它并没有指向特定的业务问题，仅供各部门了解当前的运行“数据”，那么该数据很可能无法为各业务部门带来所需的参考价值，所以该案例中的数据缺乏与具体业务问题的关联性，严格意义上无法称为数据资产的应用场景。

因此，这个案例涉及的数据集，最终应用价值不够明显。若仅用于内部一般运营监控，虽具可行性，但可能缺乏价值；若对外提供，则可能因任务目标不明确而使数据的最终价值不够明确。

总之，数据资产场景化的核心在于，将数据与特定行业、企业的业务方向及关键问题场景相结合，如此，数据不仅可以展示业务现状，还能通过问题导向的方式帮助企业发现并解决问题。这一过程体现了业务数据化、数据业务化与数据赋能业务的价值，也是使数据从静态呈现转化为动态应用的过程。而通过具体的问题场景化，数据就可以作为生产要素参与企业经营，以帮助企业做出精准的决策。

6.1.2 理解数据的“价值”

在数据资产的管理和应用过程中，数据的价值是一个至关重要的问题。只有深刻认识到数据的价值，对其予以足够重视，才能理解数据为什么可以作为生产要素参与企业生产经营。

我们必须明确，数据的价值并非仅仅体现在少量的单一数据上，而是更多体现在经过整理、加工和分析后所形成的丰富数据集和数据产品中。

具体来说，在数据资产化工作中，我们可将数据大致分为两类：第一类是数据资源，即经过一定清洗和整理的“原始”数据集；第二类是数据产品，指经过加工、产品化后的数据产品。

理解数据的价值有一个重要前提：规模化。因为数据的价值很难通过单一的数字或少量的数据行来体现。例如，如果我们只有 20 行销售数据，且这些数据与业务决策没有直接关联，那么数据价值便无从谈起。很多时候，数据的价值需要一定的“规模”来支撑，规模可大可小，具体需求要根据具体应用目标来确定。例如，只是想要了解 7 月销售额，与想要了解 7 月销售情况的好坏，这两个需求对于数据“规模”的要求便有所不同。对于数据资源，通常情况下，1000 行的数据要比 100 行数据更具价值，因为规模的增加通常意味着信息量的增大，可以挖掘的价值量也会更丰富。

如果是加工后的数据，例如，比较 1 月到 6 月的销售额总数据和仅仅 5 月单月的销售额数据。显然前者的价值更高，因为它涵盖了更长时段内的销售数据，能够在一定程度上帮助决策者识别季节性变化或特定营销活动的效果。

除了数据体量的问题，单一维度的数据也往往价值有限。例如，订单金额这一单一维度的数据虽然可以提供一些信息，但如果将订单金额与订单量相结合，形成一个综合数据集，则可以更全面地反映销售业绩。

因此，数据的体量与多维度是决定数据是否具备价值的一个重要因素。

那么，数据的具体价值是什么？

在本书中，我们始终强调，数据的核心价值在于其辅助决策和帮助解决问题的能力。数据本身并无神秘之处，只有将分析与业务需求相结合，才能对企业运营产生实质性的影响。

为了深入理解数据价值，我们继续以前面提到的电商平台的两个场景为例。

现在我们实现第一个业务目标，关键信息如下。

（1）业务问题：促销期间，平台的订单量明显下降。

（2）使用到的分析数据：该问题所依赖的分析数据包括用户行为数据。

（3）数据集内容范围：具体的数据集涵盖用户点击数据、页面停留数据和“加购”数据。

通过这些关键信息，我们能够看出，此数据集的信息量相对丰富，涵盖了多个维度的数据，而不是局限于单一的数据类型。精准的业务问题也有助于推动决策的形成，这里的业务目标是找到用户流失的根本原因。

此时，我们通过对用户行为数据的分析，电商平台可以识别出用户在购买流程中的痛点，如页面加载速度慢、支付流程复杂等，从而为改进决策提供数据支持。

前面章节中我们对数据的持续价值特性进行了简单描述，并将数据比作“石油”，它是一种“非消耗性”资源，具有“取之不尽、用之不竭”的特征。

如何更好地理解这句话？我们继续以该电商平台为例，针对同一用户行为数据集，前面以降低用户流失为业务目标进行分析，现在我们重新设定新的业务目标，即用户行为路径优化。目的是提升平台用户的成交转化率。

转换业务目标后的关键信息如下。

（1）业务问题：用户行为路径优化，以提升平台用户的成交转化。

（2）使用到的分析数据：用户行为数据。

（3）数据集内容范围：用户点击数据、页面停留数据、“加购”数据。

此时，因数据分析的业务目标发生了转变，我们需要转换分析思路。在这一业务目标下，我们要通过用户点击数据和页面停留时间分析用户在网站上的浏览路径，识别用户在哪些页面停留时间长、在哪些页面停留时间短，以及用户从哪个页面离开网站。

通过这一分析，电商平台可以发现用户在购物流程中可能遇到的问题，从而有针对性地进行优化。例如，如果发现用户在某一特定页面的停留时间过长，而成交转化率却不高，这可能意味着该页面的信息传递不够清晰或者用户在该页面遇到了一些“如何继续浏览”的障碍。因此，通过优化这些页面，可以有效提升用户的成交转化率。

此时，我们利用同一电商平台用户行为数据集，完成了两个业务目标的数据分析。

（1）降低用户流失。对应的业务场景是销售。

（2）用户行为路径优化。对应的业务场景是网站管理。

这份数据的价值在于它支持多重业务目标的实现，从而使自身的价值也得到了提升。如此，同一数据集的应用场景变得更加丰富、多元。在一定程度上，数据有了更高的应用价值。

除了上述两个业务目标，事实上，这份用户行为数据集还能够支持更多的业务目标，如支付流程优化、商品上架优化等。

数据的多元应用能力意味着，企业可以通过同一数据集，反复挖掘出不同的价值和洞察。在对企业数据进行有效管理和资产化的过程中，识别数据的价值非常重要，它也是数据资产运用的基础。如果数据缺乏价值，那么数据无法转化为资产，企业无须对其进行长效运营。

在认识数据价值时，首先，我们需要认识到数据在企业决策中所扮演的角色，它是影响决策结果的关键要素。其次，数据能够帮助解决哪些具体问题，以及它所能产出的价值“规模”，也是企业评估数据价值的关键点。

数据能够解决的问题越多，其价值就越高。在企业对内的数据资产应用中，数据的价值影响着企业从中可以获得的决策影响力；而在企业对外的数据资产应用中，如果数据资产一旦对外进行交易，就能获得更高的经济收益。

因此，对于数据价值的认知，我们需要用全局视角，将其置入一定的业务场景中去审视，只有当它们与具体的业务场景结合时，才能凸显它们的价值，脱离业务谈价值犹如空中楼阁。

6.1.3 场景化的表现形式

在探讨数据资产运营时，尤其是在实现长效运营的过程中，所有的工作，包括“合规”“确权”、成本归集和数据资产评估等，都是围绕数据的“价值”展开的。数据的价值是数据资产运营具备可持续性和稳定性的基石。

在这一过程中，不同的业务场景对数据的价值需求和应用需求可能存在差异。同一份数据集在面向不同的业务目标时，可以发挥的价值也有所不同。

那么，如何对不同应用场景的价值进行有效区分?

此时，我们需要引入一个新概念：数据产品。对于每种应用场景，我们都可以将其视为一种数据产品。

回到前面的案例，面对两个业务目标的应用场景，我们可以用不同的产品进行区分。

（1）降低用户流失率：防用户流失的分析产品。

（2）用户行为路径优化：用户体验优化、分析产品。

对场景化的应用进行产品化处理后，我们会发现，数据集的应用价值会更加清晰、明确。

在第 4 章中，我们已对数据产品及当前市场的产品形态进行了详细的描述。

从数据产品的表现形态看，数据产品不仅是简单的数据集，还可以是经过加工、分析和优化后形成的、具有明确业务目标和价值输出的数据解决方案，或者是报告、模型等。

图 6-1 展示了数据产品最终输出的形态，但它们的本质与所对应的不同业务场景密切相关。从数据资源到输出成型的数据产品过程，涉及不同业务场景对数据的特定需求，对数据资源进行加工和转化，从而形成多样化的数据产品。这一过程不仅赋予数据新的形态，还提高了不同业务场景对数据的利用效率。

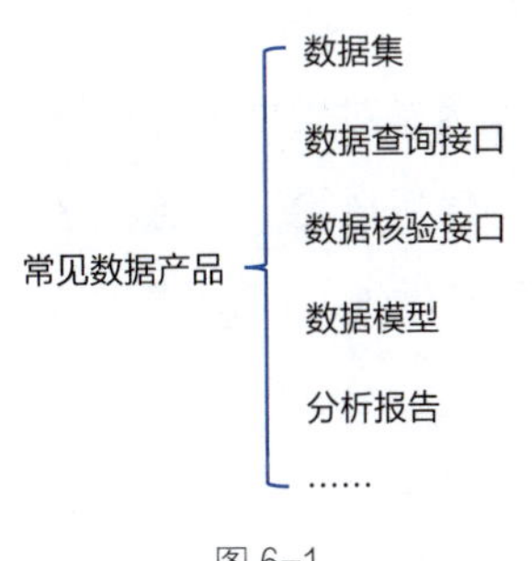

图 6-1

在了解了数据产品的不同形态后，接下来的问题是：哪些业务场景需要这些形态的产品呢？（对于每个产品的解释，在第 4 章有过清晰的解释，故此处不再赘述。）

- 数据集：数据集可能是原始数据资源，或者是经过一定清洗和简单加工后的数据资源，适用于需要对明细数据进行多维查询的场景。例如，企业的各种规章制度集合可以用于针对办公制度问答的大模型知识查询产品。若对外出售，数据集可以满足中介数据服务商和商业用户对其进行深入分析或二次加工的需求，包括大模型服务商进行大模型商业化场景的应用。

- 数据查询接口：数据查询接口产品基于基础数据或者简单加工后的基础数据，这类产品具备原始数据不可见的特性，仅能根据用户的查询需求返回结果。这类数据通常适用于敏感数据的对外输出，例如身份证查询接口。其特点在于可以保护原始数据的安全，同时满足用户对基础数据集查询的需求。
- 数据核验接口：数据核验接口产品与数据查询接口产品类似，常用于身份证核验和人脸识别等场景。如今，很多数字峰会或者大型行业峰会入场环节，人脸识别也属于核验接口产品的应用范畴，其核验的基础是已有数据，而人脸识别数据通常由公安系统掌握。这类数据属于高敏感信息，无法轻易公开，但可以根据用户需求返回确认结果。目前，市面上此类产品相对普遍。
- 数据模型：数据模型产品通常用于构建和分析复杂业务场景，运用数学算法和统计方法对数据进行处理和分析。例如，信用评分模型是金融行业中常见的一种数据产品，它主要基于用户的历史信用数据、收入情况和还款记录等信息对模型进行训练，并利用训练好的模型评估未来或者其他用户的信用风险。注意，这类产品最终输出的是模型本身（简单理解为计算机代码），用以帮助买方用户解决模型训练投入的问题。
- 分析报告：分析报告是对数据进行深入分析和解读后形成的文档，通常包含对特定业务问题的详细研究和洞察。例如，市场调研分析报告通过详细分析市场趋势和市场格局，或对销售数据、市场形势和行业动态进行系统性分析。此类报告常用于销售给同行业或针对特定市场进行研究的企业，当然，在企业内部，对于各业务部门的经营决策也具有一定的指导意义。

上述即为当前市场比较常见的产品形态，当然，数据资产的应用非常广泛，因为市场上行业与企业繁多，并不排除还有其他的表现形式。

相较于企业对外输出的数据产品，服务于企业内部的产品形式同样多元，下面举出常见的4种产品形式。

1. BI分析报表

BI（商业智能）分析报表是指利用专业的BI工具，通过数据收集、处理和分析，帮助企业决策者从数据中获取有价值的信息。其主要工作是，通过一定的技术方法、技术工具将数据转化为易于理解的格式和结果，从而帮助管理层做出合理的决策。

涉及技术

□ ETL、数据仓库、数据分析等技术。

当前市场主流的产品

□ BI开发工具（Tableau、Power BI、帆软、观远、思迈特等）。

应用的需求场景（仅作为示例）

□ 销售分析：分析销售数据以发现销售规律，挖掘潜在的销售机会和市场需求。

□ 用户分析：通过分析用户行为数据，深入了解用户行为偏好，用以改善用户服务，最终提升用户满意度。

2. 标签

标签是对数据进行分类的标识符，用于更好地组织和管理数据，使其更易于检索和应用。常见的标签指用户标签（用户画像），它是对用户特征、行为和偏好的一系列描述，用于构建用户画像，帮助企业更好地理解和细分目标用户群体。这类标签可以包括年龄、性别、兴趣、消费习惯等，目的是帮助企业开展精准营销和个性化服务。

涉及技术

□ 数据仓库、ETL、数据分析、数据采集等技术。

当前市场主流的产品

□ 标签（画像）管理平台、CDP（Customer Data Platform，用户数据平台）等。

应用的需求场景（仅作为示例）

□ 商品管理：根据商品历史消费群体、营销活动反馈等数据对商品进行标签化管理，以更好地实现商品运营工作。

□ 用户管理：根据用户历史消费数据，为用户打上不同的价值标签，将用户分为不同的价值群体（如高价值、低价值），以便针对不同价值的人群制定具有针对性的营销策略。

3. 指标

指标是用于衡量企业业务表现的关键信息数据，通常与特定的业务目标或业务特征相关联。通过对业务特征进行量化，可以帮助企业管理层深入了解业务的运行状况及经营问题。

涉及技术

□ 数据采集、数据分析等技术。

当前市场主流的产品

□ 指标管理平台。

应用的需求场景（仅作为示例）

□ 财务指标：如收入增长率、净利率等，用于评估公司的财务健康状况和盈利能力。

□ 运营指标：如新用户数、注册转化率、车位利用率等，用于了解营销活动的获客效果。

□ 市场指标：如市场份额、用户满意度，用于了解企业在市场中的竞争地位和用户反馈。

4. 分析报告

分析报告是对数据进行深入分析和解读后形成的文档，通常包含对特定业务问题的详细研究和洞察。

涉及技术

□ 数据分析工具，以及 PPT、Word 等文档编辑工具。

当前市场主流的产品

□ PPT 文档报告、Word 文档报告。

应用的需求场景（仅作为示例）

□ 市场分析报告：对市场现状、未来发展趋势、竞品发展状况等维度进行深入研究和分析的文件。旨在帮助企业了解当前市场状况，以及对于企业自身发展的有利与不利因素等信息。

6.2 数据资产场景化的两个典型案例

在深入理解数据资产场景化、数据价值以及数据产品的形态和应用场景后，数据资产场景化的实践成为必然，而非仅仅停留于理论层面。

数据资产作为一个新兴概念，在对外运营体系中的价值是否真正得到体现，关键在于其商业化的成熟度。衡量这种成熟度的标准，取决于市场上是否已经存在可供借鉴的成熟产品。

因此，为了进一步探究数据资产场景化的商业化市场，我们可以通过两个典型且成熟的商业案例进行说明。

如何了解一款数据产品是否实现商业化时，我们可以选择 4 个基础维度进行评估，具体如下。

- 面向的消费群体：数据产品的目标用户群体是否清晰，例如特定行业、企业类型或者人员类型。明确的消费群体是数据交易的基础。
- 产品形态：是否已经形成固定的产品形态，即用户使用的载体，这是数据产品可以持续的基础。
- 解决的问题：解决的问题即产品的价值，数据产品必须针对具体的业务痛点，帮助用户解决实际问题，例如提升运营效率或优化用户体验。这是数据产品实现成交转化的必要因素。
- 经济收益：数据产品持有者或数据产品经营者是否已经从市场中获取商业化的经济收益。

基于这 4 个维度，我们来分析以下两个典型的商业化数据产品案例。

在讲解案例之前，我们先对当前市场上数据资产化的数据类型进行区分。

（1）公共数据：由政府或公共服务机构收集、生成并维护的数据资源，如气象数据、城市交通数据、地理空间数据等。

（2）商业企业数据：由个人、企业或特定组织拥有，其公开性需进行商业考量，部分数据可通过产品化包装，确保核心商业数据在保密的同时实现可用不可见。

公共数据与商业企业数据是当前主要的数据资产化案例，接下来我们将从这两个数据类型出发，结合前面提到的数据产品商业化评估的 4 个维度进行分析，以便更好地理解数据场景化的价值与意义。

6.2.1 公共数据场景化案例

案例：天眼查（同类产品如企查查、启信宝、爱企查等）

天眼查界面如图 6-2 所示。

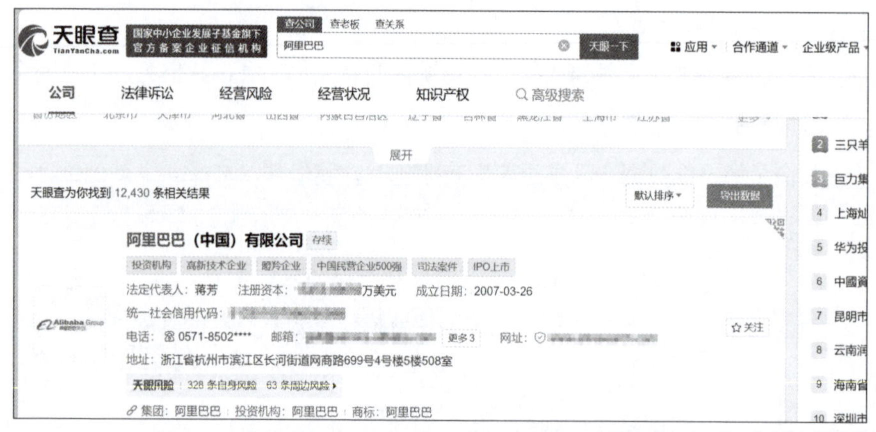

图 6-2

对于天眼查的界面和基础功能，大家比较熟悉，但其背后的数据来源，许多人可能未知其详。天眼查的数据内容主要包括企业的注册信息、工商信息等，这些信息原本就是公开数据，可以在国家企业信用信息公示系统中进行查询。

国家企业信用信息公示系统（企业工商信息官方平台）是一个公开网站，但查询前需要注册登录。

天眼查并不直接生产这些数据，而是通过“网络爬虫”工具从公开平台获取。由于这些数据属于公开信息，天眼查的爬取行为本身并不违法。天眼查并非仅仅采集数据，还对这些公开数据进行了进一步的清洗、转换和格式化处理及系统开发，最终呈现为用户所见的界面。

前端设计不仅改变了数据的展示方式，还对信息进行了多维度整合，使用户能够通过不同的页面布局轻松浏览和查询各企业的工商信息，同时形成最终的产品形态。

下面我们按前面介绍的数据产品商业化应用的 4 个维度进行进一步介绍。

- □ 面向的消费群体：天眼查的消费群体非常广泛，涵盖了个人用户和企业用户。个人用户通过天眼查获取基础的企业信息。例如，如图 6-2 所示，我通过天眼查查询阿里巴巴的注册信息，但只能获取有限的公开信息。若想进一步深入了解，个人用户需要通过会员付费来解锁更全面的内容。企业用户则能获取更全面和灵活的服务，包括查询账号的批量售卖和 API 提供的信息核验和数据查询。
- □ 产品形态：天眼查的产品形态已经相当成熟，用户可以通过网页、移动端或 API 获得所需数据。即时查询为个人用户提供了便捷，而 API 则为企业用户提供了灵活、批量化的数据使用方式。天眼查属于前面我们提到的查询和核验类的数据产品。
- □ 解决的问题：对于个人用户，天眼查提供了便捷的信息获取途径。例如，查询阿里巴巴的注册信息时，能够迅速获取该企业的基本信息，满足初步了解需求。而对于企业用户，审计部门可以通过天眼查查询某些高管是否注册了关联企业，帮助审计团队发现潜在的利益冲突；部分企业可以通过验证供应商的社会信用代码、企业注册信息等，更好地了解供应商情况。
- □ 经济收益：从用户付费功能设置以及面向企业的付费场景来看，它的盈利模式较为成熟，经济收益显著。

通过对天眼查产品的商业化分析可见，它是一款高度成熟的商业化产品。天眼查精准对接企业工商信息数据与用户需求，成功将其转化为可持续运营的服务产品，其场景化设计尤为突出。这种模式为公共数据领域的产品化探索提供了宝贵经验。鉴于公共数据领域涵盖的信息种类广泛，如气象、交通、电力等数据，其数据产品化的潜力巨大，未来必将拥有更广阔的发展空间。

6.2.2 商业企业数据场景化案例

案例："灰豚数据"（同类产品如"蝉妈妈""考古加"等）

"灰豚数据"界面如图 6-3 所示。

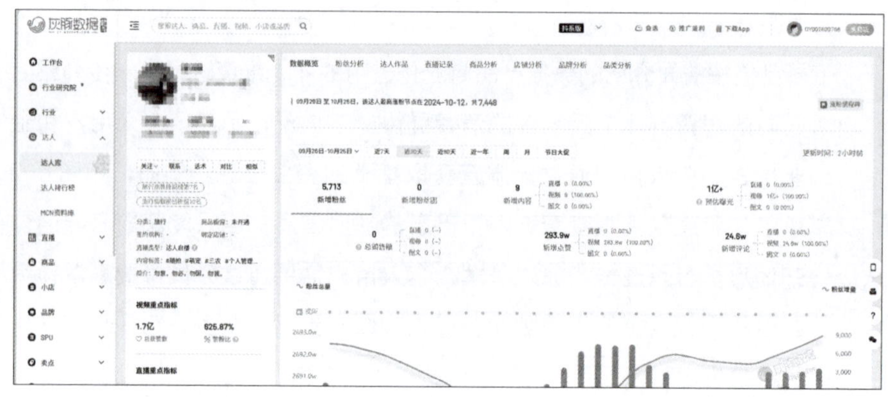

图 6-3

灰豚数据对于很多人来说可能较为陌生，因此先简要介绍其产品。

随着短视频的迅速崛起，例如视频号、抖音、快手等平台已经成为日常消费和娱乐的主要工具。而随着短视频的普及，对视频平台上内容发布者或直播者和用户的行为数据进行监控和分析就成为一项巨大的“业务需求”。详细的数据分析，不仅有助于平台的运营管理，还能帮助广告主找到合适的广告发布者进行广告投放，也为账号运营提供数据支持。

由此可以看出，灰豚数据的产品定位十分明确：短视频平台的数据监控与分析。

类似于前面对天眼查的分析，灰豚数据的数据来源主要是短视频平台本身，如抖音、快手和视频号。灰豚数据并不直接生产这些数据，而是通过技术手段（如网络爬虫）或与平台合作获取数据。用户在前端界面看到的信息及展示布局，正如天眼查一样，经过灰豚数据的设计与处理，最终形成了有价值的数据产品。

图 6-3 展示了我在灰豚数据上查询某短视频账号的结果，可以看到，该查询结果内容十分丰富，涵盖了该短视频账号的各类关键运营指标（见图 6-4）。

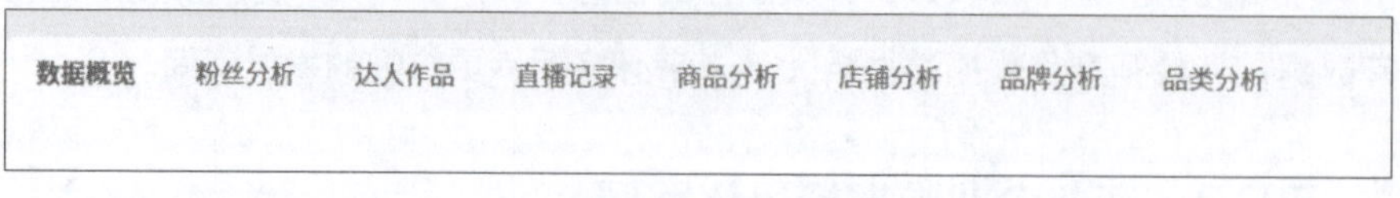

图 6-4

□ 数据概览：这个模块是对短视频账号常见的运营指标的分析，比如粉丝数、地址、新增粉丝数等信息。

- □ 粉丝分析：这个模块是分析短视频账号的粉丝情况，包括粉丝的增长趋势、地域分布、年龄性别结构等指标。通过对粉丝的详细分析，可以帮助博主了解目标受众的构成及偏好。
- □ 达人作品：这个模块对短视频账号发布的作品进行全面的分析，包括每个作品的播放量、互动情况（如点赞、评论、分享等数值），以及与粉丝增长的关联性。
- □ 直播记录：这个模块展示直播账号的直播数据，包括直播时长、观看人数、互动情况等。
- □ 商品分析：这个模块针对短视频账号在直播或短视频中推广的商品进行分析。指标包括商品销售量、转化率、用户评价等信息。
- □ 店铺分析：这个模块分析账号所关联店铺的运营情况，涵盖店铺访客量、成交率、用户评价等多维度数据。
- □ 品牌分析：这个模块针对账号推广的品牌进行分析，涵盖品牌知名度、用户评价、市场表现等指标。
- □ 品类分析：这个模块分析了不同商品品类在相应账号中的表现，包含销量、用户偏好等数据，可以帮助识别哪类商品更受粉丝欢迎。

从这些数据维度来看，基本涵盖了一个短视频账号运营需要了解的所有指标。

了解了数据背后的原理和内容后，我们根据前面提到的商业化应用的 4 个维度对灰豚数据进行进一步拆解。

- □ 面向的消费群体：灰豚数据的消费群体主要分为 3 类：官方短视频平台、内容创作者（博主）和广告主。对于官方短视频平台而言，深入的数据分析有助于高效运营。内容创作者可以借助这些数据了解自身账号的受众画像，从而更精准地输出满足用户需求的内容及相关商品。广告主则可以通过该产品获取创作者的全面账号信息，以找到最适合其产品推广的博主。
- □ 产品形态：灰豚数据的产品形态非常明确，属于分析报告系统。其独特之处在于，构建了一整套涵盖短视频平台全面运营数据的系统。

- □ 解决的问题：由于灰豚数据面向的消费群体较为广泛，因此产品的业务定位需要针对不同用户群体进行细分。例如，针对内容创作者，该产品帮助他们找到更符合用户需求的内容创作方向；而对于广告主，则帮助他们识别合适的短视频账号进行广告投放。总而言之，无论面向哪类消费群体，灰豚数据所解决的具体业务问题都相对明确且具有针对性。
- □ 经济收益：在同类产品中，灰豚数据每日可提供几条免费数据，免费额度用完就需要购买会员，而市场上其他同类产品从开始就需要付费，与之相比，其商业模式和经济收益非常明确。

灰豚数据与天眼查的区别在于，其产品的数据基础为企业数据。当前，数据资产化的趋势通常将企业拥有的数据对外提供服务，但企业数据具有较强的私有属性，很多数据无法公开。然而，并非所有数据都不能开放，部分数据经加工和转换后，仍具备公开潜力。关键在于产品的设计与应用方式。

灰豚数据及其同类产品（如“蝉妈妈”“考古加”）在商业化方面表现出色，是企业数据产品化的典型代表。与其他数据类型相比，企业数据的多元化和业务复杂性使其资产化过程更艰难和复杂。随着数据要素在市场上开放流通，企业在将数据转化为产品的道路上拥有极为广阔的空间，尽管这一过程可能充满挑战且耗时较长。

以上我们介绍了两款非常典型且高度商业化的数据产品，这些产品都是由数据产品开发商开发而成的。从这两个商业化案例可以看出，数据产品化已经展现出相当成熟的商业化模式，且带来的经济收益非常明显。由此可以看出，面向外部的数据资产运营已经具备相当成熟的商业化市场和案例了。

因此，在数据资产的长效、增值运营过程中，无论是对内，还是对外，数据的价值应用都需要通过数据产品化来实现，这是针对特定业务场景下的解决方案。不同的数据产品形态可以根据特定业务需求和用户场景进行设计，从而发挥数据产品的最佳价值。

6.3 数据资产场景化实现路径

6.3.1 清晰的实现路径

在前面的内容中，我们已经对数据资产场景化的定义、概念、价值以及成熟的商业化产品案例进行了深入探讨。随之而来的关键问题是如何有效地实现数据资产场景化？尽管各家企业对数据的规模和价值的认识已经趋于成熟，但真正的挑战在于将这些认知转化为实际的操作路径。

为了解决这个问题，我们需要一条清晰的实现路径（见图 6-5）。这不仅要求对数据进行全面理解和高效管理，更需要结合行业特性，制定切实可行的实施策略。通过系统化的运营流程和路径探索，企业才能够更好地实现数据资产化。

图 6-5

1. 目标分析

数据资产场景化的过程中，明确场景化的目标至关重要，这一目标将指导数据资产化工作的开展与实施。

首先，企业必须清楚区分其数据资产是用于内部还是外部。

对于内部数据资产运营，关键在于识别数据资产服务哪些业务部门。企业需要深入分析各个部门的业务诉求、痛点及目标，从而确定如何利用数据辅助解决哪些问题。例如，用户管理部门可能更关注用户行为数据，而销售部门则对销售数据更关注。通过明确服务的业务部门，企业可根据不同场景定制化数据产品，确保数据能切实解决具体问题。需要注意，在不同行业中，企业内部部门设置不同，建议所有业务部门都参与讨论。

当数据资产场景化的目标服务于外部市场时，企业必须重点关注其消费群体的特征与需求，即企业现有的数据资产价值适用于哪些行业、何种类型的企业。这不仅要求对现有数据进行细致的分析，更需结合市场动态，了解目标用户将如何使用企业的数据。再根据用户的需求，评估当前企业具备的数据条件，据此开发相应的数据产品。

如果企业内部数据并不具备高度的商业属性，则可以对现有的数据进行分类，明确对内与对外可以并行提供，如此，可以确保数据资产不仅具备内部效益，还能在外部市场中为企业创造可观的商业价值。无论是对内还是对外，明确场景化目标可以为企业的数据资产运营提供方向，确保数据在其生命周期中得到有效利用与最大化增值。

其次，明确数据产品的对内和对外服务目标后，需要进一步识别当前数据产品能够解决的具体业务场景。

这一环节至关重要，是数据资产价值识别的核心过程，也是后续数据资产化工作的基础。在第 6.1 节中，我们已经对场景进行了详细说明，对内的应用场景相对容易，因此不再赘述。重点将放在数据资产对外服务的场景上，这部分内容往往令人困惑。

在数据产品的对外服务中，所讨论的数据价值主要属于“利他”价值，其中的“他”可以指个人或企业。例如，前面提到的天眼查产品，当面向个人用户时，它的主要价值在于提供信息查询功能，帮助个体获取所需的企业基础信息。而当它面向企业用户时，其价值则体现在解决企业型问题，如审计风险控制等场景。审计风险控制是每家企业都必须面对的重要问题，因此在讨论“利他”价值时，我们实际上是在探讨企业内部所面临的问题与困难，只是此时数据使用的主体发生了转变。对于多数企业而言，对外的数据价值应用并不会很复杂。

需要注意的是，公共数据领域的情况较为特殊。在这一领域，许多公共数据的对内和对外应用差异显著。内部对数据应用的需求相对较弱，而这些公共数据能够服务的“对象”却相较于一些商业化的企业数据更加广泛。例如，城市交通流量数据可以帮助公众了解出行情况，同时可以为城市管理提供管理依据。因此，在公共数据领域，对外的数据资产应用不仅更加复杂，且其价值层次更深、范围更广。

公共数据产品对外价值应用方面，我们可以关注国家数据局联合相关部门制定的《“数据要素 ×”三年行动计划（2024—2026 年）》，这份文件为我们提供了一个清晰的方向。在该行动计划中，数据要素的应用场景涵盖了工业制造、现代农业、商贸流通、交通运输、金融服务、科技创新、文化旅游、医疗健康、应急管理、气象服务、城市治理和绿色低碳等12个行业。这些行业为公共数据的数据资产化应用提供了宝贵的应用入口。

首先，了解一下这12个行业的商业属性。

□ 工业制造：涉及商品的生产和组装，包括机械、电子、化工等多个细分领域。相关企业有海尔集团、比亚迪等。

□ 现代农业：专注于高效的农业生产，包括农业技术、农产品加工和物流等。相关企业有隆平高科、北大荒农垦集团和中粮集团等。

□ 商贸流通：涉及商品的流通和交易，涵盖批发、零售和电子商务等领域。相关企业有阿里巴巴、京东和苏宁易购等。

□ 交通运输：涉及人员和货物的运输，包括航空、铁路、公路和水路运输。相关企业有顺丰速运、中铁快运和中远海运等。

□ 金融服务：包括银行、保险、投资等金融机构，提供贷款、理财和保险服务。相关企业有工商银行、中国平安和招商银行等。

□ 科技创新：专注于研发和技术服务，包括软件开发和高科技产品的创新。相关企业有腾讯、百度和小米等。

□ 文化旅游：涉及文化产品的开发和旅游服务，包括景区、酒店和旅行社。相关企业有华住集团、携程网和宋城演艺等。

□ 医疗健康：关注医疗服务、药品研发和健康管理。相关企业有国药集团、阿里健康和迈瑞医疗等。

□ 应急管理：涉及自然灾害和突发事件的管理与响应，服务于政府和公共安全机构。

□ 气象服务：提供气象数据和预测服务，帮助农业、航空等行业进行决策。如中国气象局下属的气象服务企业华风气象等。

□ 城市治理：涵盖智慧城市建设、公共服务和基础设施管理。相关企业如华为、阿里云和浪潮等。

□ 绿色低碳：专注于可持续发展和环保技术，包括新能源和资源循环利用。相关企业有特斯拉、国家电网、隆基股份等。

在前面的章节中，我们讨论了数据要具备价值的前提是切入行业，再进一步分析不同企业的需求。这一过程非常关键，因为行业和企业的特点决定了数据的应用场景和价值。通过深入了解自身所掌握的数据可以服务的行业方向，就能够有针对性地对相关行业的具体企业进行详细分析，从而找到数据可以解决的具体问题场景。

案例展示

- **背景**：以城市税务局掌握的大量企业纳税数据为例，正常纳税数据信息包括企业的纳税记录、纳税额、纳税频率、税务合规情况等。
- **数据可应用场景**：从这些数据指标看，纳税状况及纳税额度不仅可以反映企业的经营合规性，还是企业综合经营实力的体现。这部分数据对于评估企业经营风险非常有效。
- **应用目标分析**：可供税务局内部用于税务掌控分析，若将这些数据封装为数据资产，可以对外应用于哪些行业和企业呢?
- **场景化分析**：在上述 12 个行业中，我们需要判断哪些行业的企业对于企业经营风险评估有需求。针对这 12 个行业，我们可以相对直观地判断出有需求的是金融行业。因为企业贷款是金融行业常见的业务，金融机构在贷款业务中必须考虑企业的还款能力。

此时，这份纳税数据的资产场景化目标就变得非常明确：对外服务于金融行业的银行企业，业务场景为其提供企业还款信用风险评估。

至此，税务局的企业纳税数据资产应用便具备了非常明确的运营方向，后续工作可参考前面提到的数据资产运营实施路径开展。

2. 产品设计

明确数据资产场景化目标后，还需明确应用方向：对内还是对外，这决定着数据资产的服务主体。对此问题有了清晰的认知，并识别出需要解决的具体业务场景，便完成了数据资产场景化的核心工作。这一阶段的工作将为后续的产品设计奠定可操作的基础。

接下来，我们继续聚焦于如何围绕这些业务场景进行有效的产品设计，以确保数据资产最终可以产品化并服务于数据使用方。

产品设计的首要任务是确认数据产品的形态，即数据产品将以何种形式呈现给最终用户。常见的产品形态包括数据集、API 和分析报告等。每种形态都有其独特的应用场景和技术要求。比如，若选择数据集为产品形态，设计过程相对简单，主要任务在于制定数据收集、清洗和规范方案，以确保数据的质量和可用性。具体工作包括但不限于确定数据的采集标准、格式化要求及数据更新频率等。此外，在产品实现过程中，还需关注技术问题，例如如何高效地进行数据收集，确保数据能够准确、完整。

相比之下，若选择开发分析报告，产品设计将更加复杂。在这种情况下，设计者需要深入思考报告的内容和结构，明确展示哪些关键指标，以及这些指标如何交叉组合，以帮助阅读者了解数据背后的业务信息。这是产品设计中的重要环节。同时，设计者还需要考虑报表的格式和布局，以及如何设置访问权限和访问机制。比如，哪些用户可以访问报告、如何控制数据的访问权等。此外，如何更新以及更新频次也是设计内容方案中很重要的一项。

当然，如果数据产品是对内服务，可能还涉及其他的产品形态，如指标体系、标签体系。这两项内容相对复杂，因为其与业务层面的解决方案高度相关，例如设计什么指标、指标计算口径、口径是否达成一致、指标如何应用于决策问题等。指标的技术实现过程相对简单，但解决方案如果设计不当将会导致该产品失去价值。标签属于同类产品，同样高度依赖方案层面的设计。这两项产品的设计，建议业务部门高度参与并进行主导。

案例展示

为了便于理解，我们仍然以税务局纳税的数据资产化为例，对数据产品设计进行进一步说明。

沿用前面的业务场景，我们的数据产品面向的是金融行业的银行企业，业务场景为解决贷款企业还款能力风险评估的问题。

数据产品：企业还款信用风险评估产品

步骤一：明确对外提供的产品形态。

通过对各产品形态及应用的分析，我们将开发的企业还款信用风险评估产品确定为以 API 的形式提供给银行企业。内部对于数据集的处理会根据企业纳税的情况进行进一步加工，并对企业信用风险进行打分，再将明确的分数返回给银行。

这样的设计不仅能够满足实时数据访问的需求，还能确保银行在进行信贷决策时获得最新的信用评估信息。

步骤二：分析现有可用的数据信息（仅供举例说明）。

□ 企业 ID：唯一标识每个企业的编号。

□ 纳税历史：企业每月或每季度的纳税额、税款缴纳记录。

□ 纳税额度：企业在不同年份的纳税总额。

□ 逾期记录：企业是否有逾期缴纳税款的记录，以及逾期的频率和时长。

□ 行业类型：企业所处行业的分类。

□ 经营年限：企业成立年限。

□ 市场信用记录：如在信用评级机构的评分、负面信用信息等。

□ 信用评分：二次加工字段，可直观展示企业的信用风险度。

□ ……

步骤三：产品设计方案

该 API 将允许银行实时查询企业的信用评分和相关信用风险数据，支持灵活的查询方式，主要应用字段如下。

□ 企业 ID：唯一标识每个企业的编号。

□ 纳税历史：包括过去几年的纳税金额和缴纳及时性。

□ 逾期记录：显示企业是否有逾期缴纳税款的情况及逾期次数。

□ 行业类型：企业所处行业分类，有助于评估行业风险。

□ 信用评分：基于综合数据计算出的信用评分，范围通常为 0~100。

在贷款申请审核过程中，银行工作人员可以利用企业的唯一标识（企业 ID）通过 API 发送请求，进而实时获取企业的信用评分。

3. 数据收集、治理

在明确数据产品设计方案后，便进入了产品化执行的环节。这个环节对实现数据资产的场景化应用至关重要，主要包括数据收集、数据质量评估和数据治理 3 个必经的过程。

首先，数据收集是这一环节的起点。需参照数据产品设计方案明确要收集的数据字段。这些字段应与产品的核心目标密切相关。例如，在某些业务场景中，可能需要收集基本信息、历史数据、行为数据等。数据来源可以是内部系统（如 ERP 系统、CRM 系统）或外部数据源（如网络爬虫数据、市场调研数据）。在这一过程中，还需了解数据的存储方案，以确保数据的可访问性和安全性。

其次，数据质量评估是确保数据可用性的关键环节。需对收集到的数据进行全面的质量检查，识别出缺失、重复、不一致、不准确、冗余、格式不规范等问题数据。通过系统的质量评估，企业能够清楚地了解数据现状，以制定有针对性的解决方案，确保数据的完整性、准确性和一致性。

然后，在进行数据清洗工作之前，需针对具体的数据产品进行详细的数据治理方案设计。这涉及制定清洗规则，以解决缺失和重复数据的问题，确保数据标准化、格式规范化及字段名称的一致性，以保障数据在后续使用中的高质量。此外，还需明确清洗工作的执行流程、操作步骤和时间节点等，以确保治理工作的高效实施。

案例展示

我们继续以税务局纳税数据为例，对该环节的工作进行进一步的说明。

（1）数据收集

在数据收集阶段，需要明确所需的字段及其来源、收集的时间范围等。

企业 ID：唯一标识每个企业的编号。

□ 时间周期：过去 3 年。

□ 数据格式：字符串（如“G123456”）。

□ 单位：无。

纳税历史：包括过去几年的纳税金额和缴纳时间。

□ 时间周期：过去 3 年。

□ 数据格式：金额以数字表示（如“1000000”）。

□ 单位：人民币（CNY）。

逾期记录：企业逾期缴纳税款的情况、逾期次数。

□ 时间周期：过去 3 年。

□ 数据格式：数字和日期格式（如“15”“2024-07-01”）。

□ 单位：次数（逾期次数）。

行业类型：企业所处行业分类。

□ 时间周期：实时。

□ 数据格式：字符串（如“制造业”）。

□ 单位：无。

信用评分：基于综合数据计算出的信用评分，范围通常为0~100。

□ 时间周期：实时更新。

□ 数据格式：数字（如“85”）。

□ 单位：分数。

……

（2）数据质量评估

在数据质量评估阶段，需对收集的数据进行系统的检查。

□ 缺失情况：检查各字段是否存在缺失值。例如，确保每家企业都有对应的企业ID、纳税情况无缺失等。

□ 重复情况：识别是否存在重复记录，尤其是在企业ID和纳税历史中，确保每家企业只有一条记录。

□ 不一致情况：核对同一家企业在不同系统中的记录是否一致，如企业名称、行业类型等。

□ 准确性：对比数据源，确认纳税金额和逾期记录是否与真实情况相符。

□ 时效性：检查数据的更新时间，确保所用数据是最新的。

通过这些检查，可以识别出数据的潜在问题，并为后续的数据治理提供基础。

（3）数据治理

在数据治理阶段，需针对识别出的问题制定相应的解决方案。

□ 缺失处理：对于缺失字段，可以设定默认值或通过其他可靠数据源补充缺失信息。

□ 重复处理：对重复记录进行合并，保留一条完整记录，并删除其他冗余数据。

□ 一致性校验：对不一致数据进行审查，确保所有系统中的记录一致。若发现差异，需核实数据来源并统一格式。

□ 准确性提升：引入数据校验规则，如设置合理的纳税金额范围，确保数据的准确性。

- □ 格式规范化：确保所有字段都遵循统一的格式，例如日期格式、金额格式等。

4. 数据产品化开发

数据产品开发工作比较复杂，开发主体可能是企业内部、数据服务商或二次承包商。这里仅仅说明主要工作，但是具体的流程和细节需要根据实际情况确定。

在业务场景明确、产品设计方案完整和数据准备充分后，便进入数据产品化开发阶段。这是将数据转化为具备实际应用价值产品的关键环节，涉及多项具体工作，主要参与人员为技术开发人员或者数据开发服务商。

首先是开发环节。技术团队需要根据前期的需求分析和设计方案进入开发阶段，主要通过计算机代码实现数据产品的功能。开发过程中需密切关注产品的架构设计、数据处理流程和产品功能，确保最终产品符合设计方案。同时，数据的安全性和合规性也需在此阶段得到重视。

开发完成后，接下来是产品上线测试。这一环节也很重要，可以识别产品功能上的不足，直接关系到产品的稳定性和用户体验。测试团队需要进行全面的功能测试，通常包括单元测试、集成测试，以确保产品功能无误。鉴于数据类产品的数据容易出错的特点，数据的准确性也是测试的要点之一。

如果数据产品面向企业内部，需邀请业务部门人员作为用户参与功能和效果测试。真实用户的反馈有助于发现产品潜在的问题和优化空间。如果数据产品对外提供，同样需要经历用户测试。这一阶段既可能在企业内部进行，也可能由数据服务商完成。

完成测试后，将进入上线准备阶段。这包括制订详细的上线计划，明确上线的时间和步骤。上线方案需要根据数据产品的具体情况而定。

随后是发布推广，即产品正式上线。

产品上线并不意味着工作的结束，持续的维护和优化是确保数据产品长期发挥价值的关键。团队需要定期监测产品性能，收集用户使用数据，并根据反馈进行功能更新和系统优化。

5. 数据产品质量评估

这一步往往被忽略，但在产品上线后，对产品效果的跟踪非常重要。很多时候业务的发展变化非常快，数据使用者的需求也会随之发生变化。因此，数据产品上线并不是终点。无论是对内产品还是对外产品，收集与分析使用者的反馈都是不可或缺的环节。

如果数据产品供企业内部使用，那么一旦产品投入使用，企业内部团队需及时收集用户反馈。通过与用户的沟通，了解他们在使用过程中的体验和遇到的问题，从而明确哪些功能得到了有效应用，哪些方面需要改进。这不仅有助于识别产品的不足和改进空间，还能为后续的产品优化提供重要参考。持续的用户反馈机制，使产品能够快速适应不断变化的需求，从而提升整体用户满意度和工作效率。

对于对外提供的数据产品，用户反馈同样至关重要。企业需要关注用户在实际业务场景中如何使用这些产品，以及它们在解决特定问题时的效果。通过深入分析用户的使用情况和反馈，企业可以识别出产品功能的不足之处，进而进行有针对性的优化。这种持续思考和迭代的过程，不仅有助于提升产品的市场竞争力，也能增强用户的持续使用率。

此外，在进行产品复盘时，企业不应当只关注功能层面的改进，还要考虑当前的市场环境和业务是否发生改变。例如，是否有新的业务需求产生，原来的业务场景需求是否变得更深或者更广。

数据产品质量评估具体评估哪些维度？以下几个维度仅供参考。

（1）数据产品使用频率。

该指标主要统计数据产品被使用的频率。高访问率表明用户对产品具有一定需求，说明该数据产品在实际应用中具备一定的价值。反之，如果访问率较低，则可能意味着用户未能有效地发现或理解该产品，或者该产品未能满足用户的需求，需要根据实际情况进行改善。

（2）用户体验度。

我们可以通过调查问卷或反馈表收集用户对数据产品的满意度评分。高评分表明用户认为产品能够有效帮助他们，反之则可能意味着产品具有一定的不足。最好定期收集和分析用户反馈评分，以便更好地对产品进行迭代和优化。

（3）解决问题评分。

可以定期对用户进行访谈，了解产品当前应用的场景是否符合最初产品设计时确定的业务场景，以及产品设计与实际应用是否存在偏差。了解这些偏差有助于优化产品。

总而言之，产品上线后的跟进与复盘是一个持续、循环的过程。长效运营意味着需要长久、有计划地对产品的用户体验进行管理。此过程涉及用户反馈的收集、产品功能的优化，以及对业务场景的深入思考。通过系统化的管理和持续的迭代，企业不仅能够提升现有产品的价值，还能发现新的产品机会。

6.3.2 数据资产场景化的难点

数据资产场景化的难点主要在于如何将现有数据与具体的业务场景相结合。此外，还需要考虑产品形态的适配性。这一过程涉及对数据的深入理解、准确的场景匹配，以及灵活的应用设计。

1. 数据“价值”识别困难

企业通常面临大量复杂、多元的数据，如何从中挖掘出能够直接支持特定业务场景的数据既是重点又是难点。多数情况下，数据来源于不同的部门、系统和平台，它们的结构、格式和内容可能各异，如何从这些杂乱无章的数据中提取出有用的关键信息，很多时候是无法实现的。往往很多企业在数据的整合和清洗阶段就面临困境，特别是在数据的质量和一致性方面。

2. 场景化的数据过于多元

有些场景需要快速的实时数据流，而有些场景则需要对历史数据的深度挖掘。这要求数据资产不仅要覆盖不同的业务需求，还要具备灵活性，能够根据不同的场景进行调配。

3. 产品形态的灵活性

企业往往需要在不同的情境下根据不同的产品或服务形态来灵活使用数据。这些产品可能需使用不同的软件、产品来支持。很多时候数据的结构、传输方式和存储方式都需要根据不同的产品形态进行定制化设计。这要求企业在设计数据资产时，必须深入了解产品形态的差异性，但更多时候是面向不同用户，产品形态也无法固定。

6.4 数据资产场景化的价值

前面，我们深入分析了两个极具代表性的数据产品化案例，这些案例不仅展示了如何高效利用数据来深入了解企业信息，以及了解短视频平台的运营状况。通过这些实例，我们清晰地看到，不同业务的数据在不同行业和场景中都具备一定的商业价值，问题在于将数据置入什么样的应用场景。灵活应用这些数据，可以帮助更多的企业做对决策、做好决策。

在生产经营过程中，每家企业都会面临如何降低生产成本、如何吸引更多用户、如何提升销售额等业务难题。如果依靠经验或主观判断来解决这些问题，无异于盲人摸象，容易决策失误。如果借助数据分析的手段，则可以大幅提高效率。例如，数据分析能够帮助识别高成本的生产环节，从而降低生产成本；分析出注册转化率较高的渠道，从而在该渠道加大广告投放力度；以及通过数据模型预测未来的销售趋势，制定出更具前瞻性的销售策略。如此，这些业务难题的解决便有了具体的手段，这些的关键都在于对数据的有效利用。

数据是驱动决策的基础，而场景则是其实现的载体。因此，数据资产场景化的核心目标是辅助企业进行更为精准的决策，只是在不同的行业和企业中，这些决策需求和应用方式有所不同。

6.4.1 数字化、信息化投入从成本走向利润

我们一直强调数据从业务中来，那么日常的业务操作如何产生数据?

谈到此问题，就必须谈企业的信息化和数字化，包括当前我们一直谈的数字化转型，它们具有不可分割的联系。

信息化是指通过实施信息技术系统，将企业的业务和管理流程嵌入相应的业务操作系统中，从而实现流程的标准化和自动化。这一过程可以帮助企业规范业务操作，提升运营效率和管理效能。简而言之，信息化是将企业的业务运作系统化、数据化，由此，便有了各种交易数据。这个过程就是我们所说的业

务数据化的过程。

数字化则是将各种传统的业务操作及管理流程和信息转化为电子化形式，目的是以此获得业务特征的数据反映。在这个过程中就包含了数据业务化。

数智化是数字化的进一步发展，强调利用智能技术（如人工智能、大模型等）从数据中挖掘出有价值的信息，用以提升决策能力和业务效率。数智化关注的是数据的智能利用，如通过对海量数据的实时分析和处理，实现精准营销。或者利用大模型技术获取更简单、更智能的数据价值服务，典型场景如大模型智能客服实现的产品智能推荐。

信息化、数字化与数智化之间是企业在不同发展阶段必经的一个过程。信息化为企业打下了基础，使数据的采集和管理变得更加高效，可以进一步实现数字化；而数字化则是将这些数据转化为可进一步分析、挖掘的电子化信息，实现数据驱动业务决策；而数智化则是进一步利用数据帮助企业实现更加智能化的管理和决策。

在企业从信息化迈向数字化，继而实现数智化的过程中，成本投入是一个不容忽视的重要问题。例如，实施一套 ERP 系统的费用可能高达数百万元甚至上千万元，而启动一个数据项目的投入通常也在百万元以上。当前市场上备受瞩目的大模型项目，如果实施本地化部署，成本更是难以预估。这些仅是硬件方面的成本，实际操作中还包括人力成本的投入，尤其是系统维护，以及数字化人才的引进所带来的持续支出。

为什么需要专业的人员?

实施一套 ERP 系统需要专业人员进行维护和管理，数据项目系统的开发同样需要高技能人才。这些科技型人才的薪资水平在招聘市场中遥遥领先于其他岗位，这无疑为企业的数字化转型增添了额外的成本负担。因此，企业在迈向信息化和数字化的过程，也是企业投入巨大成本的过程。

当前市场普遍存在的问题是，尽管投入巨大，但回报率并不能保证，许多项目由于高失败率而出现资金打水漂的情况。

我们可以看一些实际的案例。

（1）最初，一些企业将国产 ERP 系统更换为 SAP 系统，但因政策变动不得不再次切换回国产系统，这一转换过程涉及的软件系统资金投入极为庞大，给企业带来了巨大的财务压力。

（2）不少企业上线了 BI 分析报表项目，但最终实施效果未能达到预期的业务需求，项目结束后往往随即被搁置，导致项目资金的浪费。

（3）许多企业由于数据量庞大而实施了数据中台项目，投入资金可能高达数千万元。然而，由于内部推行困难，项目常常陷入停滞状态，已投入的资金无法回收，最终给企业造成巨大的损失。

这是企业在信息化和数字化转型过程中必须面对的成本压力，而这引出了另一个关键问题：如何在持续投入中提高投资回报率？只有从中获得更高的回报率，企业在信息化、数字化道路上的投入才有意义。

信息化的目的在于实现企业业务系统化，部分操作自动化，以此提高业务人员的业务效率。通过将业务流程系统化，可以减少因对业务的人为干预带来的错误，最终提升企业运营效率。例如，停车场从人工收费转变为自动计费系统收费，这一转变不仅提高了收费的操作速度，还减少了因人为因素导致的计费错误。

数字化的目标在于实现业务数据化、数据业务化，使企业能够更好地从业务数据中挖掘出有价值的信息。这意味着企业需要将日常运营中产生的各类信息转化为可以被分析的数据，并从中找到业务运行的规律。例如，通过对销售数据的分析，企业可以发现销售额是否存在季节性波动；通过用户行为数据的分析，可以了解用户是否存在一些消费偏好；通过对停车场数据进行分析，可以了解哪些时段车位使用率较高。

数智化的目标在于帮助企业实现智能化的管理和决策，是对数据应用的更深层次、更复杂的要求。例如，通过大模型实现的智能导购系统，能够实时分析用户的购物历史和行为习惯，构建详细的用户画像，并结合数据分析结果实现智能化的商品推荐。智能化的应用是对数据更进一步的价值挖掘，可以大幅提高企业运营管理效率。

从信息化、数字化、数智化这 3 个发展目标来看，核心工作可以归结为以下两点。

第一，业务系统化。系统化的目的在于提高业务运营效率，确保操作人员的工作更加高效，并尽量避免操作错误。然而，尽管系统化可以显著提升操作效率，但由于其主要关注业务流程的优化，很难直接量化出对企业业务增长的影响力，也就难以明确系统化可以直接帮助企业带来的收益。

第二，业务数据化、数据业务化。简单来说，就是数据的应用。通过对业务中沉淀的数据进行分析，企业可以从中发现一些业务运行的规律、精准定位到业务问题，进而做出更有针对性的业务策略。因此，数据分析成为助力企业业务增长的关键。

相较于业务系统化，业务数据化更能直接帮助企业的业务增长，因为它不仅可以帮助企业优化内部管理，还能够指导企业通过数据分析在市场中寻找到新的增长点。

所以，回到我们的主要问题：如何让企业或者相关责任部门从成本中心转向利润中心。通过前面的分析，我们可以明确在企业信息化、数字化、数智化的道路上，如果要提升回报率，重点就必须放在数据上。

在前面的章节中，我们深入探讨了数据资产的价值。我们将数据应用分为对内和对外两类，与前面章节中将数据资产的价值运营细化为内部运营和外部运营相呼应（见图 6-6）。

图 6-6

1. 对内应用

数据资产的对内应用主要在于通过分析业务数据背后的规律和特征帮助企业进行经营决策，在对内应用上，数据资产并不能直接为企业带来经济收益。我们来看一些例子（包括但不限于）。

（1）定位业务问题

通过分析历史数据和实时数据，识别出潜在的业务问题。例如，销售数据的下滑可能源于某个特定产品的质量问题，或者是市场推广策略效果不佳，这些问题都可以通过数据分析的手段发现。明确了具体的业务问题后，就能够有针对性地制定解决方案。

（2）定位可改进的流程或环节

通过分析流程数据或者业务数据，帮助企业找到可以改进的环节。例如，在运营流程中，某些环节可能效率低下或成本过高。通过分析流程数据，企业能够识别出这些问题点，帮助企业找到更有针对性的改进方案。例如，如果数据分析显示某个生产环节的出错率较高，企业可以考虑对该环节的操作人员进行相应的技能培训或引入更先进的设备，以降低出错率。

（3）找到可营销的高价值人群

精准营销在很多企业都有明确的需求，通过数据分析，企业可以在庞大的用户群里识别出可营销的高价值人群，了解哪些用户群体最可能对他们的产品或服务感兴趣。这些高价值用户通常会表现出较高的购买意愿和忠诚度，可以更好地进行交易转化。同时分析用户的购买历史、行为习惯以及偏好，企业可以根据这些分析结果制定更加精准的市场营销策略，以提升营销活动的有效性。

（4）对活动具有高响应率的人群

企业还可以利用数据分析找到对特定营销活动具有高响应率的人群。例如，通过对以往营销活动的效果进行分析，企业能够识别出哪些用户群体在活动期间表现出较高的参与度和购买转化率。基于这些洞察，企业可以在未来的活动中有针对性地制订宣传和推广计划。

2. 对外应用

根据不同的业务应用场景，企业需要先实现数据资产化，再实现数据资产市场化，完成数据交易。前面章节我们提到数据产品是数据资产场景化的表现形式，数据资产一旦实现产品化，便意味着这些资产可以通过满足市场用户的需求来进行交易或者实现金融创新，从而为企业带来直接的经济收益。

在深入了解企业数据资产对内和对外应用所带来的“收益”后，我们需要在系统化的数据资产运营体系下，确保从数据采集、存储、治理到应用和交易的每个环节都具备稳定的运行机制，以实现长效运营。通过这样的方式，随着时间的推移，企业可以逐渐获得在信息化、数字化和数智化过程中投入的成本回报率。

相反，如果企业只投入资源而未进行有效开发和利用数据资产的价值，长远来看，这些投入的成本只会不断增加。信息化和数字化建设需要持续的运维和技术支持，必将导致运营成本越来越高。如果企业无法从数据中获取到有用的价值，那么随着成本的累积，提高投资回报率将变得愈加困难。

6.4.2 从粗放式的管理走向精细化的数字化运营

企业的管理模式正逐渐从粗放式走向精细化运营管理。这种转变不仅源于市场环境的变化，更得益于数据要素的“价值”让各企业都重视对数据资产的管理和运营。我们一直强调数据是业务的沉淀，数据质量是一切数据应用的基础。无论是对数据进行简单的分析，还是复杂的挖掘，又或是将其应用于AI大模型的场景，数据质量都是核心的内容，也是最大的挑战。

我们回顾一下数据资产化过程中数据质量评价的关键要素，包括完整性、一致性、规范性和准确性等，这些要素对业务从设计到实施都有直接的影响和要求。确保这些要素的高标准，对于实现有效的数据应用至关重要。

完整性要求业务操作的每个环节都要记录完整，任何缺失的数据都可能导致决策出现失误或业务流程的中断。例如，在用户管理系统中，若用户信息不完整，最终可供应的用户数据就不完整，那么企业在营销活动时可能无法精准定位目标用户。

一致性是指各个业务系统中的数据需保持一致，避免因数据不一致而造成“数据孤岛”现象。比如，销售系统与财务系统的数据如果不一致，将会影响企业的财务报表和预算决策。

规范性要求业务系统中的数据遵循一定的标准，这意味着在数据录入、存储和管理时要有统一的规范。这样可以提高数据处理的效率，并降低数据错误的发生率。例如，产品编码、用户分类等都应有明确的标准，且必须确保所有相关部门在使用数据时对于规范具有统一的认知。

准确性则是指业务系统中数据的真实性和精确性。只有确保数据的准确性，企业才能利用此数据在分析和决策时获得真实的数据结果。错误的数据会导致错误的决策。

因此，从数据质量的角度来看，可靠的数据来源于规范的业务流程。而越完整、规模越大的数据越能支持企业各方面的分析，也就是可以使数据资产的“价值”更大。我们需要认识到数据的沉淀是一个逐步积累的过程，只有在业务操作中才能形成系统性、规范性的数据记录。而随着时间的推移，企业积累的数据愈加丰富，对业务经营操作的精度要求也会越高。

企业对于数据的重视和价值认知，实际上也在反哺企业流程的规范和数字化转型。在这个过程中，数据不仅是帮助企业运营的一个工具，而且是赋能企业管理变革的重要手段。通过对数据的深入分析，企业可以识别出流程中的瓶颈，从而优化业务流程。

可以说，数据资产的最终价值应用是企业追求的终点，但在达到这个终点之前，信息化、数字化及业务沉淀等过程都是企业必须经历的重要旅程。这些旅程不仅是对企业管理能力的提升,更是对数据资产价值的挖掘与应用的前提。

在信息化的过程中，企业会逐渐意识到系统与数据是相辅相成的。通过开展信息化工作，企业才能实时获取更为完整的数据。有了数据就会考虑更好的数据应用，那么它对于企业的整体变革就有很高的反向要求，企业除了要进行技术革新，还需要在企业数字化文化和管理理念上进行转型。如果员工的数据意识可以提升，逐渐形成数据驱动决策的思维，那么企业将能够更好地实现数智化转型。

而企业在日常运营中日益积累的数据，经过沉淀和整理后，将其转化为可供决策使用的数据资产的过程，就会反向要求企业建立良好的数据管理机制，以确保数据的完整性、一致性、规范性和准确性，为数据资产的价值发挥提供基础。

数据资产场景化对企业管理变革的影响，可以归纳为以下几点。(注意：为了便于理解，下面仍然以停车场数据管理为例进行说明。)

1. 企业业务流程管理精细化

数据资产场景化后，企业对数据的价值会有更清晰的认知。通过对业务数据的分析，企业能够了解每个业务环节的表现以进行业务流程的优化。这包括发现数据质量上的不足，例如准确性不足使企业更加关注操作的结果；还包括各个流程环节的工作角色与责任区分，以确保每一步操作都有良好的衔接。

信息化实施过程中，如果通过数据分析促使业务流程优化，然后将优化后的流程固化进信息化系统，数据就有了更深层次的价值。

案例展示：通过对停车位占用状况的实时数据监测分析，停车场能够有效解决用户寻找停车位时的困扰，提高他们对于停车场服务的满意度。数据资产场景化可以使停车位数据不再是静态的信息记录，而是一项具有商业价值的资产。如果希望该价值有效发挥，停车场需要对业务流程进行规范化，以确保每个停车位的使用情况被及时、准确地记录。工作人员必须按照设定的流程，迅速更新车位状态，并在系统中反映出实时可用车位，确保停车位数据具有可用的运营参考价值。

2. 管理要求的提升

数据资产场景化让企业认识到数据的价值，而这种价值的基础是高质量的数据。因此，企业需要提升管理要求，以确保数据的有效应用。因为企业需要建立清晰的流程管理和系统管理框架，以确保数据在特定业务场景中的有效应用。这不仅要求企业严格遵循流程管理的标准,还需要关注系统内容的完整性，并及时维护。通过强化运维管理，企业能够保证数据在应用过程中的质量。而这种管理提升，又使企业数据拥有更高的价值。

案例展示：停车场准确的数据收集能帮助管理层分析车位使用率、停车高峰和停车低谷。为了实现这一目标，停车场的管理要求必然有所提高。例如，系统必须具备实时数据采集和监控功能，以确保数据的完整性和准确性，基于这一目标，停车场应制定明确的操作规范，要求员工在车辆进出时严格按照标准流程进行登记和确认。

3. 数据管理机制的构建

前面章节我们提到数据价值的稳定、持续发挥在于稳健的数据资产运营机制,其中重要的一点是企业必须建立一套完善的数据管理机制。在这个过程中，企业从最初的放任不管，逐步转变为对数据的严格管理，针对数据的采集、存储、应用和交易等各环节都建立完整的管理体系。

案例展示：为了拥有更高的数据质量以支撑数据的应用。停车场需要进行定期的数据审核，确保数据的准确性和完整性，避免因数据错误导致采集的数据不可用。同时，还需要建立数据访问和更新的权限管理，确保只有“特别”的员工才能进行数据修改。只有通过这种严格的数据管理，停车场才能够确保有一个良好的数据应用基础。

4. 数据应用的优化

随着流程的优化，企业的数据采集变得更加完整，进而使数据变得更加丰富。丰富的数据能够支持更多的决策场景，使企业能够进行更高效的分析和判断。当企业对于数据的利用有了全面的认识时，则会将数据应用于创造商业价值，例如用户行为分析、市场趋势预测以及对外进行数据资产出售等，而良好的数据应用也会反向帮助企业通过数据资产的有效利用获得间接或直接的经济收益。

上述由数据价值驱动的变革，我们主要聚焦于企业内部。除了驱动内部管理的变革，数据资产场景化应用还引发了社会对数据要素重要性的关注。各界人士，包括会计、律师等原本与数据应用关系不大的专业人士，开始积极参与数据资产的讨论和运营。数据资产入表政策、数据安全法规等一系列政策的出台帮助整个社会更好地实现数据要素流通。这些政策、法规为企业和社会提供了更加规范和完备的市场环境，也促进了数据资产的有效管理和应用。

可以说，数据资产场景化的市场管理体系也在逐渐向精细化的方向发展。

6.5 增值运营的核心要素

本章探讨的数据资产场景化是数据资产价值的核心环节，是数据资产价值的最终体现。如果没有场景化的支撑，数据资产的价值感便会弱化，增值运营也将失去其存在的前提。可以说，场景化是数据资产增值的灵魂所在。

许多企业在规划数据资产时，往往从全盘设计和顶层规划的思维出发，认为只要积累了大量数据，就等同于拥有了数据资产。这种认知实际上存在很大的误区。当前各市场数据泛滥，数据的稀缺性早已不复存在。

无论是市场还是企业，都不缺数据，关键问题是：如果无法从数据中提炼出价值，这些数据便毫无意义，甚至可以说是企业“沉重的负担”。因为这些数据的存在不仅要占用存储资源，还需要大量的成本进行维护、清洗和管理，像是企业的一堆“数字垃圾”。因此，必须明确一点：拥有数据并不等于拥有数据资产。只有当数据具有明确的应用场景时，才能成为真正的资产。

场景化的重要性在于，它是让数据从静态“垃圾”转变为动态资源的一座桥梁。不管是希望数据资产服务于企业内部，还是服务于外部合作伙伴，数据只有嵌入具体的业务场景中，与实际需求结合，才能实现我们所谓的价值。但在实际工作中，场景化往往是最容易被忽视的环节。许多企业将大量精力放在数据的收集和治理上，却缺乏对数据应用场景的深入思考。这种忽视不仅使数据价值难以发挥，还可能让整个数据资产化工作的投入无法回收。

因此，我们必须将场景化作为主要的关注焦点。如果没有明确的场景，数据无法被有效转化为产品；而没有产品的转化，数据的价值也难以兑现。因此，在数据资产化的工作中，场景是贯穿始终的核心要素。

需要注意的是，我们谈论的场景化不仅是技术层面的工作，更是一种思维方式的转变。企业需要跳出对数据规模的追求，更多地关注数据如何在具体场景中为业务带来增值。场景化要求企业对数据应用具备更强的敏锐性，能够捕捉到业务中隐含的需求，并通过数据的有效应用为这些需求提供解决方案。这一点，无论数据资产是对内还是对外，都是不容忽视的。

要重视数据资产的场景化，我们必须从需求调研入手，逐步推进到场景化产品的实现，并进一步评估场景化的应用效果。在这一过程中，每个环节都需要建立完善的运营机制。只有这样，才能抓住数据资产化的核心工作，使数据资产真正实现价值增值。

6.6 本章小结

本章主要阐述了在数据资产化过程中最核心且艰难的工作：数据资产场景化。此任务亦是数据商业化价值识别的关键环节。数据作为生产要素参与社会生产，其本身并无价值，价值体现在与具体的业务场景和问题结合后，可以辅助解决问题，于是成为社会生产、企业经营中必不可少的一种生产资源。

将数据有效地转化为可操作的洞察与决策过程的关键就在于场景化。这一过程需要企业具备明确的业务目标和问题场景导向，以便将数据与实际使用需求相结合，从而将静态的数据资源转化为可以带来“收益”价值的数据资产。

理解场景化和数据的“价值”非常关键，更要理解数据资产场景化的载体——数据产品。数据产品不仅可以服务于企业内部，还可以作为一种商品参与市场经济，帮助企业获得经济收益。随着整个市场对数据要素价值的日益重视,企业需要很好地利用业务沉淀的数据,将其转化为数据产品,以便获取收益。

数据资产场景化需要一定的投入，但是相比其他信息化、数字化、数智化的投入，其价值更直接，效果更显著。这一投入不仅包括资金层面，更包括技术和人才方面的综合投入。企业在进行数据资产场景化时，需要考虑数据的采集、处理、分析及展示等各个环节的成本和效益。尽管初期可能会面临挑战，但从长远来看，数据资产的有效利用将为企业带来间接或者直接的收益。对于这一价值的认识，可以帮助企业更积极地构建数据资产运营机制，确保数据价值得到最大程度的发挥。

数据资产场景化的实现路径也是本章的重点内容。在这一过程中，需要关注几个关键环节。首先是场景化目标分析，有助于企业明确数据产品的定位和目标用户群体，确保后续的开发可以与市场需求紧密结合。其次是产品设计阶段，此时需要考虑数据产品的呈现方式及用户交互体验，确保数据产品不仅具备技术可行性,还能真正解决用户的实际问题。最后是数据的收集和治理工作,良好的数据质量是数据产品成功的基础，因此，企业必须重视数据治理工作。

通过对公共数据领域的税务数据案例的分析，我们可以看到从场景化目标分析到产品设计、再到数据收集与治理的几个关键环节是如何实现的。对于需要实现数据资产场景化的企业可以直接对照实现路径开展相关工作。

第7章 数据资产化公开案例解析与启示

随着《企业数据资源相关会计处理暂行规定》的颁布，各行各业的数据资产化进程正式拉开序幕。这一规定不仅为企业提供了将数据作为企业资产的政策依据，还在财务层面为数据资产的入账提供了指导。将数据资产纳入资产负债表，不仅使企业能够更清晰地掌握自身数据资产的价值，还为企业的投资者和其他利益相关者提供了更为透明的财务状况。

数据资产入表为企业带来了新的融资渠道，催生了新的业务模式。传统的资产负债表主要聚焦于有形资产，而数据资产的引入，意味着企业能够将数据资源作为一种可量化的资产进行管理。《企业数据资源相关会计处理暂行规定》自颁布后，很多企业纷纷开展入表实践。当前，市场上的数据资产入表案例已经非常丰富。数据资产属于新兴领域，整个市场必然要经历一些探索阶段，这些企业成为践行数据资产化的先行者，实践中可能存在不足，但这些实践为很多企业提供了非常有价值的借鉴和启示。

本章将聚焦当前市场上已经践行的数据资产化案例，包括现行的“数据要素 ×”案例，以及市场上商业化企业的入表案例，通过对这些公开案例的解析，其他企业可以从这些案例中获取一些有价值的、可借鉴的经验，从而在数据资产化工作的推进中少走一些弯路。

7.1 “数据要素×”公开典型案例

“数据要素 ×”源于国家数据局联合发布的《“数据要素 ×”三年行动计

划》（目前未找到更早提出此概念的文件），该计划旨在推动数据要素市场的发展，明确数据要素价值可应用的行业领域。

该数据要素包括12个行业的应用场景（工业制造、现代农业、商贸流通、交通运输、金融服务、科技创新、文化旅游、医疗健康、应急管理、气象服务、城市治理以及绿色低碳）。这些行业的商业特征已在第6章进行阐述，这里不再赘述。这12个行业为数据要素的价值释放提供了非常广泛的业务空间，每个行业都可以通过数据资产化实现不同程度的价值提升和创新。

当前，市场上的“数据要素 ×”案例越来越丰富，这些成功的实践案例都为其他企业的数据资产化工作提供了宝贵的经验和启示，也清晰地展示了不同行业中数据的不同价值。因此，本章将选取4个具有代表性的案例进行解析（这些案例都是随机选取，因为市场上每个案例都有其独特的亮点，我们的重点在于读懂这些案例的方法、思路），帮助大家更好地理解数据资产化这一复杂工作。当然，随着数据资产化工作的不断推进，各式各样的案例层出不穷。原则上，市场初期每个案例都会对其他企业的工作开展产生积极影响，但是我们无法对每个案例进行分析，所以本章通过解析4个案例，为读者提供一个深入了解数据资产化的视角和入口。

7.1.1 分析类产品案例解析

当前的数据资产市场，分析类产品是最常见的数据产品形态之一，广泛应用于企业的市场、产品、客户等多个业务决策领域。这类产品以支持企业运营、提升效率为核心，通过数据分析从海量信息中提取商业洞察。

分析类产品通常需要根据具体业务场景设计不同的分析维度，以满足不同的业务需求。例如，在市场分析的场景中，它们可以帮助企业洞察市场趋势、竞争动态和行业现状；在产品分析的场景中，可用于了解产品运营情况、帮助优化生命周期等；在客户分析中，最常见的就是支持企业的个性化营销。所有企业都需要数据来支持不同场景下的业务决策，只是各家企业由于本身业务的特点对于分析的需求呈现较为多元化的状态。

BI（商业智能）类产品和报告类产品是分析类产品中最为常见的两种形式。以停车位泊车分析为例，我们可以通过整合实时停车位的数据，分析不同区域停车高峰时段、使用频率和空置率等信息，这些信息可以打包成资产化产品提供给例如希望选址的零售商、物业管理公司和城市规划机构等企业，以帮助他们更好地利用这些停车位的数据报告运营内部业务。

当然，分析类产品越来越垂直，随着大模型等新兴技术的兴起，分析类报告产品越来越多元。总体而言，这类产品值得所有企业重点关注。

此类产品，市场上有很多案例值得借鉴，我们接下来详细解析一个公开案例。（注意：鉴于公开信息有限，本案例的解析可能存在一定的局限性。）

案例 1：数据要素赋能小商品数字贸易便利化

该案例来源于“国家数据局”公众号的公开信息，其作为第一批 20 个“数据要素 ×”典型案例之一，对于各领域的数据要素应用具有典型的指导和借鉴意义。

我们先对该案例进行全面的了解，以下信息基于国家数据局公开的信息进行提炼、总结。

案例背景：义乌小商品交易市场是全球最大的小商品市场，汇集了海内外众多小商品的采购商和供应商，以批发的方式促进大规模商品流通与交换，促进了国内外贸易的发展。

业务问题：义乌小商品交易双方企业主体普遍较小、数据流通共享质量不高，导致企业出口结算账期长、货款回收难，金融机构授信难、放款难，同时监管部门也缺乏有效的管理手段。

数据产品价值：浙江中国小商品城集团股份有限公司通过公共数据授权运营，融合小商品城企业的数据，推出企业信用、外贸预警等数据产品服务。这些服务不仅提高了贸易效率，降低了交易风险，还拓宽了融资渠道，助力中国小商品“扬帆出海”。

接下来，我们详细分析该案例中的数据产品方案。

（1）整合多源数据：通过授权运营获取各类公共数据（如登记、许可、处罚、荣誉等），并融合企业数据（包括商品、交易、物流、评价等），为小商品数字贸易提供坚实的数据基础。

（注意：授权运营为公共数据领域数据授权的一种方式，各省会颁布适合自己省份的公共数据授权运营规范。有兴趣的读者可以自行对相关信息进行深入了解。）

（2）构建数据流通通道：建立商贸领域的线上综合服务平台，实现交易、履约、仓储、物流、资金结算和信贷融资等环节的数字化，确保贸易全过程的可追溯性和可还原性，便于产业链上下游企业的数据交互。

（3）创新数据应用场景：推出基于真实贸易数据的供应链金融产品，例如货款宝，有效解决中小微企业回款难题；同时，构建覆盖市场商户的企业信用评价体系，提供信用报告服务，支持市场商户、采购商和银行进行信用风险查询。

数据资产化后的效果如下。

2023 年，义乌出口总值达到 5005.7 亿元，使用小商品数字自贸平台提供的报关、物流或结汇等数字化产品服务的占比达 77.6%。全年基于企业征信体系累计授信总额为 90.57 亿元，放款额为 35.58 亿元，解决 3.3 万余家小微企业融资问题。通过市场采购贸易方式出口 3883.7 亿元，同比增长 19.0%；通过海关跨境电商管理平台进出口 166.0 亿元，同比增长 93.0%。义乌市场电商主体突破 60 万家，日均新增超 500 名电商“老板”，领跑全国。

以上为整个小商品数字贸易便利化案例的背景信息。

我们对该案例的相关信息进行要点总结。

（1）数据规模庞大：义乌小商品交易市场作为全球最大的市场之一，汇聚了无数国内外采购商和供应商。其全球交易的特性以及商品种类的繁多使市场主体多样且复杂，进而沉淀足够规模的数据。因为其覆盖的业务范围极为广泛，又涉及市场的各个层面和参与者，所以数据规模足够庞大。如果对这些数据加以分析，便可以获取小商品交易的行业市场趋势、供应链动态和消费者偏好等信息，无论是对内的市场运营还是对小商品行业而言，都具有很高的商业价值。

（2）数据价值显著：前面章节提到，数据的规模越大，其蕴含的信息量就越大，价值则越高；而业务范围越广，数据规模就越大，数据的潜在价值则越显著。义乌小商品交易市场的商品种类繁多，其交易数据不仅庞大而且极具价值。例如，我们通过分析不同国家或地区的消费数据来了解不同国家或地区的商品采购偏好，以此帮助企业更好地进行市场定位和商品结构优化。

（3）数据产品与业务需求高度契合：根据公开信息披露，义乌小商品市场面临着一系列具体问题，如出口结算周期长、货款回收困难以及金融机构授信难等。这些问题给市场主体小微企业的经营造成了巨大的影响。因此，针对这些痛点，小商品市场开发的“贷款宝”数据产品定位十分明确：专注于企业信用评估和外贸预警，能够有效解决市场中存在的业务痛点。

我们再对小商品交易市场的解决方案进行进一步分析。

（1）打破“数据孤岛”，让数据“流动”起来（见图 7-1）。

一是整合多源数据，让数据“供得出”。	（商品交易、物流、评价等）
二是构建数据流通通道，让数据“流得动”。	（建设业务平台，实现数字化）

图 7-1

“数据孤岛”是各行各业的企业在数据应用中面临的一大挑战，它指的是不同系统或部门间存在的数据无法相互共享和流通，每个系统都类似一座“孤岛”。因为业务的开展需要多个方面的工作协同，所以数据往往来源于多个操作系统。以小商品交易市场为例，其经营模式通常会涵盖物流系统、商品管理系统和交易系统等多个方面。每个系统都有独立的数据口径和逻辑，可能采用不同的数据格式和存储方式，就使数据的整合与统一变得极为复杂。

为什么我们要关注并致力于破除“数据孤岛”？

原因在于，“数据孤岛”的存在一定程度上阻碍了企业内部的信息流动。每个系统逻辑各自独立，无法进行数据合并、比较及深入分析。例如，在小商品交易市场中，物流系统可能记录了货物的运输状态，而交易系统则记录了订单的支付情况。如果这二者的数据分布在各自独立的系统，这些数据便无法有效结合，单独分析某个系统的数据可获得的价值有限。因此，企业难以及时了解订单的发货进度，从而影响用户的满意度和信任度。

整合多源数据，构建数据流通平台，是小商品交易市场应对“数据孤岛”问题的正确举措。这一过程不仅是技术上的简单数据汇总，更是对数据质量、格式和逻辑等问题的一次全面核查。当然，整合时需要通过建立统一的数据标准和规范，才能够破除“数据孤岛”的存在。破除了“数据孤岛”，数据便可以实现规模化的效益，小商品市场构建数据流通的平台正是数据规模化价值的一种实现方式。

（2）将数据资产场景化，形成专业的数据产品，同时服务内外部用户。

小商品交易市场通过数字化手段，对内开发了市场交易数据监控产品（见图 7-2，该图来源于“国家数据局”公众号）。从这个仪表盘上的信息可以看出，该仪表盘涵盖的数据指标及价值非常丰富。为了帮助读者了解该产品的应用价值，下面对部分指标进行解析。

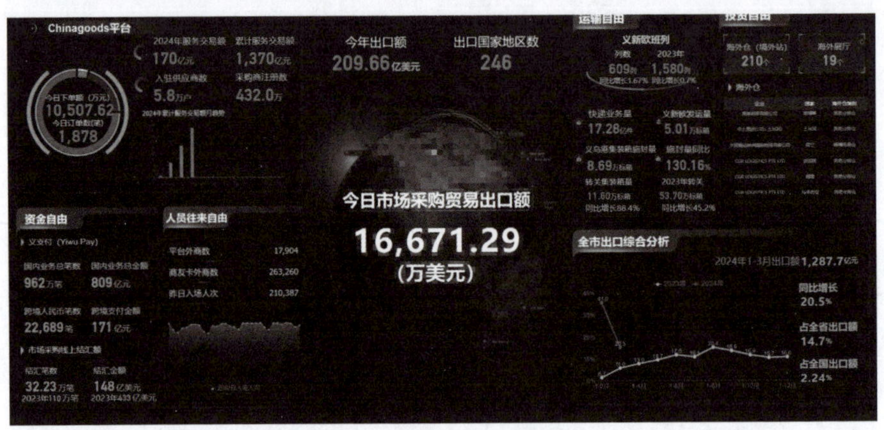

图 7-2

□ 今日市场采购贸易出口额（16,671.29 万美元）：这个指标反映当日市场采购贸易的总体表现，有助于企业及时掌握最新的出口情况。

□ 今年出口额（209.66 亿美元）：这个指标展示了当年的出口业绩，有助于市场管理者了解市场的整体经营状况。

□ 出口国家和地区数（246 个）：这个指标表明企业的国际市场覆盖广度，反映了公司的全球化程度。

□ 2024 年服务交易额（170 亿元）和累计服务交易额（1,370 亿元）：这个指标展现了平台的交易活跃度和历史积累，可以衡量平台影响力。

□ 平台入驻供应商数量（5.8 万家）和采购商注册数（432.0 万户）：这个指标反映平台的供应商和采购商规模。

□ 当日下单数（10,507 笔）和订单金额（10,507.62 万元）：这个指标提供市场每日交易的具体订单情况，可以帮助运营者更好地进行供应链管理。

…… ……

该仪表盘属于典型的对内服务产品，严格来说属于分析类产品，所有的指标都聚焦于“总数值”，涵盖贸易出口、交易额、供应商数量等内容，主要目的是帮助市场的管理人员更好地掌握市场的运营状况，为供应链管理、供应商管理、采购商管理、商品管理等提供数据基础，以此提出运营策略。

从案例披露的信息上看，小商品交易市场除了对内有专业的运营数据监控仪表盘来帮助掌握市场运营状况，还有对外（采购商、供应商、商户等）的产品服务。（信息公开如图 7-3 所示，截图来源于“国家数据局”公众号。）

创新数据应用场景，让数据“用得好”。 打造商贸供应链金融产品，基于真实贸易数据为核心的轻资产授信服务，开发货款宝应用，商户送货至指定仓库即可收到50%的货款，有效缓解中小微企业回款难等问题，降低账户被冻结的风险；全面构建企业征信体系，建立覆盖义乌市场25万家商户的企业信用评价模型，开发信用报告产品，为市场商户、采购商、银行机构提供企业信用风险查询服务。

图 7-3

从图 7-3 中可以看出，小商品交易市场对外服务包括两个产品。

（1）贷款宝应用：对于该产品，未见更详细的信息披露。但从产品描述来看，该产品主要解决小商品交易市场的中小微企业回款难的问题，企业只要将商品送至指定的仓库即可获得 50% 的垫付款。由此可以看出，解决的业务问题场景很具体。

（2）企业信用评价模型：该产品类似前面章节提及的税务局纳税数据的案例，该产品可以对外提供查询接口，供市场商户、采购商、银行机构查询企业信用风险。主要汇集了交易、物流和客户评价等多个维度的数据，可以全面反映市场商户的信用状况。这类产品属于典型的查询接口类产品形态。

这两个产品针对的场景问题非常具体，产品价值清晰。面向的消费群体也很明确，数据产品形态清晰且易于理解，能够迅速被用户所接受和使用。这种特征非常契合前面章节提到的成熟商业化产品的四要素——消费群体、数据产品形态、解决的具体问题及经济收益。

案例小结

对该案例进行详细分析后，其他企业可以从以下方面借鉴有价值的经验。

（1）要有清晰的业务痛点分析：小商品交易市场对中小微企业面临的回款难和贷款难问题分析透彻。这些问题是小商品市场运营中的主要难点，直接影响中小微企业是否可以持续经营，解决这些问题也有助于提升中小微企业的经营积极性。

中小微企业属于小商品交易市场的绝大多数经营主体，如果这些企业因经营困难而无法持续，势必影响到小商品市场的运营管理，因此，解决痛点问题势在必行。

（2）数据整合：小商品交易市场在数据资产化方面的应用目标十分清晰。实现数据规模性应用的基础在于数据整合，需要打破“数据孤岛”。“数据孤岛”事实上普遍存在于各行业，是企业在数据使用中的第一道障碍，尽管这需要一定的投入来解决，但迈出这一步非常关键。

（3）深入开发数据价值：从数据层面看，小商品交易市场的数据维度明确且相对固定。对于内部服务，开发了分析看板以辅助运营决策；在对外服务上，将数据进行场景化应用，推出了专业数据产品。整体来看，这些数据产品的基础是同一份运营数据集，但对场景的应用已经实现了多元化，充分开发了小商品交易市场运营数据的价值。

7.1.2 行业应用类产品案例解析

随着各行各业数据量越来越庞大，行业数据整合成为一种趋势以及必要性产品。这类产品的核心价值在于将行业内的多源、多类、多维数据进行整合，通过拓宽数据源的广度和深度，随之形成具有规模效应的数据资产。这种规模化的数据价值，重要的是为整个行业生态链创造了更多的商业机会，也给数据资产化产品带来了创新。

行业应用类产品最大的特点是其强大的数据整合能力。它们通过连接行业内的多种数据源，将分散的、散落在不同企业及行业细分领域中的碎片化数据整合成一个统一的、具有规模化价值的庞大数据资源。这种数据整合不仅扩展了数据的覆盖范围，还打破了不同组织间的“数据孤岛”，立足全行业更全面的分析视角。

以物流行业为例，如果开发行业应用类产品，我们可以整合运输车辆的实时定位数据、货物运输状态信息、气象条件以及交通等数据。这些数据可能来自物流企业、第三方平台以及公共数据平台，可以是公开的数据，也可以是外采的数据资产。通过这种整合，数据更集中，就更容易形成规模性价值。

当前市场并不缺数据，各行各业的数据都非常丰富，但是如何整合，如何将数据与具体的业务场景结合起来，这是一大难题，也是行业性数据要素价值得以释放的一个重要卡点。

接下来，我们详细解析一个行业性数据整合案例。（注意：鉴于公开信息有限，本案例的解析可能存在一定的局限性。）

案例 2：数据智能化分析辅助提升基层诊疗水平

该案例来源于“国家数据局”公众号公开信息，对于各领域的数据要素应用也具有很强的指导意义。

我们先对该案例进行全面了解，以下信息基于国家数据局的公开信息进行提炼。

案例背景：基层医疗卫生体系是守护亿万人民群众身体健康的“第一道防线”，直接关系到每个人的生活质量。

业务问题：基层医疗机构往往面临人才不足、医生队伍不稳定、资源供给有限等问题，难以完全满足广大群众对医疗服务的需求。

数据产品价值：为提升基层医疗服务水平，讯飞医疗科技股份有限公司通过对海量医疗数据的收集和分析，构建医疗 AI 大模型，为基层诊疗提供智能化辅助，促进基层医疗服务提质增效。

下面详细分析该案例中的数据产品方案（见图 7-4）。

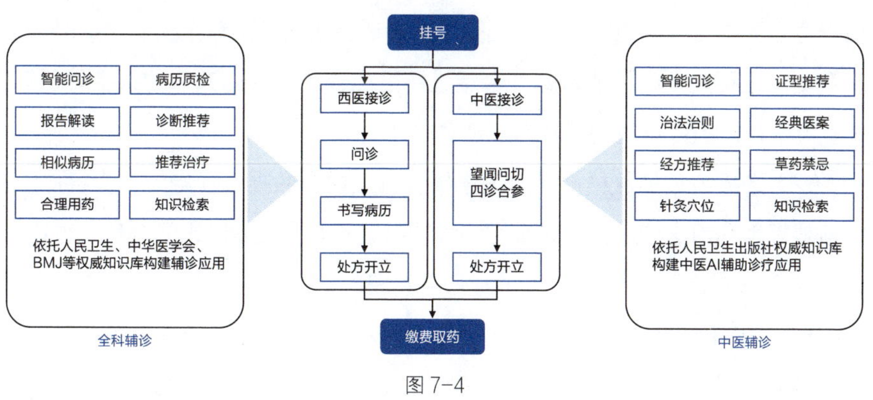

图 7-4

（1）汇聚高质量数据资源以训练智慧医疗 AI 模型。

讯飞医疗通过与中华医学会杂志社、OMAHA 联盟（开放医疗与健康联盟）等权威机构的合作，整合公开脱敏数据，构建了涵盖疾病知识、症状体征、检验检查、药物信息、临床路径和诊疗规范等内容的数据资源库，从而为 AI 模型的训练提供坚实的数据基础。

（2）推进医疗数据与“问、诊、治”场景的深度结合。

讯飞医疗通过与行业信息平台和医院信息系统的对接，确保数据在本地局域网内汇聚和分析。在医生问诊过程中，模型能够根据问诊逻辑提示病情；在诊断时，可以智能分析患者病历数据，协助医生做出合理判断；在开处方和检验时，及时提供用药和检查建议，同时将异常诊断结果上报医疗主管部门进行复核。

数据资产化后的效果如下。

截至目前，该系统已在全国 506 个县区的近 5.3 万个基层医疗机构应用，服务 6 万余名基层医生，累计提供 7.7 亿次 AI 辅诊建议，规范病历 2.9 亿次。经该系统提醒而修正诊断的有价值病历超过 139 万例，累计识别不合理处方数 6,200 万个，AI 辅助诊断合理率提升至 95%（重点地区 97%），覆盖疾病数量超 1,680 种。

我们对该案例的相关信息进行要点总结。

（1）利用行业化数据，讯飞医疗与中华医学会杂志社、OMAHA 联盟等权威机构进行深入合作，实现了医疗健康数据的整合与应用。通过这一系列合作，不仅实现了对公开且经过脱敏处理的医疗健康数据的有效收集与整合，还进一步拓宽了数据资源的内容范围，涵盖了从基础健康信息到复杂疾病诊疗的多维度数据。这种广泛的行业数据整合促进了医疗健康领域内知识的共享与创新，为提高医疗服务效率找到了具有创新力的模式。

（2）选择合适的数据产品至关重要。行业内的数据规模庞大，内容广泛，如何很好地利用这些规模、体量足够大的数据资源是关键。讯飞医疗通过选取 AI 大模型知识问答的数据产品作为应用突破口，很好地将这些跨领域的海量数据转化为 AI 模型的训练素材，从而充分挖掘并释放了这些基础数据资源的商业价值。相比之下，如果仅将这些数据用于生成分析报告，则难以发挥其规模化价值。

（3）数据产品与业务需求高度契合。基层医疗机构普遍面临医生资源有限的问题，而在大型三甲医院，尽管医疗资源相对丰富，但由于医生数量不足，同样存在诊疗效率低下的问题。面对这一行业难题，讯飞医疗充分利用其在AI大模型问答技术上的优势，通过整合广泛的健康医疗数据，开发出一套能够对医疗行业知识快速问答的数据产品。这套系统能够辅助医生进行初步诊断和治疗，大大缩短了问诊时间。

该数据产品的设计紧密围绕基层诊疗的实际痛点，针对医生资源紧张、专业知识更新缓慢等问题提出了有效的解决方案。它不仅有助于缓解基层医疗机构的压力，提高医疗服务水平，还能促进优质医疗信息下沉，使更多患者受益于高效、精准的医疗服务。此外，通过持续的数据积累和模型优化，这套系统还能够不断进化，更好地适应不同地区、不同层级医疗机构的具体需求。总体而言，这是一款比较前沿但有效的效率型产品。

我们对讯飞医疗企业的解决方案进行进一步分析。

（1）数据整合

迅飞医疗整合了医疗行业较为完整的数据。同时，确保数据在本地局域网内汇聚和分析，以支持医生在问诊和诊疗过程中的智能化决策。

这里思考一个问题：为什么要使用外部数据?

使用外部数据的原因在于，如果科大讯飞医疗仅依赖内部数据进行整合，其内容的深度和规模并不足以满足需求。AI问答大模型的特性决定了其需要庞大的基础数据来支持模型训练，且维度越丰富其蕴含的价值量越大。特别是在医疗领域，疾病的分类及其表现形式极为多样，再加上用药信息的复杂性和个体差异等因素，都使模型对数据量的需求非常高。

因此，引入外部数据成为必然选择。这些数据不仅包括来自各大医院的临床病历、检查结果和治疗记录，还包括医学文献、研究论文、药物说明书等丰富的信息资源，也可以是跨领域、跨行业的数据。通过与中华医学会杂志社、OMAHA联盟等权威机构的合作，讯飞医疗能够获取更广泛、更全面的数据支持。这不仅有助于提升模型的准确性和泛化能力，还能更好地应对医疗领域的复杂性和多样性。

进一步说，为什么要使用外部的行业内数据?

如果不使用外部的行业内数据，所涵盖的医疗领域的数据深度和广度将严重不足，这将直接影响大模型的最终应用效果。讯飞医疗主要面向大量的基层医疗组织，这些基层医疗人员面对的人群异常庞大，因此要解决的疾病种类极为繁杂，从常见病到罕见病应有尽有。如果数据量不够丰富多样，模型的训练效果将大打折扣，难以满足基层组织在问诊过程中的多样化需求。而引入外部行业数据，就可以避免这些问题，因为数据涵盖的内容范围足够广泛，可以充分支撑基层医疗碰到的各种问诊难题。

（2）开发专业的数据产品

在数据整合的基础上，讯飞医疗推出问答大模型这一专业数据产品，旨在解决基层医疗资源有限的问题。该大模型能够根据问诊逻辑提示病情，协助医生在诊断过程中进行智能分析，并在开处方时提供及时的用药和检查建议。通过这一产品，医生能够更高效地问诊和诊疗，从而有效提升基层医疗的服务质量和效率（见图 7-5）。

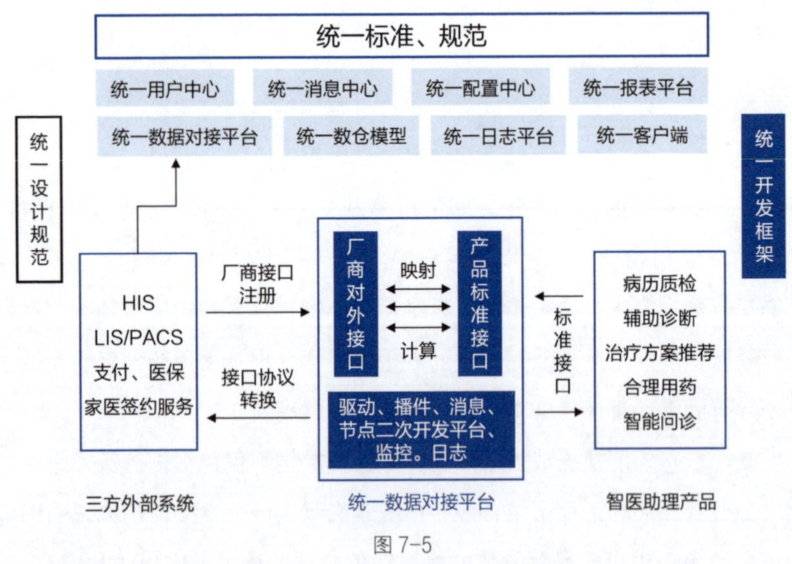

图 7-5

该案例中的数据产品特征鲜明，其内容更为单一。然而，由于该产品提供的是基础信息，因而可以面向更广泛的业务场景。从公开的案例效果来看，该产品已成功服务于全国 5.3 万个基层医疗组织，产品价值和实际效果显著。

在这个案例中，特定的消费群体、数据产品形态以及解决的具体场景问题这3个要素非常明确。特定的消费群体即基层医疗组织，这些机构在资源有限的情况下，迫切需要高效的问诊解决方案。数据产品的形态为问答大模型，而问答大模型的功能非常适于快速的知识获取。

此外，通过有效提升基层医疗组织的问诊效率，不仅改善了患者的就医体验，还显著提升了医生的工作效率，从而带来了可观的经济收益。因此，该案例在实际应用中具有很强的借鉴意义。

案例小结

经对该案例详细分析后，其他企业可以从中汲取以下有价值的经验。

（1）内部数据不足时，应积极寻求外部数据补充：许多企业在数据整合和应用时主要关注内部数据，但在解决某些业务问题时，往往会发现内部数据无法满足实际需求。此时，企业应主动向外部寻求数据补充，获取第三方数据。特别是当内部数据的规模和内容有限时，更应重视整个行业内的数据。这类公开数据的获取成本较低，但基于这些数据开发的数据产品，企业可以获得可观的经济收益。

外部数据的引入不仅能够丰富数据的广度和深度，还能帮助企业更全面地理解市场动态和客户需求。例如，在医疗领域，通过整合不同地区和医疗机构的病例数据，企业可以更好地了解疾病的分布特征和治疗效果，为医生提供更精准的辅助决策支持。

此外，外部数据的使用还可以促进跨行业的合作与创新。例如，通过与科研机构、行业协会、政府机构的合作，企业可以获得更权威、更专业的数据支持，推动新技术的研发和应用。这种合作不仅有助于企业在激烈的市场竞争中保持领先地位，还能为整个行业的发展带来积极影响。

综上所述，当内部数据不足以满足业务需求时，企业应积极寻求外部数据的支持。这不仅能够提升数据产品的质量和价值，还能为企业带来更大的商业机会和创新空间。

（2）精准分析业务痛点，运用新兴科技对症下药：大模型作为一种新兴科技，其商业化应用正在逐步推进。在基层医疗领域，医生资源普遍匮乏，提高医生的问诊效率成为各地区都面临的一大痛点。通过将这一痛点与大模型技术相结合，依托庞大的行业性数据基础支撑，问答模型能够提供准确的医疗信息和诊断建议，最终提高问诊的效果和效率，使医生在有限的时间内接诊更多患者。

（3）拥抱新兴科技，创新产品服务。AI 大模型诞生后，讯飞医疗很好地结合了这一新兴科技来创造新的产品服务。

这种结合不仅有效解决了基层医疗的实际业务痛点，还通过提升医疗服务的质量和效率，改善了患者的就医体验。此外，大模型的应用还能够促进医疗知识的普及和更新，帮助基层医生及时获取最新的医学进展，让优质的医疗信息实现下沉，提升他们的专业水平。

7.2 市场化数据资产入表公开案例

7.1 节重点介绍了“数据要素 ×”案例,即国家数据局所发布的案例。然而，值得注意的是，商业化市场上关于数据资产化的案例已相当丰富。因此，我们的视角将转向市场化案例，探讨其中可以借鉴的经验与启示。

市场化案例的公开主要涉及数据资产入表的信息披露，包括数据产品的名称、主要内容及所获得的成果，如融资或质押等。数据资产属于新兴领域，当前市场完成数据交易的案例相对有限。目前，市场上的主流做法是通过数据资产入表来实现资产化,以此获得融资。这种方式在现阶段较为常见且操作简便，能够较快地实现数据资产化的价值。

然而，从长远视角来看，数据交易才是数据资产运营的长期价值所在。尽管融资方式容易触及上限，但数据的商业化应用潜力巨大，没有明显的上限。当前由于市场机制尚待完善，数据交易仍然面临诸多困难。

实现数据交易的目标与本书中提到的数据治理和数据资产场景化密切相关。这两项工作对数据交易的顺利开展具有重要影响。当然还有其他因素，如政策法规和市场需求的变化，我们将在第 8 章中进一步探讨。

当前，数据资产入表案例涉及的行业范围广泛，包括公共数据、企业商业化数据。而央企和国企等大型机构往往需要将整个行业的数据资产化，以帮助促进整个行业的发展，例如司法组织、供应链物流组织，这项工作更为复杂且艰难。

尽管许多数据资产入表案例公开披露的信息较为有限，但从数据产品的角度来看，我们依然能够挖掘出有价值的经验和策略，助力其他企业实现数据资产化。我们不必对每个案例进行深入了解，仅需要关注其核心内容，从中提炼出可以指导我们开展数据资产化的方向和可行的方法即可。

7.2.1 数据集类产品案例解析

当前有很多数据资产入表的产品是数据集类产品，该产品研发、开发投入相对较低，属于当前市场的主流入表产品。这类产品主要通过整合多源数据，构建结构化和标准化的数据集，从数据应用的角度而言，数据集产品可供开发的深度更为友好，但因未经加工，也导致应用价值不明。

在城市交通领域，如果要开发数据集类产品，我们可以整合停车场实时使用数据、周边车流数据、公共交通数据和市民出行偏好等多种来源的数据。这种多维度整合，信息密度较高，基础价值较高。例如，一个覆盖全市停车场的数据集，我们可以用于帮助零售物业选址决策，或提供给周边的购物商场作为客流量参考，因为数据集蕴含的信息量大，可以应用的场景较多，但面对这类产品需要注意的是在某个场景下信息密度是否足够。

数据集类产品的研发因为耗费成本较低，开发实现相对简单、容易，往往会让很多企业认为数据集很重要，但是未经深入分析，无法让外部客户感知到深入的应用价值。

总体而言，数据集类产品跨行业应用前景非常广阔，未来，它仍会是数据资产化产品市场上的主力产品。

对于数据集产品，接下来我们详细解析一个公开案例。（注意：鉴于公开信息有限，本案例的解析可能存在一定的局限性。）

案例 3：德州财金智慧农业入表案例

依据网络公开信息显示，德州财金智慧农业科技有限公司是一家成立于2017年的公司，位于山东省德州市。该公司致力于智慧农业的发展，专注于农业、林业的技术研发与推广，同时提供相关领域的咨询服务。其业务范围不仅局限于农业科技的研发，还包括了农产品基地和生态林场的建设与运营管理，以及农产品的种植、销售、物流和仓储服务。此外，德州财金智慧农业还涉足养老服务产业的开发与管理，可以看出该公司的业务布局非常多元。

作为德州市国有企业，其投资建设运营的财金智慧农业产业园是亚洲单体面积最大的玻璃温室，年产西红柿 8000 吨。于 2024 年成功完成“玻璃温室番茄生产数据集”的数据资产入表，并以此为质押物获得 3000 万元的数据资产融资。据公开信息描述，这一案例标志着全国首例农业数据资产入表完成。

在我们讨论数据应用时，常常聚焦于互联网、快消品零售和金融保险等数据量丰富的行业，而对农业领域的数据应用则相对忽视。然而，这一数据资产入表案例的成功，让我们看到了农业领域数据应用的巨大潜力，数据驱动农业生产成为数据要素价值释放的重要场景。

从数据资产化认知层面来看，这一案例为农业领域的其他企业在数据价值应用方面提供了一定的指导。它不仅让更多企业关注到农业数据的资产化工作，也为农业领域实际的生产经营提供了更为客观的数据支撑。因此，可以说该案例对于促进农业领域数据资产化工作的开展具有很大的借鉴意义。

接下来，我们对“玻璃温室番茄生产数据集”这一数据产品进行详细分析。

- □ 数据产品形态：该产品形态非常明确，属于数据集类产品，可以理解为经过简单清洗、加工后的数据资源。
- □ 数据产品具体内容：依据公开信息披露，该数据集包含 64.428 万条数据信息，数据来源于 685 个传感器、1,700 多个控制器，共监控了 30 多万株番茄的生长数据。
- □ 数据的业务分类：灌溉数据、设备运行数据及园区室内气象监测数据。
- □ 数据产品价值：作为番茄产业标准化高质量生产的“专家生长曲线”数据集，对提升番茄生产质量、生产效率和精细化作业水平有重要价值。此外，与青岛中科贝尔机器人有限公司完成农业数据使用权交易，交易额达 50 万元。青岛中科贝尔机器人有限公司利用这些数据形成人工智能算法训练数据，用于智慧农业自动控制系统的研发。
- □ 应用场景：主要应用于番茄生产管理以及人工智能模型训练的基础数据。

在该案例中，“玻璃温室番茄生产数据集”的价值得到了较为完整的开发，作为数据资产入表并因此获得一笔巨额融资，同时还实现了数据产品对外出售并完成交易。数据集面向的消费群体很明显，产品形态清晰，且应用的场景也很明确。

前面章节我们提到，数据集属于基础数据资源，数据资源价值的体现还在于同一份数据集可实现多场景应用，所以针对该案例的“玻璃温室番茄生产数据集”，我们可以进行发散思考：除了案例中已经实践过的作为农业控制模型训练的基础数据，该数据集是否还可以进行二次加工成为其他数据产品进入市场交易。

对于该问题的思考有助于拓展数据资产场景化设计的思维，这里提供以下几个方向供参考。

（1）开发实时监控系统产品

□ 所需数据：集成气象数据、灌溉数据、环境控制数据和设备运行数据。

□ 产品形态：提供数据可视化展示，可以对番茄生长环境的温度、湿度、光照强度等关键数据，以及设备运行状态及异常等进行实时监控并展示。

□ 产品消费群体：农场主、温室管理者、农业技术人员。

□ 解决场景问题：帮助用户实时了解番茄生长的环境数据，以便更好地进行种植干预。

（2）开发预测系统产品

□ 所需数据：利用历史数据和机器学习算法，分析番茄生长趋势和预测未来生长状况。

□ 产品形态：提供生长周期分析、产量预测、病虫害风险评估等服务；根据数据分析结果推荐灌溉和施肥计划。

□ 产品消费群体：农业分析师、农业科研人员、种植顾问。

□ 解决场景问题：提高番茄采收量，降低虫害风险。

案例小结

最后回到我们本章的主题，从德州财金“玻璃温室番茄生产数据集”入表案例，我们可以得到哪些值得借鉴的经验与价值？

（1）任何行业均可实现业务数据化：许多企业认为自身没有可用的数据，但实际上问题可能出在数据采集环节。数据采集是否完整是数据资产化和数据产品交易的基础。企业需要采集哪些数据与其所处的行业密切相关。例如，德州财金在农业领域中，对气象数据、灌溉数据的采集是必不可少的，这些数据并不属于我们日常所了解的销售、市场数据，而是具有很强的行业属性。如果这些关键数据没有被完整且有效地采集，后续的数据资产化和数据产品交易将无从谈起。因此，如果企业觉得数据很匮乏，可以对数据采集的内容进行全面评估，了解目前的数据采集机制是否覆盖所有业务及所有业务节点。

（2）数据资产化的数据资源，作为对外服务的产品，要考虑其流通价值：数据唯有具备价值，才可以进行交易，数据资产运营才可持续。德州财金将“玻璃温室番茄生产数据集”成功入表，关键在于该数据集具有很强的流通性。除了案例中已经实践的结果，该数据集还可以为精准农业服务提供商所用，以优化作物管理策略，比如灌溉、施肥、病虫害防治等（这个问题在前面对于该数据集的场景应用思维拓展已提供参考意见），因为数据集可应用的场景非常多，因此具备了更高的流通价值。

7.2.2 产业数据类产品案例解析

在当前的数据资产市场中，产业链数据整合类产品崭露头角。

以旅游业为例，我们可以通过聚合旅游产业链上下游的多源数据，这类产品可以为行业中的各类参与者提供全面的运营支持，以及资源配置优化。

旅游业这一产业链具有高度复杂性和多样性，如果仔细盘点，如航空公司、酒店、旅行社、景区、交通运输、餐饮等都在链路中。产业链数据整合类产品致力于收集并整合这些环节中分散的数据资源。若能将出行信息、酒店住宿数据、游客景区偏好、景区客流量以及城市交通数据等统一整合至一个数据平台上，这些数据便能为众多复杂的业务场景提供强有力的数据支撑。

例如，在景区管理中，我们可以整合历史客流数据、实时游客分布数据以及天气预报等信息，为景区运营方提供动态客流预测和高峰限流建议。当然，还可以将这些数据提供给旅行社使用，帮助旅行社规划更合理、更合时宜的旅游线路。

产业链整合产品在推动资源优化的同时，也可以为行业间不同组织的友好协作提供有利条件。例如，航空公司可以通过共享数据与旅行社联合推出特价机票套餐，餐饮企业也可以基于景区和酒店的客流信息提供更具针对性的餐饮服务。

总体而言，旅游产业链数据整合产品的应用，无论是面向内部运营管理，还是为外部合作伙伴提供业务支持，都具有一定的价值，也是旅游产业数据释放价值的有效途径。

对于此类产品，接下来我们详细解析一个公开案例。（注意：鉴于公开信息有限，本案例的解析可能存在一定的局限性。）

案例 4：陕文投云创科技公司“惠旅云”资产入表案例

根据网上信息显示，陕西云创网络科技股份有限公司（简称陕文投云创科技公司）是由陕文投集团与欧菲光集团联合投资的一家高科技企业。该公司成立于 2012 年，注册资本超过 6,000 万元人民币，是陕西文化产业投资集团的一部分。公司主要从事智慧旅游领域的技术创新与应用，致力于打造陕西省内的智慧旅游生态圈，提升旅游行业的管理水平和服务质量，以信息化手段推动文化旅游业的发展。

作为高新技术企业，陕文投云创科技公司在智慧旅游方面有着显著的成绩，包括参与实施了“陕西省全域旅游产业运行监测与应急指挥中心”项目，该项目获得了中华人民共和国文化和旅游部的认可，彰显了该公司在文旅领域的影响力。

陕文投云创科技公司于 2024 年通过“文旅产业运营数据集”实现数据资产入表，该数据集来源于自主研发的“惠旅云”平台，并以此数据资产获得了交通银行陕西省分行 500 万元的融资授信，属于陕西省文旅行业“首单”数据资产入表，也标志着陕文投在文旅产业运营领域初步实现了数据资源化、资源产品化、产品资产化、资产金融化的数据要素流通闭环。

陕文投云创科技公司作为文旅行业的代表，它的数据资产入表工作让我们看到文旅行业数据资产化工作的巨大潜力与价值。其实，文旅行业的数据量并不突出，也不在我们日常讨论数据应用、大数据的行业范畴，但从市场上的案例来看，文旅行业的数据价值不容小觑。一定程度上，文旅行业的数据资产化有利于社会民生，因为它不仅能够帮助广大民众在工作之外进行放松，还能促进地方经济发展，从而帮助各地区创造更多的就业机会。

一般文旅行业的数据不仅包括游客的基本信息和消费行为，还涵盖了文化活动、旅游线路、景点互动等多维度数据。这些数据在精准营销、景点游客体验提升上可以提供很大的帮助。

从陕文投云创科技公司的文旅运营数据集入表案例看，数据资产化为企业提供了一种全新的视角，使其对数据资源的价值有了更深入的认识。数据资产入表的推进，是推动社会性数据管理变革的重要举措，可以促使企业认识到数据不再是简单的记录，而应该划入战略资产。

接下来，我们对“文旅产业运营数据集”这个数据资产进行详细分析。

- □ 数据产品形态：该产品形态非常明确，属于数据集类产品，可以理解为经过简单清洗、加工后的数据资源。
- □ 数据产品具体内容：依据公开信息披露，“惠旅云”累计接入 500 余家景区。
- □ 数据的业务分类：产业运营数据（该部分未详细披露）。
- □ 数据产品价值：按照产业数据集的应用场景而言，可以服务于用户了解景区客流、景区安全管理、广告公司精准投放广告等场景（该部分未详细披露）。
- □ 应用场景：景区管理、旅游路线优化、广告营销。

在该案例中，“文旅产业运营数据集”的资产价值十分明显。该数据集不仅能够为个人用户、广告企业和景区管理提供服务，还因其涵盖众多景区，在运营数据的不断积累下，对旅游产业化具有显著影响力。例如，对于自然景观旅游业，数据集可以提供详细的游客流量分析、景区季节性流量变化趋势，以帮助优化景区管理。对于人文景观旅游业，可以根据数据集对游客的兴趣偏好、文化消费习惯进行分析，实现更精准的广告投放。

接下来，我们继续分析一下该“文旅产业运营数据集”的市场流通价值，这也是该资产得以长期运营的基础。从数据分析的角度，该数据集可以二次加工成以下数据产品（包括但不限于，这里仅提供思路参考）。

- □ 陕西旅游市场报告：对数据集进行全方位的旅游分析，编制陕西旅游市场报告，为全国旅游企业在不同节日或季节规划旅游线路提供参考。
- □ 不同游客旅游偏好产品：如果景区实行实名制进入，存有游客的基本信息，可以通过分析不同游客群体的旅游偏好，为全国旅行社规划旅游产品提供依据，或为不同品牌进行精准广告投放提供数据基础。

□ 市场数据分析产品：开发市场数据分析产品，为新景点的开发和旅游规划提供数据支持。

□ 陕西景区客流分析产品：提供完整的陕西景区客流分析，助力景点周边商圈的建设和优化。

案例小结

最后回到我们本章的主题，从陕文投“文旅产业运营数据集”入表案例中，我们可以得到哪些值得借鉴的经验与价值?

（1）如果掌握了产业化数据，就可以实现产业化数据资产，促进整个行业的数据应用，以及提升行业的运营水平。该平台接入的景区数量已经达到了相当大的规模，其所掌握的行业信息具有巨大的产业价值。随着接入的景区数量不断增加，平台所积累的数据规模和深度也在不断提升，这些数据便具备了文旅行业中“典型代表”的价值。

对于人文景观旅游，可以通过数据集分析哪些游客群体更偏好哪类人文景观。例如，通过分析不同年龄、性别和职业的游客在各类人文景观中的停留时长和互动情况，平台可以识别出特定群体的偏好：如果通过分析显示年轻人更喜欢参观历史博物馆，而中老年人更倾向于游览古迹遗址，那么景区可以有针对性地设计不同的游览路线和解说内容，提升游客体验。此外，也可以了解游客对哪些相关的历史事件更感兴趣。例如，如果很多游客在兵马俑博物馆的文物陈列厅停留时间很长，则说明他们对这个展厅特别感兴趣。景区可以考虑增加相关的互动展览，进一步丰富游客的文化体验。

对于自然景观旅游，数据平台可以提供详细的景区环境监测数据和游客行为分析，帮助管理人员更好地规划旅游路线及客流管控。例如，通过实时监测景区的天气、空气质量、人流等数据，平台可以为游客提供最佳的游览时间和路线建议，避免高峰时段的拥堵。同时，通过对游客在不同自然景观中的行为分析，可以了解游客对哪些类型的自然景观更为青睐。例如，如果分析结果是大多数游客更喜欢徒步穿越森林，而不是简单的观光车游览，景区可以增加更多徒步线路，并提供相应的配套设施，如休息站、观景台等。

此外，平台还可以提供产业性的客流报告和景点旅游偏好分析。这些报告可以为城市管理和行业发展机构制定政策提供支持。

综上所述，通过掌握和应用产业化数据，文旅行业不仅能够帮助提升旅游服务质量，优化景区资源配置，还能在促进旅游产业发展方面发挥重要作用。

（2）重视数据治理、数据管理并付诸行动。图 7-6 所示为陕文投云创科技公司在数据治理方面所做的一些举措，我们可以针对这些举措进行详细的分析。

陕文投云创科技公司依托自主研发的"惠旅云"文旅产业运营平台，为涉旅企业提供全产业链数字化服务。截至目前，"惠旅云"平台累计接入景区500余家、完成交易收入突破20亿元，直接服务客户超千万人，形成了大量文旅产业运营数据。为了更好地挖掘数据背后的价值，实现公司自有数据从资源到产品再到资产的转化，云创科技成立了数据管理委员会，优化数据中心，建立数据管理规章制度，完善相关平台信息化建设，为数据资产入表迅速落地奠定了坚实基础。同时，公司对自有数据进行了全面梳理，筛选提纯优质数据资源，并进行严格的盘点清洗、加工处理，形成了标准化数据产品"文旅产业运营数据集"。在此基础上，经北京国际大数据交易所的指导，完成合规确权、质量评价、成本归集分摊、资产登记等流程，让"文旅产业运营数据集"以数据资产形式成功入表，实现了公司数据资产化"从0到1"的突破，也为文旅行业数据治理和规范化管理、数据资产价值评估及入表核算提供了实践经验。

图 7-6

首先，成立数据管理委员会是数据治理中很重要的一个环节，因为有效的数据管理组织是数据治理得以持续、长久运行的组织保障，这类组织通常由企业高层领导、IT 部门负责人、业务部门代表等组成，负责制定数据战略、协调各部门的数据管理工作、监督数据治理的实施效果。通过高层领导的直接参与，可以确保数据治理工作得到足够的重视和支持，更好地推动数据管理的规范化和标准化。

其次，优化数据中心则是提高数据存储和处理效率的关键，可以引入先进的数据存储技术和高性能计算设备，支持大数据分析和实时数据处理。当我们要对数据价值进行更加全面的开发时，不可避免地需要规模更大且时效性更高的数据，此时数据存储策略和数据访问效率非常关键。

再次，建立数据管理规章制度是确保数据治理长效持续的制度保障，这些规章制度可以明确数据管理的责任和权限，确保每个环节都有章可循，减少人为失误和管理混乱。例如，我们通过规范数据采集的标准，可以确保数据的一致性和准确性；通过制定数据存储的规则，可以保证数据更好地被安全访问；通过明确数据处理的流程，可以提高数据处理的效率。

最后，完善平台信息化建设则是实现数据资产化的重要手段：一是可以更加系统地采集数据；二是通过构建统一的数据平台，整合各类数据资源，提供数据可视化、数据分析的数据基础，可以方便对数据价值的开发工作。这些措施都为数据资产化打下了坚实的基础。

数据治理工作的开展是这家公司很重要的一个亮点，因为数据治理工作的投入非常庞大，但是产出无法立竿见影，所以该案例最重要的启示是企业应重视数据治理，并从战略层到执行层贯彻开展相关工作。

7.3 本章小结

在本章中，我们深入探讨了 4 个典型案例，其中两个是由国家数据局发布的“数据要素 ×”案例，另外两个属于小众产业的数据资产入表案例。这 4 个案例都展现了数据资产化在不同领域的实践和价值。这些案例不仅让我们看到数据资产化的实际价值，还为其他企业提供了宝贵的借鉴经验，尤其是那些容易被忽视的小众产业。

案例 1 的核心点在于小商品交易市场在数据资产化过程中明确识别出中小微企业面临的回款和贷款困难问题，也认识到这些问题会直接影响它们经营的积极性，所以需要有针对性地解决这些痛点。而为了更好地使用数据，努力打破“数据孤岛”，进行数据整合、专业的数据产品研发，这都是实现数据规模化应用的关键。

案例 2 的重点在于当内部数据不足以满足业务需求时，应主动向外部寻求数据补充。此案例同样说明分析具体的业务痛点的重要性，而且大胆启用新兴科技，为解决业务问题设计出更贴切的数据产品。

从案例 3，我们应该认识到任何行业都可以实现业务数据化，企业应充分认识自身数据的潜力。德州财金通过对气象和灌溉数据的采集，展示了行业特有数据的重要性，这些数据为未来的数据资产和产品交易奠定了基础。因此，企业评估数据采集的完整性非常重要，很多企业认为自身没有数据，可能是因为数据采集机制还不够健全。

案例 4 展示了一个被广泛忽视的领域：如何通过数据实现文旅行业的数字化转型。文旅行业的数据可以通过对不同人群的旅游偏好分析，帮助提升游客体验；通过对各景区进行实时客流监测、客流分析和预测，文旅管理企业可以更好地管理景区，最终提高游客的满意度并且保证游客旅游的安全。这一案例让我们看到行业性数据资产对行业发展产生的价值和影响。

通过以上 4 个案例，我们可以看到，尽管农业和文旅行业在数据量和业务上比我们日常较为熟悉的金融、快消品零售等行业小众，但数据资产化对于它们的影响很大，也让它们的数据被社会所看见。这些行业的实践案例为同行业中其他企业的数据资产化工作提供了非常宝贵的借鉴经验，比如如下几个方面。

（1）数据治理、管理组织的重要性：数据管理委员会可以保障数据治理得以长效贯彻实施。

（2）利用行业数据为自己服务：自身数据不够时可以向外求，融合内、外数据，从而让数据更好地为自身企业服务。

（3）深入分析业务痛点：数据价值的重要点在于场景化，业务痛点越清晰，产品设计越有针对性，数据资产就越有“价值”。

总而言之，本章所述的案例让我们看到了数据资产化工作在不同行业的实践，以及其带来的价值和影响，为其他企业后续的数据资产化工作提供了非常重要的借鉴和启示。

第8章 数据资产增值运营挑战及展望

对于数据资产化工作，在前面的章节中，我们已经讨论了很多内容，而增值运营的理念非常关键。数据资产的本质是对数据价值的长期运营，如果要充分利用数据的价值，企业必须确保数据资产的价值能够持续、稳定。如果对于数据的管理或者数据使用只是一次性的投入，企业所获得的收益将会非常有限。

当前市场竞争非常激烈，企业能够突破发展瓶颈的方式和手段并不多，但数据资产化可以成为一个重要的突破口，数据资产化的价值我们已经深入讨论，它也是数据资产要实现增值运营的原因。

很多企业在完成一次性数据资产入表工作后，会认为任务已完结，这种认知对于数据的价值开发的目标是不利的，因为业务需求会随时发生变化，数据治理会中断，数据产品需要更新，市场无时无刻不在发生变化。数据资产增值运营是一项非常复杂且艰巨的任务，需要投入大量的信息化和数字化资源，但也需要认识到，有效的数据价值开发实际上可以降低这些投入的成本，从而提高整体收益。

在“大数据”兴起早期，许多企业也会认为数据分析没有价值，但随着市场的发展，这些认知误区以及由此导致的不良状况正逐步得到改善。这有点类似当前阶段的数据资产，其市场管理和数据交易的体系还不够规范与完整，对于很多企业而言，它属于一个“黑盒子”。

因此，数据资产运营的挑战非常艰巨，如数据资产入表的整体工作涉及了多个专业领域：数据合规确权、财务成本归集、数据资产评估、数据质量评价等。跨专业、跨领域的工作衔接与协作就是一大难题，而市场充满着不确定性，导致数据资产运营工作无法顺利进行，当然，实现数据资产的增值运营更加艰难。

8.1 不可避免的社会性挑战

8.1.1 数据自身的挑战

数据自身的挑战主要指因数据自身的复杂性和多样性导致的问题。这些问题通常集中在数据生成和收集的源头。例如，不同来源的数据格式不统一、命名标准混乱，甚至存在缺失、不准确或冗余的诸多问题，这些问题会导致数据难以整合，进而影响数据资源的再开发利用。

尤其在当前的数字化环境中，数据来源日益多样化，数据的不一致性和复杂性日益突出。这种挑战存在于各行各业，且所有的企业都不能幸免，解决起来非常棘手，还需要企业长期、持续地投入来改进。

这类挑战主要包括以下两个方面。

1. 严重的数据质量问题

数据质量问题是各行各业、各企业在数据应用中都会面临的巨大挑战，几乎影响着每个行业的数据价值开发。虽然数字化转型已经发展多年，很多企业越来越依赖数据来帮助支持业务决策，但在实际工作中，数据质量问题一直没有得到解决，且根深蒂固。

为什么质量问题会长期困扰着各行各业且难以解决?

数据质量问题的主要来源之一是多系统的存在。许多企业在日常运营中必然需要使用到多个数据采集系统，这些系统一般都各自独立运行，虽然功能上有所重叠，但并不具备统一的格式规范、标准规范，导致数据在不同系统之间无法顺畅流通，这也形成了我们常说的“数据孤岛”现象。常见的系统如 ERP（业务操作系统）、CRM（客户管理系统）和 WMS（仓库管理系统），这些系统的数据都有自身独立运行的一套逻辑。

当然，有些数据采集工具更加复杂。例如，制造企业会依赖自动化设备和传感器进行生产数据的采集，这些数据包括温度、湿度、设备运行状态等。但这些数据通常都以不同的格式记录，与 ERP 系统中的生产数据难以合并，最终导致数据很难被完整使用。或者在医疗行业里，采用电子病历系统、实验室信息系统和影像学信息系统采集数据，但各系统的数据略有缺失就会导致最终的数据不可用。

除了多系统导致的数据质量问题，多种渠道的数据采集也为数据的准确性带来了诸多挑战。例如，通过互联网进行数据采集时，经常会面临采集结果不理想的情况，包括数据不完整或采集错误。还有些数据需依赖人工手动收集和整理，这种情况下数据的可靠性更低，因为人工操作更容易出错，最终导致数据记录不准确或不一致。此外，网络上还有一些文字类数据，由于语言风格不同和表述水平参差不齐，使这些数据在后续分析和应用时往往难以直接使用，需要经过大量的预处理工作才能被使用，而有些数据只能被放弃。

另一个显著的问题是数据采集不够全面。以医疗行业为例，尽管数据采集技术不断进步，但在实际操作中，很多医院仍未形成完备的数据采集机制，如患者就诊记录和医嘱容易出现遗漏和错误。这使医院在进行临床研究和管理时，无法从这些数据中获取到更多的价值。

同时，数据标准的不统一也是各行业普遍存在的问题。例如，促销活动的数据可能在不同部门之间采用了不同的命名规则和分类方式，最终导致无法很好地得到分析利用。而在跨区域经营的零售企业中，这种不一致性会更加明显，最终给零售企业总部的管理带来更大的难题。

此外，数据质量还受到企业数据文化的影响。比如，有些企业设定了数据录入标准，实际执行时却因为缺乏相应的员工培训和对数据的重视不足，导致员工懈怠，最终数据录入错误频发，数据质量也不理想。

当前大模型兴起，对数据质量的要求更加严格。若数据质量基础不扎实，将会导致模型输出结果不可靠，那么，就难以实现大模型的规模化应用。所以在数据资产增值运营中，首要挑战必然是提高数据质量。

2. 数据治理工作难以为继

前面详细介绍了数据质量问题，针对这些问题，企业必然要推行数据治理。

然而，在推行数据治理的过程中，员工的配合成为一大挑战。因为数字化工作有时并不能简化流程，反而会增加员工的工作量。例如，原本手工填写的报告现在需要通过系统按特定格式输入。由于对新系统不熟悉，员工初期需要花费更多时间完成任务，对数据治理的积极性降低。在这种情况下，员工可能会抵制新的治理措施。

此外，企业高层管理者对数据治理的重视程度不足也是一个关键因素。数据治理工作通常在后台进行，短期内难以看到直接效益，它们常常只是数据项目前期的准备工作，如进行 BI 分析和指标分析前必须进行一些数据整理工作。数据治理团队可能花费数月清洗历史数据、优化数据质量，但这些成果无法直接转化为经济效益，也不能被直观地看到，导致高层管理者对其重视程度有限，从而缺乏足够的资源支持。

再者，数据治理与业务部门的结合度较低。数据治理在一定程度上属于技术性工作，而业务部门更关心业务应用，容易忽视数据治理。许多业务部门不愿意投入资源支持数据治理，因为他们看不到直接的收益。例如，市场营销部门关注广告效果和销售数据，对支持这些活动所需的数据清洗和标准化工作关注较少，有的部门甚至不愿意参与相关工作。这样势必导致业务与技术脱节，使数据治理工作难以获得足够支持。

在实际操作中，数据治理还需应对各种实施难题，如数据标准不统一导致的数据集成问题、在数据生命周期管理中的保留和删除策略，以及数据隐私保护等。这些问题都需要细致规划和持续执行才能有效解决。

因此，数据治理的长期持续性是一个需要解决但又难以解决的问题。数据治理不仅是一项初期工作，更是一项需要长期坚持的任务，因为每天都有新数据产生，随之而来的就是各种问题。

综上所述，数据治理的工作烦琐且复杂，难以避免，需要长期坚持却面临诸多挑战，因此在数据资产增值运营中，数据治理既是重点也是难点。

8.1.2 数据资产化价值的挑战

数据资产化价值的挑战，核心在于如何高效地实现数据资产的价值最大化。这不仅是数据资产得以存在的前提，也是衡量数据资产实际价值的重要依据。我们谈数据资产增值运营，本质上讲的是数据资产的价值运营，它是一项非常复杂且具有系统性的工作，贯穿了多个重要的环节和领域，但对数据资产价值影响最直接的有以下两个方面。

1. 场景化价值难以实现

前面章节已对数据场景化的定义进行了阐述，这里不再赘述。数据场景化在实践过程中面临非常多的挑战。不仅影响最终数据的有效利用，也制约企业的数字化转型进程。

传统的决策方式在许多企业中仍然占据主导地位，导致数据赋能决策的意识并不强。在面对复杂的业务问题时，许多管理者和业务人员倾向于依赖经验和直觉，而不是充分利用数据。这种“拍脑袋”决策的方式，不仅无法充分发挥数据的价值，还可能导致错误的决策。例如，在需要降低客户流失率时，企业可能过于依赖以往的经验或市场调研，而忽视了对数据的深入分析和挖掘。即使有相关的 BI 分析报告，也往往缺乏明确的指导，业务人员不知道从哪些维度进行解读，导致最终的产品结果无法支持他们的决策。

在数据分析和挖掘的过程中，如何提取对业务有用的信息是一个难题。以 BI 分析报告为例，这些报告通常是根据历史数据和业务需求开发而成的，但如何将这些数据转化为对当前业务决策有价值的洞察并不简单。数据分析不仅需要技术能力，还需要深入的业务理解和行业知识。在许多情况下，BI 工具虽然提供了丰富的数据可视化功能,但用户在解读这些数据时常常会感到困惑。这种情况会导致数据产品的使用率降低。

在实践中，企业面临的主要问题是数据的整合与统一。不同部门和业务单元往往使用不同的数据系统和工具，这使数据的整合变得异常复杂。各系统缺乏统一的数据标准和管理机制，导致“数据孤岛”现象严重。各部门的数据虽然丰富，但在跨部门协作时难以合作，最终无法为企业的整体战略提供支持。例如，销售部门和市场部门的数据各自独立，虽然都有重要的客户信息，但由于缺乏有效的整合，决策时难以全面了解客户。

还有一项工作容易被忽略，就是产业化数据资产的应用。尽管产业数据因其庞大的规模而具有潜在价值，但在实际的变现过程中，企业常常面临多重挑战。数据整合的难度明显制约了产业数据的应用水平。产业数据通常来源于多个组织，甚至跨越多个行业，不同来源的数据如何有效整合到一个产业链中，并形成能够解决具体业务问题的数据资源，是一项极具挑战的任务。在这个过程中，企业首先需要面对的数据整合问题包括数据格式的多样性、数据一致性的缺乏，以及数据质量的参差不齐等。这些问题不仅增加了数据整合的复杂性，还可能导致数据错误或不完整，从而影响后续的分析和决策。

企业在处理这些多样化的数据时，往往难以全面了解其背后隐藏的业务信息。这些数据可能包含丰富的商品信息、客户行为和销售趋势，但如果缺乏有效的解读和分析，这些潜在的商业价值将无法被充分挖掘。因此，使用数据的前提是深入理解数据背后所反映的业务指征，只有在掌握这些信息后，才能将数据有效应用于具体的业务场景中，真正实现数据驱动决策。

数据整合的挑战不仅在于技术层面的障碍，还包括组织文化和人员理解上的障碍。许多企业在跨组织或跨行业的数据共享中，各部门常常缺乏良好的工作协同机制，使数据流动受限，最终导致对数据的误用或低效利用。

内部人员对外部数据的理解是一大难题。许多情况下，企业希望通过引入外部数据来丰富内部的数据分析工作，但业务人员往往缺乏对外部数据的理解能力。这不仅限于对数据来源的了解，还包括对数据的分析方法和应用场景的陌生。例如，当业务团队接收到外部市场数据时，若他们无法清楚地理解这些数据背后的数据信息，便难以有效利用这些数据来助力决策。这种对外部数据的陌生或误解，进一步限制了数据资产的价值发挥。

有些传统方式无法解决的业务问题，企业会寄希望于数据资产的价值支持。这种期望虽然在某种程度上是合理的，但实际上，如何根据具体业务问题设计相应的解决方案仍然是一项复杂的任务。数据的应用需要商业理解、业务理解和技术理解的深度融合。在这一过程中，企业不仅需要具备强大的数据分析能力，还需要对业务流程有深入的了解，才能有效地将数据应用于业务决策。然而，这样的跨领域知识整合在实际操作中也是相当困难的。

因此，如何利用数据解决业务问题，这一挑战是各家企业在进行数据资产内部应用及外部应用时都要解决的难题。

2. 数据产品难以标准化

数据产品是数据场景化的具体体现，其收益很大程度上源自规模化效应。所以，数据产品化的核心目标是实现标准化，但业务需求往往具有个性化特征，这一矛盾是当前数据资产化交易发展中的一大障碍。

由于各行业环境、企业发展模式及内部管理情况的差异，企业对数据的价值需求各不相同。我们谈及数据赋能决策时，必须认识到决策与业务需求紧密相连，因此不同的决策对数据的内容、质量、来源等方面均有着不同的要求。

基于此，企业在寻求外部数据产品时，往往倾向于个性化定制。这种个性化需求主要源于企业业务场景的多样性和问题解决策略的针对性。

以出行数据为例，我们可以观察到同一数据产品在不同行业中的应用差异。出行数据通常涵盖位置信息、交通流量、交通工具类型、行程信息、乘客行为习惯等丰富内容。对于广告投放行业而言，这些数据有助于广告商精准定位目标群体，从而在合适地点展示相关广告内容。而对于旅游业而言，通过分析游客的出行轨迹，旅游公司能更有效地规划旅游线路，避免人流高峰时段的拥堵，并推荐适合不同时段的景点。

然而，从数据交易市场的视角来看，产品标准化是推动数据产品大规模交易的关键所在。数据交易所作为连接数据提供者与需求方的平台，其核心在于促进数据资源价值的有效分配。若每项数据产品均高度定制化，则在交易过程中将面临业务场景匹配度低、应用价值难以复制等问题，进而增加数据持有方在数据资产化方面的成本和复杂度。

标准化的数据产品不仅能够简化交易流程、降低交易成本，还能激发数据持有方提供数据产品的积极性，从而推动整个数据资产化产业的繁荣发展。因此，如何打造标准化的数据产品成为当前数据交易市场面临的一大挑战。

8.1.3 数据资产交易的挑战

数据资产交易的挑战在于数据资产在数据交易市场的流通困难。当前，谈数据要素、数据资产化管理、数据资产入表、数据资产增值运营等工作，最长远的目标是实现交易，这样数据要素才能“动”起来，这也是当前市场上所有参与者的目标。但是数据要素的流动受限于很多因素，这里分析两个最直接的难点。

1. 数据产品定价难

在数据资产化交易过程中，数据产品的定价一直是一个复杂且具有挑战性的环节，定价的合理与否将直接影响交易的成败。在数据资产化的进程中，很多人会参考数据资产评估机构的价值作为定价依据，数据资产评估的 3 种方法包括成本法、收益法和市场法。但这些方法各有局限，使数据产品的定价并不明朗。

（1）数据资产评估的 3 种方法

成本法：成本法基于数据产品的生产、开发过程所投入的成本进行定价。这种方法的主要问题在于，它可能无法真实反映数据的市场价值。许多企业在计算成本时，往往仅考虑直接的采集和处理费用，而忽略了数据的潜在应用价值，而且该过程的成本投入是数据持有方单方面的认可，所以最终根据成本法得出的价格与买方可以认可的价格往往存在一定距离。

此外，数据的生产成本往往难以精确量化，例如，数据清洗和数据维护的隐性成本常被遗漏。这导致定价可能存在偏差，未能充分体现数据的市场潜力。

收益法：收益法通过预测数据产品未来可带来的收益进行定价。这种方法虽然考虑了数据的潜在价值，但同样存在不确定性。未来收益受市场变化、竞争环境和用户需求等多种因素的影响，这些因素难以准确预测，且收益的基础是认可数据资产的“价值”，很多人很难理解数据资产，要认可数据资产的“未来价值”更难，因此，基于收益法的定价可能会过于乐观或悲观，导致实际市场价值与预期不符。

市场法：市场法主要通过比较市场上类似数据产品的价格来确定定价。然而，当前数据市场尚处于发展阶段，市场上的数据产品种类并不丰富，市场信息不对称且交易透明度不足，使类似产品的比较变得困难。当前市场，各方管理机制不够健全，数据交易成功案例较少，同时数据交易的透明度也较低，这限制了市场法的应用。最终使企业采用市场法的方式定价也很难实现。

另外，目前许多评估机构是从传统资产评估机构转化而来的。这些机构在评估传统资产方面（如实物资产和金融资产）具有丰富的经验，但面对相对较新的数据资产，他们的认知仍处于探索阶段。由于数据资产的特性与传统资产截然不同，其价值不仅取决于数据的数量和质量，还与数据的使用场景、市场需求和潜在应用紧密相关。

因此，评估机构在认定数据资产的具体应用价值时，缺乏足够的市场信息和案例支持，在数据资产的价值认定上也可能存在一定的偏差。

（2）影响数据产品定价的多重因素

我们继续分析影响数据产品定价的主要因素（包括但不限于）。

市场供需：市场供需关系是数据产品定价的核心。如果市场上对某类数据产品的需求高于供给，其价格自然会上涨；反之，若供给过剩，价格则可能下降。

当前，随着各行各业数据供给量的逐渐增加，势必导致竞争加剧。随着更多企业开始收集和出售数据，市场上同类产品愈发丰富。这使数据持有方容易处于被动地位。

数据产品的实际价值：数据产品的价值不仅取决于其质量，还与其在实际应用中的效果紧密相关。高质量的数据产品能够在业务应用中提供实质性支持，例如帮助企业做出更好的客户运营决策或者市场营销决策等。相比之下，低质量或不相关的数据可能难以产生实际价值，甚至可能误导决策。因此，数据持有方在定价时需要深入分析数据产品在具体场景中的应用潜力，确保定价合理、客观。

买方对数据产品的认知：买方对数据产品的认知程度会直接影响其购买决策。如果买方对数据的潜在价值缺乏理解，即使定价合理，他们仍可能不愿意购买。这种情况常常源于买方人员对数据应用效果的认知不足，或者对数据产品价值本身的了解不够。

因此，数据持有方需要考虑如何提升买方对于其数据产品价值的认知，帮助他们理解数据的实际应用和价值，以促进交易完成。

成本投入：数据持有方在定价时，不应忽视自身对数据产品的投入成本，包括数据的获取、处理、存储和维护等各项成本。如果这些成本被低估，企业可能面临在交易中无法实现盈利的风险。同时，数据产品持续的更新和维护也需要相应投入，若未能在定价中充分考虑这些成本，企业可能会面临数据资产化过程中投入的资源得不到回报的风险。

因此，数据产品的定价需要综合考虑市场供需、产品实际价值、自身投入情况，以及买方对数据产品的认知，以确保最终定价合理且可持续。

2. 数据产品交易难

在数据产品市场中，尽管数据产品具有巨大的价值潜力，但成功交易仍面临多重挑战。

（1）定价问题的影响

数据产品的定价是数据交易中的关键挑战。合理的定价必须综合考虑市场供需、数据质量和潜在应用价值等多种因素。关于定价问题的影响前文已进行详细阐述，此处不再赘述。

（2）买方对数据产品使用的顾虑

买方在考虑购买数据产品时，会有多重顾虑，这些顾虑直接影响交易的成败。

如何使用数据：买方往往不确定如何将所购买的数据有效地应用于自身业务决策。如果缺乏清晰的应用场景或指导，即使数据质量足够高，买方也可能会感到无从下手。例如，一家零售企业购买了消费者行为数据，但因为缺乏相应的分析及洞察能力，无法将这些数据转化为有价值的商业决策，最终导致数据的浪费。

外部数据如何与内部数据融合：买方在使用外部数据时，常常会面临数据融合问题。如何将外部数据与内部数据结合是关键环节。然而，外部和内部数据在格式、结构和标准上往往不一致，不仅会导致整合过程中出现障碍，还会引发数据管理问题。例如，一家金融机构希望将外部市场数据与自身客户数据结合，但因为缺乏统一的数据管理规范，整合过程耗时耗力，购买的数据无法发挥预期效果。这样的顾虑使买方在购买外部数据时会更加谨慎。

数据安全、合规问题：在数据交易过程中，买方需要确保所使用的数据符合相关法律法规。如果买方担心购买的数据可能涉及隐私泄露或合规风险，他们往往会对数据交易保持谨慎态度。例如，某医疗机构在考虑购买患者健康数据时，必须确保这些数据的获取和使用符合相关法规，以避免法律风险。

数据质量的顾虑：数据质量问题也是影响交易成功的重要因素。数据的准确性、完整性和时效性直接影响其应用效果。然而，当前市场上对于数据质量的评估往往缺乏公正性和客观性，买方对数据的真实性和可靠性难以形成足够信任。数据持有方提供的质量评估也可能存在偏差，导致买方在购买时面临信息不对称的风险。

（3）数据交易如何规模化

在实现数据资产化的过程中，需要一定的信息化和数字化投入。形成数据产品投入市场后，一次性的交易并不是企业的目标，所以如何确保交易可持续、长久是一大难题。

除用户个体问题外，数据资产交易市场正处于不断探索规范的阶段，尤其是面向非数据应用专业人士时，数据产品的价值往往很难被直观理解。特别是在数据交易市场尚处于发展阶段时，许多潜在买方对数据价值的认知往往有所欠缺，无法了解数据所能带来的实际收益。因此，如何推动市场对于数据资产价值的认知是提升整体市场交易的一大关键。

如果数据交易不能实现规模化，企业的经济收益就不可持续，那么企业在数据资产化过程中投入的资源和资金就得不到应有的回报。零星客户往往难以保证持续的经济收益，而企业可能面临投入开发的数据产品盈利能力不足的问题。

数据产品成功交易面临多重挑战，除了上述内容，各行各业肯定还存在其他问题，因为数据资产的场景非常多元且复杂，数据交易如何实现规模化，在一定程度上也属于社会性数据要素的发展难题。

8.1.4 数据资产化中的其他挑战

1. 数据合规确权

数据资产化是一个新兴领域，从数据资产运营的源头开始到应用的完整过程中，合规确权的工作贯穿始终。

数据来源多种多样，包括公开收集的（开放数据及网络爬取）数据、企业内部系统自行生成的数据、直接采集的数据，以及间接获取的数据（包括经数据交易获取或经授权许可获得）等。这些数据来源的复杂性给确权带来了很大困难。例如，系统所获取的数据可能来自多个内部系统，而这些系统可能由不同的部门负责管理，这使确权变得更加困难。

此外，不同渠道的数据种类繁多，采集方式和使用授权协议可能各不相同，这也增加了确权的复杂性。特别是公共数据，从数据采集、开发、加工、产品化到交易等各个环节可能涉及多个利益相关方。例如，政府单位可能会委托第三方数据服务商进行数据治理和分析，而这些第三方服务商又可能将数据中间开发权、交易权转售给其他企业。在这个过程中，数据的持有权、使用权、经营权等权益如何分配都是问题，因此，实现数据资产权属清晰是一项艰难的挑战。

当前，中国企业国际化趋势明显，所以数据如何安全、有效跨境流动成为一个重要问题。出海企业的数据合规确权更加复杂。一方面，不同国家和地区对于数据保护的法律法规存在差异,企业需要遵守当地的法律法规。另一方面，数据跨境传输的安全问题不容忽视，一旦发生数据泄露，不仅会给企业带来经济损失，还可能影响企业的声誉，有些甚至可能涉及商业机密，所以数据出海风险很大。

2. 财务成本归集

数据资产化工作中有一项重要任务，即数据资产入表，入的是资产负债表。入账的价值涉及财务成本如何归集。

数据资产化的工作链路很长，包括数据的采集、存储、管理、治理和开发等多个环节。在这些环节中，会产生多种类型的成本，如数据处理成本、加工成本、数据开发成本、数据存储成本、第三方项目支出、数据采集成本等。因此，如何合理归集这些成本，将其计入数据资产的账面价值，是一个复杂的问题。例如，数据处理和清洗是一项耗时耗力的工作，可能会延期，且人员可能随时发生变化，那么这部分成本应该如何计算？或者数据存储的成本随着数据量的增加而上升，但数据量涵盖了数据资产入表外的数据，如何合理分摊这部分成本？这些问题都决定成本归集工作的难易。

数据资产作为新兴领域，各环节以及突发状况的成本归集缺乏一些行业标准或者案例可参考，一些传统的会计准则也未必适用，所以如何准确归集数据资产的成本，在财务报表中真实体现其价值，也是一项巨大的挑战。

3. 数据安全

在数据资产运营管理中，数据安全的问题愈发严峻，而随着网络的发展以及科技的更新，新的数据安全隐患给数据资产运营带来了很大的阻碍。

首先，随着新技术的迅猛发展，特别是大模型的广泛应用，为数据安全带来了新的隐患。大模型通常需要大量的数据进行训练，这些数据可能包含高价值和特殊敏感信息。如果这些信息在训练过程中没有得到妥善处理，就可能导致隐私泄露或数据滥用；如果大模型在训练时没有很好地进行“正向引导”，则很容易造成对“人”的安全隐患。

其次，企业中有很多高价值的敏感数据，尤其是政务数据和个人信息。政务数据可能包含机密信息，如国家安全、公共安全和社会治理等重要领域的数据。如果这些数据被泄露，可能会导致严重的社会后果。此外，个人信息的安全性也面临威胁，尤其是在涉及人脸识别等生物识别技术时。这类技术不仅能识别个人身份，还可能暴露与个人金融账户相关的信息，增加了被盗刷或身份被冒用的风险。

再次，在数据访问权限管理方面，企业既要满足业务需求，又要防止因权限过于放松导致数据泄露。而很多企业的人员流动非常频繁，这也给数据访问权限控制的即时性带来了挑战。

对于数据安全治理，数据加密的工作非常重要，虽然加密是保护数据的重要方法，但仍然存在被攻击的风险。攻击者可能通过各种手段绕过加密保护，一旦被破解，就有数据泄露的风险。

网络环境日益复杂，同样给数据安全带来了挑战。很多企业因为数据管理的便捷性采用了云服务，很多商业化的数据都上了云，一旦出现网络风险，数据泄露风险将加大。

8.2 值得重视的未来展望

数据资产入表的开始标志着数据资产运营正式进入一个新的阶段。当前市场方面对于数据要素的管理、监管机制还不够健全，数据资产化、资本化以及交易工作都处于探索阶段，确实存在各种各样的问题。然而，随着市场管理机制的逐步健全，对于数据要素价值的认知不断深化，数据资产化工作会逐渐趋于规范，数据资产运营也将逐渐在各企业形成一套完备的运营体系。这一过程可能需要经历 3 年、5 年，甚至 10 年的时间。

我们可以参照数字化转型，这一概念在市场上存在至少已有 10 年之久，但即使是一些大型企业也尚未形成清晰的发展路径并取得良好的效果，而许多中小企业甚至还未踏入数字化的旅程。因此，对于数据资产运营，我们也需要保持敬畏和从长远的视角来看待它。

数据资产化涉及多个环节，工作非常繁杂，涵盖了数据的采集、存储、管理、治理、开发及交易，如果要实现持续、稳定的数据资产运营，每个环节都需要明确的规则和标准。随着市场管理机制的逐步健全，数据资产化工作的规范化将成为必然趋势。当前市场对于数据要素价值的重视越来越强，各界人士都在努力、积极探索，包括各种法规、数据资源开发措施等市场正常引导，数据资产运营管理工作肯定会越来越好。

8.2.1 市场范围、规模逐步扩大

数据资产入表是数据资产运营工作的起点，标志着各类数据资源的价值正逐步走入大众视野。当前，数据资产入表的趋势主要是响应政策对数据要素价值释放的要求，这种政策导向促使许多公共数据组织率先积极开展数据资产运营工作，并完成一些实践案例供其他企业参考。

当前各省市都出台了明确的公共数据授权运营办法。这些政策不仅为各省公共数据资产化提供了明确的流程指导，还提供了数据管理、合规和安全保障的指导意见。这种制度化的建设是保障公共数据得以顺利资产化并走向市场的关键，也确保了数据在共享和使用过程中的合法性与安全性有制可依。

同时，对于市场的教育也是数据资产化工作向好的重要环节。随着数据资产化的推进，相关利益方的认知水平需要逐步提升，例如，对于数据要素流通的价值点，数据产品对于企业经营的帮助。数据产品实现交易需要供需双方一起努力，才能将此工作由一次性转变为长期性。市场强化教育后，各行业对数据资产的理解会更深入，从而更好地参与到数据要素流通这项工作中。

当前，数据资产市场已逐渐扩大，涵盖了多个行业，而不仅仅局限于公共数据和政务数据。例如，我们前面列举的文旅和医疗行业领域的数据资产入表案例，这两个行业并非在我们日常讨论的“大数据”范围内，但实际上，这些行业正积极探索数据资产化并取得了一些成果。例如，文旅行业通过监测各景区日常运营数据，开发出个性化的服务和产品，而医疗行业则通过数据共享和分析，提升了医疗服务的质量和效率。这些案例都为各行各业的数据资产化工作提供了可参考的“标杆”，必然会促使其他企业纷纷加入。

当然，我们也必须看到仅仅依赖公共数据或政务数据组织来推动数据要素市场发展是不够的。随着市场的逐步推动，一定会有越来越多的企业加入数据资产化的工作。

总而言之，随着公共数据领域对数据资产化工作的率先探索与实践，以及越来越多领域的专业人士投身其中，数据资产化的企业范围和市场规模必然会不断扩大。

8.2.2 新兴科技迭代，诞生更好的数据产品

在大模型技术问世之前，数据产品的形态相对固定，主要包括分析报告、API 等。这些产品虽然在一定程度上满足了数据使用者的需求，但往往存在着局限性，尤其是在跨领域知识获取方面。对于非专业人士来说，快速获取所需的专业知识是非常困难的,这在很多情况下制约了他们的决策能力和创新能力。然而，随着大模型技术的诞生，行业应用场景发生了重大突破，极大地改变了数据产品的形态。

大模型的优势在于它的问答能力以及对海量信息的分析能力。我们可以将基础数据集输入大模型，用户便能够轻松通过对话获得专业知识。这种产品方式可以回答特定领域的问题，一定程度上突破了行业壁垒，促进了跨领域知识的广泛传播。所以大模型的诞生使许多非专业人士也能通过简单的方式迅速获取所需信息，当然，这种产品也提升了各行各业对于基础数据的价值开发。例如，前文提到的案例，医生可以利用行业知识问答模型快速查询药物信息、快速了解不同病情的症状，以及不同疾病的用药情况，大幅提升诊疗效率。

一定程度而言，大模型的引入是对数据价值应用的一种变革，推动了各行各业对新型数据产品的探索。当前，我们正处于一个科技迅速发展的时代，未来 3 年、5 年，甚至 10 年，市场上可能会出现更多新兴科技和技术。这些新技术可能会改变数据的应用场景，改变大家对数据资源价值的探索。

例如，未来的 BI 工具是否可以不用依赖数据分析，而是融合人工智能的智能决策能力,实现自动化决策。这虽然是一种展望,但随着技术日益革新,“它们”也许离我们并不遥远。

总而言之，大模型技术的崛起，数据产品形态发生了显著变化，并已经有

大量的实践证明新技术对于社会生产力的变革、数据价值的开发具有颠覆性作用。所以，对于数据的价值认知以及开发使用，我们需要对新兴技术持有更大的包容度。未来的科技发展势必将继续推动数据资源的应用创新、数据产品的创新，我们拭目以待。

8.2.3 行业、产业新数据资产深化

随着市场对数据要素价值认知的提升，数据应用经历了一场从点到面的演变。最初，企业的数据使用往往是孤立的，所有人的目光都聚焦在内部的数据上，这些企业就像一个个单独的点，对于数据价值的探索各自为战。随着越来越多的企业参与数据要素市场，这些数据点开始打破隔阂并相互连接，逐渐形成网状应用联盟。这一转变为各企业的数据应用开辟了新视角。

这个过程发生了行业性的转变：通过整合不同企业的数据，也包括第三方的市场数据，这个过程将数据的应用从单一的点扩展成线。企业拥有了更多可用的数据，对于数据价值的发掘有了全新的视角。这是市场对数据应用认知不断升华的过程。例如，前面章节提到的讯飞医疗，将医疗数据、医学会、检验信息、用药信息等多行业、多企业的数据进行整合，数据不再是独立的点散落在商业市场上，而是串联成线、网，进而对于解决具体的场景问题起到了重要的作用。这个案例可以说是跨行业数据整合应用价值的最佳实践。

除了行业性数据的整合，产业链数据也不容忽视：很多产业链上工作节点众多，各种业务归属于各种不同类型和商业模式的企业，他们共同形成了产业链上完整的业务链。对于这个问题的理解，我们以数据资产化为例进行介绍，在数据资产运营过程中涉及了数据采集服务商、数据存储服务商、数据治理服务商、数据产品开发服务商、律师、数据资产评估师、会计师等不同领域的跨界人士，他们在同一产业链上分工不同、职能不同，单独来看，如数据采集服务商的作用微乎其微，能够解决的问题非常稀少。但是将这些处于产业链上不同角色的人进行整合，就可以完成任何行业的数据资产化工作，同时可以帮助任何行业将数据资源转化为数据资产。

总而言之，行业性和产业性数据资产的深化发展，为数据资源价值的开发以及数据最终的使用带来了前所未有的机会与空间，这也是数据要素流通的目

标之一。当前，已有很多企业朝着行业整合、产业整合的方向进行摸索，这个市场势必会越来越深入、越来越精细，而数据价值也会被更多的人看到。

8.2.4 更多的企业将数据资产向外输出

当前的数据资产化市场，公共数据领域应用较为积极。长期以来，这些公共事业组织手上掌握了大量的民生数据资源，例如城市交通数据、城市行政数据、城市气象数据等，但多数情况下，这些数据都处于“沉睡”状态，一直未能得到有效利用，也缺乏明确的使用指导。随着数据资产入表工作的启动，这些组织逐渐看到了数据在各行各业的应用价值，认识到通过合理的数据利用，可以实现社会资源的优化配置及提升公共服务。这一转变不仅让公共部门重新审视自己的数据资产，也为社会带来了新的发展机遇。

例如，当前数据资产化市场中有大量的公共停车场数据资产入表案例（来源于网络公开信息）。

- 泉州市泉港智慧停车场数据资产入表，基于停车场的基础数据开发了停车实时空位数据产品与停车统计分析数据产品。
- 南京智慧停车场数据资产入表，在停车场的基础数据上开发了“宁停车”特许经营停车场停车行为分析数据产品。

这些数据产品实现起来并不困难，但应用场景非常明确，也实现了停车场数据价值的最大化。

相较于公共部门，许多商业化的民营企业在数据资产化方面则面临不同的挑战。这些企业通常掌握着大量内部数据，这些数据不仅反映了企业的经营状况，还具有独特的商业价值。当前，这些企业很难将内部数据进行资产化共享，这主要源于对数据安全和商业竞争的担忧。正常情况下，内部数据也是企业核心竞争力的一部分，如果进行对外输出，则容易给企业带来不良影响。但不可否认，很多企业掌握着庞大的用户消费数据、供应链数据，对于数据要素市场的发展是极具价值的。

这种情况可能在短期内难以完全改变，但随着市场对数据要素流通价值的认知不断加深，以及市场培训活动的日益增多和各式数据资产化案例的影响，各行各业的企业都将对数据资产化及数据交易有更深入的认识。同时，随着数据安全政策法规的健全，企业对于数据安全问题的担忧也会随之降低，一定会有越来越多的民营企业参与其中。

总而言之，当前的数据资产化市场处于起步阶段，各行各业都需要时间去探索、摸索，然后找到适合自己的数据资产化的道路。这个周期可能很短、也可能很长，但是社会沉淀的数据资源体量越来越庞大，市场竞争日益激烈，对于数据价值的开发势必成为一种社会趋势、市场趋势。当然，我们也必须认识到，它也是推动社会经营生产向前发展的一种有效手段。

8.2.5 数据要素市场流通机制更加规范

社会新事物的发展，往往需要经历比较漫长的阶段，典型的如数字化转型。这个概念盛行了很久，截至目前，它依然未能走到终点，而且还有非常多的企业尚未涉足数字化，或者尚未对数字化有所了解。所以数据资产化及数据要素流通从起步到步入正轨，再到绝大多数企业参与其中，需要一个较为漫长的过程。

前面章节中，我们已经阐述清楚数据资产运营并不一定要与数据资产入表挂钩。正常情况下，数据在企业内部的应用是一项具有长期需求的工作，任何企业当前都具有非常丰富的数据资源，对其价值的挖掘，并应用于帮助自身企业经营是当前及未来无法避开的工作。

因此，我们所说的“起步”，主要针对此前因对数据价值认知不足导致对数据未进行任何价值开发的企业，或准备将内部数据资产投入市场进行交易的企业。但是这个问题肯定会随着时间的推移而改善。

首先，数据价值的认知是推动这一市场向前发展的基础。总会有人进入市场教育这个工作中，当然，数据资产入表实现融资这一事件也是一个向好的市场教育案例。当各行各业的企业开始意识到，数据不仅是运营的辅助工具，更可以作为商品进入市场出售而获得经济收益时，数据安全、数据定价、数据治理、数据产品设计等工作就会有越来越多的人参与，市场规模及管理规范也会有一个更好的结果。

其次，我们前面所介绍的数据安全、数据确权、财务工作及各项政策法规，这些对于当前而言都需要一定时间消化、自我探索、优化，从而走向规范。虽然单独看各个环节更加规范会对相关工作产生积极影响，但当所有环节都达到规范后，数据资产化这项产业链的工作将更加健全，那么它将呈现出规模性的价值。对于整个市场和社会而言，都具有非常重要的意义和价值。

总而言之，数据资产运营这项工作，每家企业在未来都会涉及，只是其数据资产价值是否会从内部转向外部尚不确定。在上述展望中，新兴科技、数据行业化、产业化等趋势表明，每家企业在未来数据应用中都会接触或者使用到。例如，BI 作为数据分析的主流工具，自大模型诞生后，问答式分析产品 ChatBI 应运而生，这一产品为企业各业务人员带来了全新的体验，同样，它也为数据要素流通的产品开发提供了新思路。因此，数据资产的未来，虽然存在很多未知性、不确定性，但值得期待。

8.3 本章小结

我们在前面的章节中对数据资产运营的基础工作进行了详细的描述，包括数据资产入表、数据治理等关键环节。虽然这些工作非常烦琐，但在当前数据量丰富的时代，数据资产运营是对数据价值极致开发的必要工作。这是时代的趋势，也是市场发展的趋势。因此，我们需要认识它、接受它，更重要的是全面理解它。

数据资产运营是一项全新的工作，可以说是对企业数据“产业性”的运营。这个过程必然是相当复杂且艰难的。因此，本章对数据资产运营面临的挑战进行了较为详细的梳理。我们需要看到数据资产在不同行业和业务场景下的显著差异性，这意味着除了本章列出的内容，还存在其他挑战，但我们无法一一穷尽。

在这些挑战中，前面有单独章节对数据治理进行详细描述。当前市场对于基础数据的应用非常广泛，因此数据治理成为全社会的关注焦点。这也是为什么我们可以在多项政策文件中看到数据治理的身影。这项工作值得所有企业关注和重视。

除了数据治理，另一个难点是数据资产场景化。我们已经在单独的章节中进行了详细阐述，因此本章不再赘述。但是，我们不得不重视这项工作，且认识到它的艰难，这项工作在数据面向内部应用中也已是社会性难题。

除了数据治理和数据资产场景化，其他工作同样重要，例如，数据产品的定价和标准化。然而，数据资产运营的核心仍然是数据本身。如果没有数据，其他工作便无从谈起。因此，我们主要讲述与数据相关的内容。相比之下，律师、财务等领域相对较为成熟，但总体而言，数据资产运营整个链条的工作都颇为复杂。

在介绍完数据资产运营挑战之后，我们又对数据资产运营进行了展望。原因有两个。首先，当前所有企业的数据越来越丰富，数据价值的开发已经成为企业不得不做的一项工作。它将成为未来科技应用的基础和命脉，因此对于数据价值的探索是整个社会及企业未来要做的工作。其次，各种针对数据要素的政策文件越来越多，国家数据标准化技术委员会的成立、“数据要素 ×”大赛的开展、公共数据资源开发利用的各种宣传等，这些都让我们看到了市场导向与政策的力量，这个行业正在逐渐被更多人所重视并参与。基于这两个考量，我们对数据资产运营进行了一些展望。这些展望既有针对单独企业的，也有针对更高层级的产业和行业的。

当然，未来更好的方向或切入点肯定不止于此，其余的部分留给读者来思考吧。

附录A 数据通识30问（数据零基础必读）

1. 什么是数据?

数据是用来描述事实和现象的一种信息记录，可以呈现为数字、文本、声音、图片等各种形式。

2. 什么是公共数据? 相较于企业数据有什么区别?

公共数据是由政府或公共机构生成、采集或管理的数据，通常涉及社会治理、公共服务等领域，例如城市出行数据、气象数据等。

公共数据属于公共资源，多数情况下可以对外公开；而企业数据则属于企业所有，更多用于服务内部决策与运营，具有很强的私密性和商业性。

虽然二者在应用上有所差别，但对价值挖掘的需求与技术是相似的。

3. 数据要素与数据的区别

数据是指原始的、未经处理的信息，通常是一些数字、文字等，例如，某个商店的销售额、客户的年龄 / 学历等。

数据要素指的是在数据分析或处理过程中所涉及的关键变量或特征。数据要素可以看作数据的构成部分。比如，销售数据中的“产品类型”、“销售日期”和“销售区域”就是数据要素。

数据要素与数据本质上区别不大，都是指描述业务的电子化信息，谈及数据要素的价值即是谈论数据的价值。

4. 通常数据存储在哪里?

通常，所有的系统后台都会存储相关数据，具体与企业经营的业务有关，通常有如下几种。

- □ 系统：如社保缴纳系统、超市收银系统、OA 系统等。
- □ 第三方平台：如新闻、行业性信息、特定平台信息等。

5. 数据有哪些不同类型?

数据主要可分为以下 3 种类型。

- □ 结构化数据：简单理解表格或数据库的数据，格式非常规范。
- □ 半结构化数据：没有固定表格格式的数据，但有一定结构，如 JSON 和 XML 文件。
- □ 非结构化数据：没有结构化的数据，如文本、图片、视频等。

例如，客户订单数据（结构化）、微博上的文字评论（非结构化）。

6. 数据和信息有什么区别?

数据是原始的、未经处理的事实描述；信息是经过处理、分析后的数据。

例如，客户购买商品的数据就是数据，而基于这些数据得出的购买趋势分析结果则是信息。

7. 数据是如何收集的?

数据的主要收集方式有很多种，与企业的具体业务相关，无法穷举，主要的收集方式如下。

- □ 人工记录：例如手工台账。
- □ 调查问卷、访谈：例如用户调研数据。
- □ 系统采集：ERP、水费缴纳等各式系统，不同行业有不同的采集设备。

8. 数据是如何存储的?

数据存储需要一定的载体，较为常见的如 Excel。当数据量渐多时，会存储在数据库或云平台上。数据库管理系统有 MySQL、SQL Server 等；云平台有华为云、阿里云等。

9. 什么是数据质量?

简单来说，数据质量指的是数据的准确性。例如，你的身高为170cm，如果有人说你的身高为165cm，则说明你身高的数据质量存在问题。

10. 数据有价值，如何理解?

数据的价值在于其背后隐藏的信息。例如，通过分析过去12个月的销售额数据，我们可以发现销售的趋势是上升还是下降。这一趋势为管理者提供了有价值的业务判断，有助于其调整销售策略。因此，数据本身是有价值的，但只有通过适当的分析和处理，才能揭示出这些有用的信息。

11. 文字、图片、声音这样的数据也有价值吗?

文字、图片、声音属于常见的数据类型，这些数据类型中也蕴含着丰富的信息，所以肯定是有价值的。特殊之处在于，这些数据类型的价值无法直接挖掘，需要更复杂的技术来实现。

12. 数据是不是都属于技术性工作?

在数据领域，涉及许多工作，如本书讨论的数据治理、数据产品化、数据运营等。每项工作都是独立的职能领域，且每个领域内部通常会细分出技术性和业务性工作。

例如，在数据资产入表和数据资产运营的内容中，我列出了各项工作的关键参与方。从中可以看出，业务人员也是其中的重要参与者，尽管他们与技术人员的具体分工有所不同。

13. 什么是大数据? 它和普通数据有什么不同?

大数据是指数据量非常大、结构更为复杂的数据集合。与普通数据相比，大数据规模更大、类型更多、信息密度更高。

14. 数据与系统（如ERP）的区别?

数据是原始的信息记录，ERP系统是一种帮助企业进行业务管理的工具。简单来说，系统是业务的载体，是数据的来源。

15. 数据与业务有何关系?

数据是业务的数字反映，先有业务，再有数据。数据与业务紧密相连，脱离业务后的数据称为数字，数字与特定业务结合称为数据。

16. 数据是不是在 IT 部门?

数据的存储需要一定的 IT 设备和工具，如数据库、云。如果说数据在 IT 部门，本意是指存储数据的相关设备归 IT 部门管理、维护，但是数据来源于业务。

17. 我是做业务的，我是不是没有数据?

数据是业务的反映，没有业务就没有业务数据。财务数据产生于财务部门，销售数据产生于销售部门，不同的业务部门产生不同的数据。因此，从根本上说，业务方拥有业务数据。而诸如流程审批数据，则产生于流程审批的各个环节，归属部门较多。

所以，是否拥有数据不能一概而论，需要区分数据类型后再谈数据的组织归属。

18. 数据是不是只有某些特定的行业才有?

并非如此，数据广泛存在于所有行业，任何业务活动都能产生数据。例如，零售业、银行、金融保险等行业数据丰富，但制造业、旅游业、医疗业等同样存在数据。此外，很多公共政务企业也有数据，如电力公司有市民用电数据、12345 有市民咨询与投诉数据、城市交通有市民出行数据。总之，任何一个行业都有自己独有的业务数据。

19. 我在业务部门，如何拿到数据?

通常情况下，业务部门产生数据，但数据会存储在特定的存储设备中，一般手工收集的数据在业务部门内部，而具有一定规模、批量的历史数据可能存在于数据库中，该数据的抽取通常需要一定的权限及技术能力，因此可以找到数据管理相关的部门，如 IT 部门、数据管理等部门申请数据提取。

20. BI 是什么?

BI（商业智能）是一种数据可视化工具，通过数据整合、加工、图形化等方式呈现的一种数据结果。常见的折线图、饼图等都是可视化的代表。

简单来说，BI 是一种专门将数据转换为图形化的工具，转换过程需要考虑图形化如何应用、组合以体现数据价值。

21. 哪些系统有数据且可用?

大多数企业系统都会沉淀数据，如 ERP、CRM、财务系统、工厂里的生产设备、超市的收银系统、网购的各种 APP 等，有系统就会沉淀数据，但数据是否有用则需根据不同的需求进行分析探索。

22. 为什么说数据很重要?

数据重要是随着商业的模式变化开始的，过去，在实体店里，我们可以通过观察顾客的外貌和与他们交谈来了解他们，但随着互联网的发展，我们能接触到的全貌更多是数字。

如果我们想了解顾客，就需要研究、分析这些数字。比如，地铁出行数据，每天的乘客数量非常庞大，难以准确统计。通过分析后台数据，我们可以了解早高峰和晚高峰的客流量情况，以此评估是否需要增加列车，以便更好地满足市民的出行需求。所有的这些决策都需要基于对大量数据的研究分析，不然想优化列车也无计可施。

随着数字化时代的发展，数据越来越重要。

23. 什么是数据分析?

数据分析是采用专业的数据分析工具、方法对数据进行整理、处理、加工、研究，以找到有价值的结果的过程。例如，从 12 个月的销售数据中找到销售变化的趋势就是数据分析的过程，有价值的结果指的是最后发现的“趋势”。

数据分析是一项专业性很高的工作，涉及数据思维、商业问题的解决思路、技术工具等内容，本书中将其归到实现数据产品化的环节中。

24. 数据管理和哪些部门有关系?

数据管理工作可以进一步切分为技术层工作和业务层工作。其中，IT 部门负责技术层的工作，例如网络管理、服务器管理、数据存储产品购买、故障维护等工作。

因此，数据管理是整个企业的工作，具体归属部门需要根据具体的数据与具体工作来定。

25. 什么是数据中台?

我们可以把企业各业务部门的数据比作采购回来的食材。在食材被使用之前，我们需要找一个专门存储的地方，比如一个存储室或冰箱。那么，数据中台可以简单理解为这个存储室。

与食材不同的是，数据需要在使用前进行清洗和加工。所以，在这个“存储室”里，我们不仅存放数据，还会对它们进行清洗、加工和治理等多项处理。处理完的数据会根据需要，提供给不同的系统使用，就像是从“存储室”中为各个系统开设出口一样。

26. 如何理解数据生命周期?

我们前面了解了数据采集、数据价值等内容。当数据被采集后，它首先进入数据中台进行存储，然后经过分析，最终用于支持业务决策。在这个过程中，数据经历了多个环节，并且可能会面临失效的问题。例如，10 年前的数据可能已经没有太大价值，需要进行冻结。因此，基于数据从采集到使用的整个流转过程，数据生命周期这一术语应运而生。

27. 哪些企业需要做数据管理?

任何行业的企业都会产生数据，当数据量越来越多时，数据就越需要专业的管理，目的就是更好地从数据中挖掘出更高的价值。

28. 如何理解数据分析报告、数据集?

数据分析报告是基于数据分析得出的结论和建议，通常以图表、图像或文字形式展示。数据集是由多个数据点组成的集合，通常用于进一步分析和处理。

例如，销售分析报告呈现过去一个季度的销售情况，有趋势、有对比；而数据集则包含所有销售明细记录。

29. 数据治理是什么？与数据管理有何区别?

数据治理主要通过制定规则、流程和标准，确保数据质量、安全与合规。简单来说，它就像是给数据设定一套“管理制度”，确保数据能正确、安全地被使用。

数据管理则是处理数据的实际操作工作，像是把数据存储在什么地方、如何备份和恢复数据、如何确保数据不丢失等。可以把数据管理看作执行数据治理规则的具体“操作员”。

所以，数据治理更多的是制定规则，而数据管理则是具体执行这些规则。

30. 数据隐私和数据安全有什么区别?

数据隐私关注的是个人或敏感信息的保护，确保只有授权的人才能访问这些信息。数据中蕴含着丰富的商业信息，所以数据安全的重要性日益明显。

而数据安全则是保护数据免受未经授权的访问、损坏或丢失。它确保数据在存储、传输或使用过程中不被黑客攻击、丢失或被篡改。简单来说，我们可以把数据安全看作数据的存储与使用设置的一道“防护墙”。

数据资产入表与运营（关键问题快问快答）

1. 什么是数据资产?

简单来说，数据资产是指由企业经营活动中产生，并由企业控制的、在未来具有一定预期经济收益的电子化信息数据，这些数据可被计量且拥有明确的数据权属。

2. 数据资产与传统资产有何不同?

传统资产通常是有形的，例如机器、设备和土地等，而数据资产是无形的。此外，传统资产具有一定的消耗性，而数据资产具有不可消耗、可重复开发的特性，例如，同一份数据可供不同部门根据不同场景反复使用。

3. 数据资产的价值体现在哪里?

数据资产的价值可分为内部价值与外部价值。对企业内部而言，其价值主要在于辅助经营决策。对外部而言，当前企业可以通过数据资产获得融资、贷款，或者通过出售数据资产化产品获得经济收益。

4. 数据资产如何转为实际收益?

将数据资产转化为实际收益的最直接方式是进入数据交易所完成市场交易，或者实现数据资产金融化。

5. 什么是数据资源? 与数据资产有何关系?

数据资源是指企业经过外部采购或内部数据采集设备、工具所采集到的原始数据，这些数据可以是未经加工的，也可以是经过轻加工后的数据集。

简而言之，数据资源是数据资产化前的基础或原始形态。

6. 什么是数据资产化产品?

数据资产化产品是经数据治理、加工后形成的数据结果。当前主流的数据产品有分析报告类产品、API 产品、数据集，数据模型等形态。

7. 数据资产入表，入的是什么表?

数据资产入表是指将企业在数据资产化研发过程中产生的所有成本，按照企业会计准则进行计量和确认，并体现在财务三大报表的资产负债表中。

8. 当前数据资产入表有哪些形式?

数据资产入表的形式主要包括数据资源入表和数据产品入表。

当前，市场上很多入表的数据集属于数据资源入表，而在数据资源基础上经过开发后的产品则属于数据产品入表，例如停车场统计分析产品。

9. 数据资产入表是必需步骤吗?

不是，数据资产入表的必要性取决于企业的实际需求。如果企业只是在内部使用数据而不涉及数据资产金融化或交易，则入表并非是必需的。然而，如果企业希望通过数据资产化实现外部价值，如交易或融资，入表则非常重要。

10. 数据资产入表是否具有标准化的操作流程?

目前，数据资产入表尚未形成统一的标准化流程。企业通常依据数据资产相关的政策法规、行业规范及自身需求进行数据资产入表，但部分环节必不可少，如数据治理、数据合规确权、会计确认、数据价值识别等。

11. 数据资产入表只是财务部门的工作吗?

数据资产入表不是单一部门的工作，而是需要多部门协作完成。例如，技术部门负责数据方面工作，财务部门负责会计类工作，法务部门负责法务类工作。

12. 数据资产入表工作涉及几个专业领域?

数据资产入表涉及多个领域，包括数据治理、财务会计、法律合规、数据资产评估、数据产品等。这是一项多学科融合的综合性工作，需要多领域团队的协同配合。

13. 数据资产入表与哪些会计科目有关系?

数据资产入表涉及的主要会计科目有无形资产、存货，还可以根据实际需求设立研发支出、数据资源等会计科目。

14. 数据资产入表与数据治理有何关系?

数据治理是数据资产入表的基础。经过数据治理后可以形成高质量的数据，这是数据资产价值实现的基础。因此，数据治理属于数据资产入表工作流中的一个重要环节。

15. 数据资产入表为什么需要律师的参与?

律师参与是为了确保数据资产的合法性和权属清晰。例如，确认数据的采集、使用是否符合相关政策法规（如《中华人民共和国个人信息保护法》《中华人民共和国数据安全法》等），并核实企业是否具有数据资源持有权、数据产品经营权、数据加工使用权。

16. 数据资产入表为什么需要会计师的参与?

会计师主要负责对数据资产的入表价值进行成本归集、确认，确保入表金额符合现行的企业会计准则。这一环节是数据资产入表必不可少的。

17. 数据资产入表的核心工作是什么?

数据资产入表的核心工作包括数据治理、数据产品化、数据合规确权、财务会计确认。

18. 数据资产入表后要进行交易吗?

不一定。数据资产入表之后是否进行交易取决于企业自身的数据资产应用需求，可以只服务于内部使用，也可以用于金融化。

19. 数据资产有哪些权属?

数据资产的权属根据《关于构建数据基础制度更好发挥数据要素作用的意见》（简称为“数据二十条”）政策文件里的规定，主要包括数据资源持有权、数据加工使用权、数据产品经营权。请详细参阅政策文件的相关规定。

20. 数据资源开发利用指的是什么?

数据资源开发利用是指对原始的数据资源进行清洗、分析和建模等工作，使其能够在不同的场景下形成有价值的产品。

21. 为什么要进行数据合规与安全评估?

数据合规与安全评估是为了确保数据使用符合法律法规要求并避免数据泄露和被滥用的风险。当前数据资产领域有相关的政策法规，如《中华人民共和国数据安全法》《中华人民共和国个人信息保护法》需要遵守。

22. 数据资产评估是必需步骤吗?

不是。数据资产评估工作是否进行取决于企业自身对于数据资产的需求。如果需要实现数据资产金融化与数据交易，则建议进行数据资产评估工作；如果只是用于内部使用，则数据资产评估并非必需。

23. 入表的财务价值等于数据资产评估的价值吗?

不完全等同。入表的财务价值可能会受到会计准则、数据资产化开发等多种因素的影响，但与数据资产评估机构进行的价值评估不是一个“价值”。

24. 数据交易定价等于入表的价值吗?

不是。数据交易定价更多受到市场供需关系的影响，而入表的价值则由数据资产化的成本、费用等因素决定，二者的“价值”并不等同。

25. 数据资产运营的目标是什么?

数据资产运营的目标是通过对数据资产进行系统化管理和有效应用，最大化数据资产的价值。数据资产需要长期、持续运营才能实现价值，所以对于数据资产运营，长效实行是关键，数据资产增值是目标。

26. 企业希望做数据资产运营，一定要进行入表吗?

入表属于数据资产运营中的一个环节，但不是必需的。很多企业的数据资产只供于内部使用，可以根据自身的管理需求决定是否入表，如果企业的数据资产想要面向外部，如将数据资产金融化，那么入表工作就是有必要的。

27. 数据资产运营体系里包括哪些内容?

完整的数据资产运营体系通常包括数据的治理与加工、数据价值识别、数据资产化产品化、数据资产管理、数据合规确权、财务会计确认等内容。本书根据企业实际管理需求，从狭义上将数据资产运营体系划分为面向内部应用与面向外部应用。详细参看本书第 2 章。

28. 数据资产运营的核心工作是什么?

数据资产运营涉及了很多工作，最核心、最关键的是数据价值识别、数据资产化管理，以及数据资产场景化和外部效益运营。

29. 数据资产管理与数据治理、数据资产运营的关系?

数据资产管理是以数据资产化为核心的数据管理，包括数据治理。

数据资产运营是数据资产价值实现的系统性规划、管理，所以数据资产运营涵盖数据资产管理。

30. 数据资产入表与数据资产运营有什么关系?

数据资产入表是将数据作为资产具象化的一个环节，它属于数据资产运营中的一个环节，虽然该环节属于非必要工作，但它标志着企业开始正视数据资产的价值，因此被视为一项核心工作。

附录C 数据资源盘点通用模板：高效梳理数据资产

数据资源盘点是数据资产管理的第一步，也是数据资产的关键起点。

以下模板提供了通用的盘点框架，帮助企业高效、快速梳理数据资产。企业可根据自身需求，按照当前思路，灵活调整、补充具体内容。

盘点日期：××××-××-××
盘点负责人：王××
部门/团队：所属部门或团队
联系方式：电话/邮箱
数据源：涉及系统
来源类型：内部/外部
采集方式：自动/手动
更新频率：每日/每周/每月/每年/不定期
存储位置：本地/云
字段：具体数据字段（含其格式）
数据量：当前数据量
访问权：部门/团队/个人
第三方授权：有/无
预期增长量：××GB
数据质量状况：可用/不可用
业务分类：财务数据/客户数据/市场数据等
数据质量情况：完整性/一致性等

资源类型：文件 / 日志 /PDF 等

使用频率：日报告 / 周报告 / 季度报告

敏感等级：否

可应用场景：营销 / 销售增长

数据最早时间：× × × ×-× ×-× ×

数据截止时间：× × × ×-× ×-× ×

…… ……

附录D 数据资产运营中的数据技术说明

数据资产运营涉及多个专业领域，其中，数据领域的工作环节尤为关键且复杂。数据的合规确权、成本归集、资产评估等内容相对明确，这里重点介绍数据领域的核心技术和工作（见图 D-1）。

（因版面有限，关于以下数据技术更详细的说明，请关注公众号：风姑娘的数字视角。）

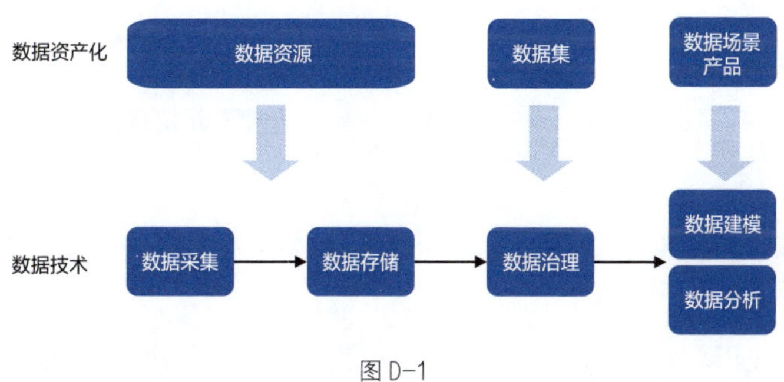

图 D-1

1. 数据采集

含义：通过系统性方法获取原始信息的过程，数据源涵盖结构化数据库、非结构化网络日志、人工录入数据等多种形态。不同行业在数据源类型及采集方式层面存在显著差异。

技术：网络爬虫技术、ETL（抽取 - 转换 - 加载）工具、物联网传感设备、日志采集系统等，具体技术选型因行业特征而异。

价值：作为数据资产化的初始环节，其核心价值在于保障数据获取的完整性与质量可靠性。

2. 数据存储

含义：对采集数据进行安全存储与高效管理，建立可扩展的数据访问体系以支撑后续应用。

技术：包含关系型数据库（如 MySQL）、NoSQL 数据库（如 MongoDB）、分布式文件系统（如 HDFS）等存储架构。

价值：构成数据管理系统的核心组件，直接影响数据资产的可访问性、存储时效性及维护成本。

3. 数据治理

含义：通过标准化流程对数据资产实施全生命周期管理，重点提升数据的准确性、合规性及跨系统一致性。

技术：主数据管理系统（MDM）、数据质量评估工具、元数据管理平台、指标体系管理框架等。

价值：数据资产化的基础保障，确保数据资源的可信度与可复用性。

4. 数据建模

含义：构建面向业务场景的数据结构体系，通过算法模型揭示数据内在关联与演化规律。

技术：包含决策树算法、神经网络模型、关联规则挖掘、聚类分析等建模方法论。

价值：实现数据向业务知识的转化，是数据价值挖掘的核心技术支撑。

5. 数据分析

含义：运用系统化方法从数据资源中提炼业务洞见，支撑智能决策与业务流程优化。

技术：商业智能（BI）分析平台、Python/R 编程框架、多维数据分析工具等。

价值：数据价值转化的核心环节，驱动数据资产向实际业务效益的转化。